大学生社会主义核心价值观读本

主　编　郭　华
副主编　李　剀　罗　进　王　宁

中国林业出版社

内容提要

本书以社会主义核心价值观在大学生中的融入教育为切入点,结合高校教育工作实际,分章节对社会主义核心价值观的十二个主题词的基本内涵、典型案例、主题教育活动方案设计进行阐述,积极探索大学生社会主义核心价值观教育教学和培育践行的新方式、新途径,以加深学生对社会主义核心价值观每个主题词的理解,从而形成价值共识。

本书主要针对高校学生编写,力求通俗易懂,体现指导性和实践性强的特点,可作为高校公共基础课的教材和开展大学生社会主义核心价值观主题班会、主题党(团)日活动的参考资料。

图书在版编目(CIP)数据

大学生社会主义核心价值观读本/郭华主编. —北京:中国林业出版社,2020.8

ISBN 978-7-5219-0676-9

Ⅰ. ①大…　Ⅱ. ①郭…　Ⅲ. ①社会主义核心价值观—中国—高等学校—教材　Ⅳ. ①D616

中国版本图书馆CIP数据核字(2020)第122174号

中国林业出版社

策划编辑:吴锐涛
责任编辑:张　佳
电　　话:(010)83143561

出版发行　中国林业出版社(100009　北京市西城区德内大街刘海胡同7号)
　　　　　　E-mail:books@theways.cn　　　电话:(010)83143500
经　　销　新华书店
印　　刷　河北京平诚乾印刷有限公司
版　　次　2020年8月第1版
印　　次　2020年8月第1次印刷
开　　本　787mm×1092mm　1/16
印　　张　11.5
字　　数　268千字
定　　价　42.00元

本书编委会

主　编　郭　华
副主编　李　剀　罗　进　王　宁
编　委　王子龙　苟　园　张培宏
　　　　王秋霞　李彩彦　鲍　鲲
　　　　缪文武

序

　　青年的价值取向决定了未来整个社会的价值取向。大学生是青年群体中最有思想、最有文化的群体,他们的价值观正确与否不仅关乎个人能否成长成才,更关乎社会能否和谐、民族能否振兴和国家能否强盛。党的十九大报告明确指出:"社会主义核心价值观是当代中国精神的集中体现,凝结着全体人民共同的价值追求。"并强调:"把社会主义核心价值观融入社会发展各方面,转化为人们的情感认同和行为习惯。"当代大学生是中国特色社会主义事业的建设者和开拓者,是推动社会历史发展的主要力量。用社会主义核心价值观武装新时代大学生的思想和头脑是提高大学生思想道德素质、促进大学生全面发展的迫切需要,对落实高等教育"立德树人"的根本任务、实现中华民族伟大复兴的中国梦,具有重大政治意义、理论意义和实践意义。

　　教育是民族振兴和社会进步的基石,"培养什么人、怎样培养人、为谁培养人"事关党和国家的长治久安,事关中华民族的前途命运。随着经济全球化、社会信息化、文化多元化的发展,全球范围内的多种思想文化相互交织、相互影响、相互博弈,意识形态领域的斗争依然严峻复杂。面对世界范围内思想文化交流、交融、交锋的态势以及改革开放与市场经济条件下社会思想意识多元、多样、多变的特点,怎样对大学生进行社会主义核心价值观教育,为中国特色社会主义事业发展注入强大的精神动力,如何扣好大学生的"第一粒扣子",培养有理想、有本领、有担当的时代新人,是新时期赋予高等教育的新任务与新要求。由于社会主义核心价值观的语言概括高度浓缩、比较抽象,高校在社会主义核心价值观的教育实践中难以落小、落细、落实,在核心价值观的教育解读、文化建设、社会实践、培育践行等方面存在不足,一定程度上弱化了大学生对社会主义核心价值观的认同,出现了部分青年学生对社会主义核心价值观认知不深刻、情感不共鸣、行为不自觉的情况。

　　作为云南省首批社会主义核心价值观教育示范学校,昆明学院对在大学生中开展社会主义核心价值观教育进行了有益的探索,坚持将社会主义核心价值观融入办学治校、教育教学的各个方面和每个环节,形成难能可贵的实践创新特色及总结出具体的探索经验。昆明学院《大学生社会主义核心价值观读本》编写组,针对当前大学生社会主义核心价值观教育中存在的学习解读僵化、培育方法单一、社会实践脱节、实效性不强等问题,以严谨的学风、科学的态度,开展广泛深入的调查、全面系统的研究,积极探索大学生社会主义核心价值观教育教学和培育践行的新方式、新途径,构建了比较完整的理论分析框架和切实可行的操作运用机制。本书的特色主要表现在以下三个方面。

第一，准确把握社会主义核心价值观的科学内涵，引导大学生深入领会社会主义核心价值观的理论魅力。针对一些青年学生缺乏对社会主义核心价值观的具体内容、逻辑结构和时代背景等理论问题的把握，本书从理论基础、文化内涵、政治立场、历史演进和实践归旨等方面对社会主义核心价值观的基础理论进行了全面的阐述，以理论创新构建生活化的价值体系，通过大众化的语言符号，精准表达社会主义核心价值观的真谛，引导学生坚定信念、站稳立场、明辨是非。

第二，遵循青年心理发展和成长的规律，培育大学生对社会主义核心价值观的信仰认同。针对一定程度存在的教育内容空洞僵化、照本宣科和脱离大学生思想实际的问题，本书顺应青年学生的学习、认知规律，从大学生所关注的日常热点、焦点切入，更新思想政治教育话语体系，避免僵硬的灌输和苍白的教条，用朴素的生活话语代替宏大的政治叙事，用生动感人的事例引起学生的情感共鸣，激发学生的思想升华，并将其融入教育教学，以知促行、以行践知，于潜移默化、润物无声中引领大学生树立正确的世界观、人生观、价值观，使社会主义核心价值观内化于心、外化于行。

第三，创新社会主义核心价值观教育形式，努力构建"知、情、意、行"四维一体的教育模式。本书采取接地气、生活化、具体化的思想建设方法，从大学生的视角，设计了丰富多彩的主题教育方案，建立操作性极强的社会主义核心价值观学习方案，把核心价值观学习融入大学生的日常生活，用小组讨论辩论、社会实践调研、主题班会展示等多种教育形式，通过学生自主学习和合作交流等方式，使青年学生成为社会主义核心价值观的坚定信仰者、积极传播者与模范践行者，不断增强中国特色社会主义的道路自信、理论自信、制度自信、文化自信。

总体而言，《大学生社会主义核心价值观读本》一书，以扎实的理论阐述、生动的教育形式、新颖的活动方式、鲜活的典型案例，形象直观地诠释了社会主义核心价值观的精髓要义，自成体系地回应了大学生社会主义核心价值观教育工作的常态化、制度化、效率化问题，思路清晰、观点明确、论证充分、内容丰富，值得一读。

我相信，《大学生社会主义核心价值观读本》必将对高校学生社会主义核心价值观的培育、践行和弘扬产生积极的影响，必将在高校坚持立德树人、实现"三全育人"的过程中发挥应有的作用。

谨以为序。

前　言

　　《大学生社会主义核心价值观读本》是为高校切实有效地开展社会主义核心价值观教育,使社会主义核心价值观内化为当代大学生的价值观念,外化为他们的自觉行动的指导性读本。

　　本书主要针对高校学生编写,对于社会主义核心价值观的二十四个字、十二个主题词,将每个主题词作为一章来编写,共十二章。每章分为基本内涵阐述、典型案例、主题教育活动方案设计三个部分。基本内涵阐述中不过多进行理论分析和历史渊源的探究,而是分别对每个主题词进行简要阐释;对每个主题词相应准备了两个典型案例作为辅导材料;主题教育活动方案设计部分,结合高校教育工作的实际情况,设计出了相应的实践体验活动方案和主题班会方案,以加深学生对社会主义核心价值观每个主题词的理解,从而形成价值共识。本书力求通俗易懂,体现指导性和实践性强的特点,可作为高校公共基础课的教材和开展大学生社会主义核心价值观主题班会、主题党(团)日活动的参考资料。

　　本书由主编郭华策划编写体例,拟定写作提纲;李剀、罗进、王宁三位副主编负责分工落实、协调编写和编稿。参加本书编写的有李剀(第一章)、苟园(第二章、第四章)、李彩彦(第三章、第四章)、王宁(第五章、第七章)、王秋霞(第六章、第七章)、缪文武(第八章)、罗进(第九章)、张培宏(第十章)、鲍鲲(第十一章)、王子龙(第十二章)。全书由主编郭华逐一审稿,统一修改审定。昆明学院美术与艺术设计学院2018级数字媒体专业的万溥成同学在潘莉娟老师的指导下,为本书绘制了部分插图,在此一道致谢。

　　在编写本书的过程中,我们参考和借鉴了近年来学术界关于社会主义核心价值观的有关文献和研究成果,在此对原作者表示由衷的谢意。由于编者水平有限,本书疏漏之处在所难免,敬请各位专家和读者批评指正。

编　　者

2020 年 5 月 10 日

目　录

序

前言

第一章　富强 ···1

　　第一节　古今国家共同的目标追求 ·····················1

　　第二节　典型案例 ·····································9

　　第三节　主题教育活动方案设计 ·····················13

第二章　民主 ··16

　　第一节　人类社会崇高的政治理想 ·················16

　　第二节　典型案例 ····································25

　　第三节　主题教育活动方案设计 ·····················29

第三章　文明 ··32

　　第一节　国家建设核心的价值理念 ·················32

　　第二节　典型案例 ····································39

　　第三节　主题教育活动方案设计 ·····················43

第四章　和谐 ··46

　　第一节　世间万物演进的基本规律 ·················46

　　第二节　典型案例 ····································52

　　第三节　主题教育活动方案设计 ·····················56

第五章　自由 ··59

　　第一节　社会主义的价值理想 ·····················59

　　第二节　典型案例 ····································65

　　第三节　主题教育活动方案设计 ·····················68

第六章　平等 ··72

　　第一节　人类永恒追求的权利 ·····················72

第二节　典型案例 ……………………………………………………79
第三节　主题教育活动方案设计 ……………………………………82

第七章　公正 ……………………………………………………………86
　第一节　合理社会秩序的首要原则 ………………………………86
　第二节　典型案例 ……………………………………………………94
　第三节　主题教育活动方案设计 …………………………………96

第八章　法治 …………………………………………………………100
　第一节　当代治国理政的坚实基石 ………………………………100
　第二节　典型案例 …………………………………………………107
　第三节　主题教育活动方案设计 …………………………………110

第九章　爱国 …………………………………………………………114
　第一节　公民的责任和义务 ………………………………………114
　第二节　典型案例 …………………………………………………119
　第三节　主题教育活动方案设计 …………………………………122

第十章　敬业 …………………………………………………………129
　第一节　劳动者可贵的精神品质 …………………………………129
　第二节　典型案例 …………………………………………………136
　第三节　主题教育活动方案设计 …………………………………141

第十一章　诚信 ………………………………………………………145
　第一节　立身处世之道 ……………………………………………145
　第二节　典型案例 …………………………………………………152
　第三节　主题教育活动方案设计 …………………………………153

第十二章　友善 ………………………………………………………156
　第一节　人际交往的基本规范 ……………………………………156
　第二节　典型案例 …………………………………………………163
　第三节　主题教育活动方案设计 …………………………………166

参考文献 ………………………………………………………………172

第一章　富　强

第一节　古今国家共同的目标追求

富强是人类进入文明时代以来就有的千古向往，也是近现代中国社会历史进程中最具影响力和号召力的关键词。党的十八大首次将"富强"明确定位为"社会主义核心价值观"的首要价值目标，这表明"富强"不再仅仅作为一般的物质层面的概念，而已成为具有统治地位和支配地位的价值观念，是当今中国的主流意识形态。"富强价值观"正引领着中国社会的发展，成为中国实现中华民族伟大复兴的主要价值追求。

一、富强的基本内涵

"富"字在古代文献中与"福"音义皆同，其基本意思是丰足、充备。《说文解字》中的"富，备也"有"所需皆备或者家底厚实"之意。"强"在古汉语字典中则有"弓弩硬而有力、强健有力或者强大强盛"之意。《说文解字》有云："强，弓有力也。"《管子》有云："主义所以为功者，富强也。""凡治国之道，必先富民。民富则易治也，民贫则难治也。"可见，"富"和"强"二字合在一起，在中国古代多指国家富足强盛。在现代西方政治的治理理念中，国家是最重要的社会组织形式。因而，西方政治话语中的"富强"意味着国家整体实力强大。

中华民族自古以来就有"凡治国之道，必先富民"之说。"富"是民之本，"强"是国之基。在中国传统社会中，家和国是一体的，国是家的扩大，家是国的缩略，我们称之为"家国同构"。因而，人民幸福同国家强盛紧密地结合在了一起。在社会主义社会，国家利益和个人利益是根本一致的。强大的国家是人民富足、幸福的保障，只有国家强盛才能为个体的发展提供条件；人民的富裕幸福，能为国家提供物质和精神上的支持，从而推动国家的繁荣昌盛。马克思认为："社会是有生命的人的联合体，人们为了维持生命，需要有维持生命活动的物质生活资料，而要获得这些物质生活资料，物质生活的生产方式制约着整个社会生活、政治生活和精神生活的过程。"[①]从历史唯物主义的视角出发，只有人民物质资料生产和精神生活的极大丰富才能实现国家的财富累积，进而推动社会生产力的发展；同时，人的全面而自由发展也才能最终得以实现。如果国家贫弱、

[①]中共中央马克思恩格斯列宁斯大林著作编译局. 马克思恩格斯选集（第一卷）[M]. 北京：人民出版社，1995：32.

人民穷困,首先会造成经济的倒退和整个社会的动荡;随之而来的是精神文化萎靡、社会秩序紊乱和政权的最终解体。反之,国家强盛代表着国家的经济增长迅速、社会发展稳定,充裕的社会财富能够最大程度地满足社会成员的物质生活需求和精神文化需求,从而稳固政权。

所以,在继承中国传统思想的基础上,结合社会主义本质要求,社会主义核心价值观中的"富强",其内涵应当是指"民富国强",即包含着人民富裕幸福和国家繁荣强盛的含义。从根本上讲,人民富裕幸福、国家繁荣强盛,这两者是辩证统一的。国家与人民都是富强的主体,而富强反映了国家和人民两大主体的价值诉求。没有人民的富裕幸福,就没有国家的繁荣强盛;没有国家的繁荣强盛,就没有幸福富裕的人民生活。把"富强"放在社会主义核心价值观的首位,体现了国家与人民在富强价值观上的同一性。这既是对马克思主义理论的科学阐释,也是对新时代中国特色社会主义的现实分析,更是与中华民族伟大复兴中国梦的有机结合。

二、中国特色社会主义的"富强"价值观

中国共产党带领中国人民开辟的中国特色社会主义道路,是实现社会主义现代化的必由之路,是创造人民美好生活的必由之路。实现国家富强、人民富裕是近代中国的重大历史任务,是中国共产党领导人民进行社会主义现代化建设的基本价值目标。

1. 富强是中国特色社会主义的根本追求

党的十九大报告指出:"改革开放之初,我们党发出了走自己的路、建设中国特色社会主义的伟大号召。从那时以来,我们党团结带领全国各族人民不懈奋斗,推动我国经济实力、科技实力、国防实力、综合国力进入世界前列,推动我国国际地位实现前所未有的提升,党的面貌、国家的面貌、人民的面貌、军队的面貌、中华民族的面貌发生了前所未有的变化,中华民族正以崭新姿态屹立于世界的东方。"今天,我们要在全面建成小康社会的基础上,在本世纪中叶建成富强、民主、文明、和谐、美丽的社会主义现代化强国,富强是最根本的基础。

富强是民主、文明、和谐、美丽的基础。如果国家贫弱、人民穷困,在资本主义国家主导的全球治理环境下,我们必定会沦为跨国资本的原料供应地和低端制造业加工国;如果背离中国国情,盲目推行资本主义所谓的"自由、民主、人权",必定会使我们像西亚、北非的一些国家陷入战乱、动荡的假自由、假民主的泥潭,那样既谈不上文明,更不会有和谐。继续大力推进社会主义民主政治,坚定不移地走中国特色社会主义政治发展的道路;继续大力推动社会主义先进文化大发展、大繁荣,坚定不移地发展社会主义先进文化;继续大力保障和改善民生,坚定不移地推进社会主义和谐社会建设;继续大力推动生态文明建设,坚定不移地建设美丽中国,都需要以强大的物质基础为前提。因此我们必须把实现国家富强、人民富裕放在首位,以经济建设为中心,大力发展生产力。

富强是自由、平等和人民安居乐业的基础。《史记·管晏列传》中记载了春秋时期著名政治家、经济学家管仲的著名观点,即"仓廪实而知礼节,衣食足而知荣辱"。用今天的话说就是"仓廪实、衣食足"是"知礼节、知荣辱"的必要条件和前提基础。从个人层

面上讲,管仲的观点和马斯洛的需求层次理论极为相似。大家熟知的马斯洛的需求层次理论也认为,只有底部的四种需求(生理的需求、安全的需求、情感归属的需求、尊重的需求)得到满足,个体才能感到基本的舒适,顶部的需求(自我实现的需求)才能得以实现。所以"仓廪实"和"衣食足"是每个人自我实现,包括对自由、平等的追求的前提,也是中国道路的价值追求。英国《经济学家》杂志刊文曾指出,中国仅用了两年时间就实现了让数亿农民享受养老保险,这要比美国公共养老保险体系的总人口多得多。哈佛大学前校长萨默斯观察到,美国每30年人民生活水平翻一番,而中国过去30年间每10年人民生活水平翻一番。2019年皮尤全球态度调查显示:89%的中国人认为本国经济发展不错,而在美国只有42%的受访者认为本国经济发展良好。

2. 富强是中国特色社会主义的本质要求

什么是社会主义?社会主义的优越性体现在哪里?改革开放的总设计师邓小平同志认真总结了我国社会主义建设的经验教训,多次强调贫穷不是社会主义,社会主义要消除贫穷,指出"社会主义的本质是解放生产力,发展生产力,消灭剥削,消除两极分化,最终达到共同富裕"①。这说明,社会主义应该比资本主义更有必要和更有能力发展生产力,实现国家繁荣富强、人民共同富裕。新中国成立以后,由于受到苏联模式的影响和对社会主义狭隘的认识,我国的社会生产力未能得到充分的发展。然而即使在那个国家非常困难的时期,为了打破西方的经济封锁和消除军事威胁,我国也独立成功研制了原子弹、氢弹和人造地球卫星。"两弹一星"的成功告诉我们,只有在中国共产党的领导下,以富强为价值导向,发挥社会主义集中力量办大事的优势,才能创造出人间奇迹,让世界重新认识中国。正如邓小平同志所说:"如果20世纪60年代以来,中国没有原子弹、氢弹,没有发射卫星,中国就不能叫重要影响的大国,就没有现在这样的国际地位。这些东西反映出一个民族的能力,也是一个民族、一个国家兴旺发达的标志。"②改革开放以来,我国的社会生产力得到了极大的提升,不断抢占世界经济和科技的制高点。中国人民的生活告别了"票证时代"、走过了"温饱阶段"、迎来了"全面小康"。截至2019年年末,全国农村贫困人口从2012年年末的9899万人减少至551万人,累计减少9348万人;贫困发生率从2012年的10.2%下降至0.6%,累计下降9.6个百分点;全国公路总里程达到485万公里,是1949年的60倍。中国人经历了从"骑着毛驴上北京",到"坐上火车去拉萨",再到铁路路网纵横延伸,"八纵八横"高铁网建成运营,3万公里高铁基本覆盖80%的大城市。"天宫一号"上天,"蛟龙号"入海,"复兴号"实现时速350公里"陆地飞行",国产大飞机C919一飞冲天……生产力的持续发展使社会主义优越性逐步显现出来。

社会主义之所以优于资本主义,从根本上说,就是在社会主义制度下,广大人民群众能够享受比在资本主义制度下更多的物质文化生活资料,能够走上共同富裕的道路,过上更美满、更幸福、更和谐的生活。十九大报告明确指出:"从现在到二〇二〇年是全面建成小康社会决胜期,要按照十六大、十七大、十八大提出的全面建成小康社会各项要求,紧扣我国社会主要矛盾变化……使全面建成小康社会得到人民认可、经得起历

①邓小平. 邓小平文选(第三卷)[M]. 北京:人民出版社,2001:373.

②邓小平. 邓小平文选(第三卷)[M]. 北京:人民出版社,2001:279.

史检验。从二○二○年到二○三五年,在全面建成小康社会的基础上,再奋斗十五年,基本实现社会主义现代化。从二○三五年到本世纪中叶,在基本实现现代化的基础上,再奋斗十五年,把我国建成富强民主文明和谐美丽的社会主义现代化强国。到那时,我国物质文明、政治文明、精神文明、社会文明、生态文明将全面提升,实现国家治理体系和治理能力现代化,成为综合国力和国际影响力领先的国家,全体人民共同富裕基本实现,我国人民将享有更加幸福安康的生活,中华民族将以更加昂扬的姿态屹立于世界民族之林。"这个目标体现了我们党对共同富裕的追求,它充分表明了社会主义初级阶段是我国最大的现实国情。党和国家历来十分重视保障和改善民生水平。十九大报告强调,要完善公共服务体系,保障群众基本生活,不断满足人民日益增长的美好生活需要,不断促进社会公平正义,形成有效的社会治理、良好的社会秩序,使人民的获得感、幸福感、安全感更加充实、更有保障、更可持续。保障和改善民生要把发展教育事业放在首位。建设教育强国是中华民族伟大复兴的基础工程,我们必须加快教育现代化,办好人民满意的教育。就业是最大的民生,要实现更高质量和更充分的就业。在经济增长的同时实现居民收入同步增长、在劳动生产率提高的同时实现劳动报酬同步提高。拓宽居民劳动收入和财产性收入渠道。履行好政府再分配调节职能,加快推进基本公共服务均等化,缩小收入分配差距。"民生工程"把教育作为民生之基、就业作为民生之本、收入分配作为民生之源、社会保障作为民生之盾。这是要把发展振兴的成果,惠及最广大的人民群众的鲜明体现。党的十八大以来,以习近平同志为核心的党中央坚持以人民为中心,把增进民生福祉作为发展的根本目的,着眼于在发展中补齐民生短板,在幼有所育、学有所教、劳有所得、病有所医、老有所养、住有所居、弱有所扶上取得一系列开创性成就。改革发展成果更多更公平地惠及全体人民,我国正朝着实现全体人民共同富裕的目标不断迈进。

3. 富强是中国共产党矢志不渝的奋斗目标

党的十五大报告首次指出"两个一百年"奋斗目标,党的十九大报告再次重申:在中国共产党成立一百年时全面建成小康社会,在新中国成立一百年时建成富强、民主、文明、和谐、美丽的社会主义现代化强国。九十九年来,中国共产党人和全国各族人民前仆后继、顽强奋斗,不断夺取革命、建设、改革的重大胜利。今天,一个生机盎然的社会主义中国已经岿然屹立在世界东方,14亿中国人民正在中国特色社会主义伟大旗帜的指引下满怀信心地走向中华民族伟大复兴。历史发展表明,一部中国共产党的历史就是一部党领导中国人民为实现中华民族伟大复兴而奋斗的历史。中国共产党是实现中华民族伟大复兴的坚强领导核心。

以毛泽东同志为核心的党的第一代中央领导集体,在毛泽东思想的指引下,领导全国人民为争取民族独立和人民解放,进行艰苦卓绝的斗争,建立了中华人民共和国,开辟了中国历史的新纪元,为中华民族的伟大复兴扫清了障碍。在民族独立、人民解放之后,实现国家繁荣富强、人民幸福富裕成为党领导中国人民必须完成的头等历史任务。在1949年3月召开的七届二中全会上,毛泽东同志提出新中国成立后的伟大历史使命就是迅速恢复和发展生产,使中国稳步地由农业国转变为工业国,把中国建设成为一个伟大的社会主义国家。经过对"大跃进"和"人民公社"运动的总结和反思,1963年11

月,全国人大二届四次会议号召全国人民奋发图强、自力更生,为把我国建设成为一个具有现代农业、现代工业、现代国防和现代科学技术的强大的社会主义国家而奋斗。"四个现代化"被明确规定为我国在20世纪的奋斗目标。党的十三大提出"为把我国建设成为富强、民主、文明的社会主义现代化国家而奋斗"的宏伟目标。党的十七大把社会主义现代化奋斗目标从"富强、民主、文明"拓展为"富强、民主、文明、和谐",明确提出"把我国建设成为富强、民主、文明、和谐的社会主义现代化国家"的奋斗目标和经济、政治、文化、社会建设"四位一体"的基本纲领。党的十八大将社会主义总体布局拓展为经济、政治、文化、社会、生态文明建设"五位一体",明确提出要在2020年实现国内生产总值和城乡居民人均收入比2010年翻一番,全面建成小康社会的目标。党的十九大提出要把我国建设成为"富强民主文明和谐美丽的社会主义现代化强国",并提出新的"两步走"战略目标。这些目标的制定都是一脉相承的,是对既定目标强有力的落实和有条不紊的推进,显示了中国共产党建设富强中国的恒心。

方志敏曾在《可爱的中国》中这样写道:"目前的中国,固然是江山破碎,国弊民穷,但谁能断言,中国没有一个光明的前途呢? 不,决不会的,我们相信,中国一定有个可赞美的光明前途。中国民族在很早以前就造起了一座万里长城和开凿了几千里的运河,这就证明中国民族伟大无比的创造力! 中国在战斗之中一旦斩去了帝国主义的锁链,肃清自己阵线内的汉奸卖国贼,得到了自由与解放,这种创造力将会无限地发挥出来。到那时,中国的面貌将会被我们改造一新。所有贫穷和灾荒,混乱和仇杀,饥饿和寒冷,疾病和瘟疫,迷信和愚昧,以及那慢性的杀灭中国民族的鸦片毒物,这些等都是帝国主义带给我们可憎的赠品,将来也要随着帝国主义的赶走而离去中国了。朋友,我相信,到那时,到处都是活跃的创造,到处都是日新月异的进步,欢歌将代替了悲叹,笑脸将代替了哭脸,富裕将代替了贫穷,康健将代替了疾苦,智慧将代替了愚昧,友爱将代替了仇杀,生之快乐将代替了死之悲哀,明媚的花园将代替了凄凉的荒地! 这时,我们民族就可以无愧色地立在人类的面前,而生育我们的母亲,也会最美丽地装饰起来,与世界上各位母亲平等地携手了。"革命先烈的这种殷殷期盼,至今仍是我们党不懈奋斗追求的目标。

从辛亥革命的枪声到五四运动的怒吼,从大革命的惨败到土地革命的兴起,从艰苦卓绝的抗日战争到扬眉吐气的解放战争,一代又一代的中国人前仆后继,终于在中国共产党的领导下改天换地,掌握了自己的命运。今天,我们的国家和民族再次向国家富强、民族振兴的道路迈进,其间必然会遇到"雪山""沼泽",但中国共产党人一定会带领全国人民行稳致远,突破重重阻碍、克服重重困难,实现中华民族的伟大复兴!

三、大学生践行"富强"价值观的基本路径

党的十九大报告明确指出:"从全面建成小康社会到基本实现现代化,再到全面建成社会主义现代化强国,是新时代中国特色社会主义发展的战略安排。我们要坚忍不拔、锲而不舍,奋力谱写社会主义现代化新征程的壮丽篇章!"为实现国家富强,我们要有"道路自信、理论自信、制度自信、文化自信"。但同时我们也应当清醒地意识到,当前国内外形势日趋深刻复杂,我国发展面临的挑战也十分严峻,实现国家繁荣富强、人

民幸福富裕的任务十分艰巨。当代大学生的使命就是要坚持中国共产党的领导,树立远大理想、热爱伟大祖国、担起时代责任、勇于砥砺奋斗、练就过硬本领、锤炼品德修为,为实现"两个一百年"奋斗目标、实现国家富强和民族复兴的中国梦注入磅礴的青春力量。

1. 认清历史使命,明确成才目标

马克思主义认为:"人们奋斗所争取的一切,都同他们的物质利益有关。"[①]国家繁荣强盛、人民生活富足安康,与每个青年的自我价值和社会价值的实现息息相关。时代呼唤英才,希望在于青年。中华民族的伟大复兴需要大学生去奋斗,青春只有在为祖国和人民的真诚奉献中才能更加绚丽多彩,人生只有融入国家和民族的伟大事业才能熠熠生辉。中国特色社会主义新时代的大学生,要进一步认清自己的历史使命,明确成才目标,确立为国家、为民族奋斗的志向,努力成长为对党和国家、对人民有所贡献的人。

成为德、智、体、美、劳全面发展的社会主义事业的建设者和接班人,是新时代对大学生的必然要求,是党和人民的殷切希望,也是大学生需要确立的成才目标。

德是人才素质的灵魂。在今天改革开放和发展社会主义市场经济的新形势下,德在青年人的成长成才中发挥的作用越来越突出。同学们从进入大学校园起,就应当自觉接受社会主义思想道德教育和法制教育,以社会主义核心价值观为统领,以理想信念为核心,以爱国主义为重点,以公民的基本道德规范为基础,以全面发展为目标,增强遵纪守法观念,明大德、守公德、严私德,追求更有高度、更有境界、更有品位的人生。

智是人才素质的基础。智是大学生从事社会主义现代化建设的实际本领,是成为对国家、对人民有用的人才的重要基础。在智育方面,同学们需要刻苦学习,努力掌握科学文化知识,掌握比较系统扎实的专业理论基础和应用技能,不断拓展自己的知识领域、优化知识结构、丰富社会实践,培养解决理论和实际问题的能力,培养创新能力、实践能力和创业精神,提高人文素质和科学素质。

体是人才素质的条件。健康的体魄是大学生为祖国和人民服务的基本条件,是中华民族旺盛生命力的体现。在体育方面,同学们要了解体育运动的基本知识,掌握科学锻炼身体的基本技能,积极参加体育锻炼,养成锻炼身体的良好习惯。同时,还要保持心理健康,学会合理调控自己的情绪,掌握应对心理问题的科学方法。只有身心健康、体魄强壮、意志坚强,才能更好地完成现在的学习任务和未来的工作。

美是人才素质的升华。美不仅能陶冶情操、提高素养,而且有助于开发智力,对于促进大学生全面发展具有不可替代的作用。在美育方面,同学们需要提高自身的文化艺术修养,培养良好的审美情趣,加强审美修养,提高审美能力,认清什么是美、什么是丑,形成高尚的审美品位和良好的人文素养。

劳是人才素质的重要内容。2020年3月20日,中共中央国务院发布的《关于全面加强新时代大中小学劳动教育的意见》中指出:"劳动教育是中国特色社会主义教育制度的重要内容,直接决定社会主义建设者和接班人的劳动精神面貌、劳动价值取向和劳动技能水平。"劳动教育可以让大学生立足实践、认识世界、探索真理,不断完善自己。当

[①]中共中央马克思恩格斯列宁斯大林著作编译局.马克思恩格斯全集(第一卷)[M].北京:人民出版社,1974:82.

代大学生应不畏艰难、百折不挠、敢于担当,在劳动中增阅历、长才干、坚意志、熟技能、知荣辱、懂感恩,为美好的未来做好思想、信念、人格、品质上的准备。

2. 奋发有为,转变学习观念

毛泽东同志指出:"人民,只有人民,才是创造世界历史的动力。"无论国家的繁荣富强还是人民的幸福富裕,都需要人民群众通过自身的奋斗来实现。与其说人民是社会主义现代化事业的实践主体和价值主体,不如说每一个个体都在为这一伟大事业保驾护航。民间有句俗语"小河有水大河满",正说明了只有凝聚人心、集中民智、调动人民群众的创造力,才能为国家的发展和繁荣、人们的和美幸福生活提供源源不断的动力支持。

梁启超在《少年中国说》中谈道:"故今日之责任,不在他人,而全在我少年。少年智则国智,少年富则国富,少年强则国强,少年独立则国独立,少年自由则国自由,少年进步则国进步,少年胜于欧洲则国胜于欧洲,少年雄于地球则国雄于地球。"当代大学生为践行社会主义核心价值观的首要价值目标——富强,必须加强学习。学习是大学阶段的主要任务,是大学生活的中心内容。进入大学,学习的内容、形式和要求都发生了变化。同学们不仅要努力学习,而且要树立正确的学习观念;不仅要掌握知识,而且要掌握获得知识和应用知识的能力;不仅要在学业上不断进步,而且要在综合素质上不断提高。

树立自主学习的理念。自主学习是一种能动的学习能力,它要求同学们有明确的学习目的,自觉适应专业要求和社会需求,积极主动掌握相关知识、技能和方法,使自己真正成为学习的主人。坚持自主学习,离不开老师的指导,但不能纯粹依赖老师的传授,而需要自身有强烈的求知欲和主动性,学会自我思考和探究问题,学会举一反三和触类旁通,注重对知识的拓展和领悟。在大学阶段,学习时间更加自由、更具弹性,学校为同学们营造了非常良好的自主学习空间,创造了浓厚的自主学习氛围,同时也对自主学习提出了更高的要求。同学们要学会根据教学安排和自己所学专业的特点,合理制定学习计划,科学安排学习时间,掌握正确的学习方法,全面提高自己的自主学习能力。

树立创新学习的理念。创新是一个民族进步的灵魂,是国家兴旺发达的不竭动力。创新已成为21世纪时代精神最主要的特征之一。创新要求人才不仅具有一般继承性的知识和能力,更要求人才拥有能适应社会高速发展的创新知识和能力。当今时代,知识更新周期大大缩短,各种新知识、新情况、新事物层出不穷。大学生要成为未来国家建设的人才和各个行业的骨干,不仅要认真学习,善于思考,掌握、加工、消化已学会的知识,还要敢于突破陈旧的思维定式,不断激发自己的创新意识;积极投身于实践之中，把理论学习与实践活动结合起来，培养创新精神和创造性思维；坚持运用逆向思维，坚持寻找多途径解决问题的办法，不断提高和拓展自己的创新能力，力求有所发现、有所发明、有所创造，为推动社会的创新发展打下良好的基础。

树立全面学习的理念。学习应该是全面的，同学们不仅要认真学好专业知识，还要学好有利于促进自身德、智、体、美、劳全面发展的其他各方面知识。学习不仅是获得知识，更为重要的是掌握科学的方法，培养探索求知的热情，学会收集、处理、选择和管理信息，学会观察、分析、解决理论问题和现实困惑。同学们不仅要向书本学习，更要向实践学习、向生活学习，学会知识技能，学会动手动脑，学会生存生活，学会做人做事。

树立合作学习的理念。"独学而无友，则孤陋而寡闻。"大学学习既需要耐得住寂寞的潜心苦学，也需要相互交流、沟通，在合作中学习，在学习中合作。同学们要在学业上相互启发、相互促进、取长补短、共同提高；还要在合作中培养良好的交往能力、合作精神、团队意识。

树立终身学习的理念。学习最可贵的是坚持。不断学习新知识、获得新本领是社会发展的要求。"少而好学，如日出之阳；壮而好学，如日中之光；老而好学，如秉烛之明。"我们已经进入了终身学习的时代，要树立终身求知、终身学习的理念。在大学阶段，同学们要学习和掌握专业基础知识，同时要为今后继续学习、终身学习奠定良好基础。

3. 积极向上，塑造全新形象

当代大学生承担着历史的重任，是社会上最富有朝气、充满生命力的群体。良好的形象不仅是大学生成才的一个重要方面，也是社会对大学生的要求。同学们要适应时代要求，自觉塑造积极健康向上的崭新形象。

理想远大，热爱祖国。当代大学生应当正确认识自身所处的历史时期，确立马克思主义的科学信仰，树立在中国共产党领导下走中国特色社会主义道路、为实现中华民族伟大复兴而奋斗的共同理想。同学们要珍惜韶华、勇于奋斗，始终以国家富强和人民幸福为己任，把个人命运与国家和人民的命运联系在一起，立为国奉献之志，立为民服务之志，为祖国和人民的利益而奋斗，在为实现社会理想而奋斗的过程中实现个人理想。

追求真理，善于创新。当代大学生应当发挥朝气蓬勃、思维敏捷、敢为人先的诸多优势，以坚忍不拔、自强不息、锐意进取的精神状态，始终坚持追求真理，不断夯实自身的科学文化知识基础，掌握创新的技能，努力提高持续创新的能力，使自己成为祖国和人民需要的、富有创新精神的高素质人才。要善于从马克思主义理论中汲取营养，树立科学的世界观，把握正确的方法论，努力做科学探索和创新的先锋。

德才兼备，全面发展。当代大学生要掌握扎实的专业基础知识和最前沿的科学文化知识以造福国家和人民。没有坚实的科学知识，就不能发展经济，更谈不上建设社会主义现代化强国。同时，要坚持以德为先，德才兼备。中国古代的政治家、史学家、文学家司马光说："才者，德之资也；德者，才之帅也。"就是说，只有用"德"来统帅"才"，才能保证"才"的正当发挥；只有以"才"支撑"德"，才能真正有益于国家和人民。目前社会上出现的贪污腐败和高科技犯罪等现象,为人们敲响了正确把握德才关系的警钟。同学们应当确立为人处世、做人做事的正确立场,掌握启迪智慧、修身养性、陶冶情操的正确方法,不断进德修业,在时代大潮中建功立业,成就自己的宝贵人生。

视野开阔,胸怀宽广。当代大学生应当学会以开阔的视野观察不断发展的中国,观察日新月异的世界;用宽广的胸襟向历史学习,向人民群众学习。新时代的大学生,要把个人的"小我"融入国家和集体的"大我"之中,在维护和实现国家与人民利益的过程中创造个人的辉煌人生。

知行统一,脚踏实地。当代大学生要努力将书本知识和实际行动密切联系起来,塑造"知行统一,脚踏实地"的良好形象。"知行统一"是和道德人格紧密结合在一起的。一个人能否做到言行一致,是他能否在立身处世等方面取得成功的重要条件。在人际交往中,既要重视言,更要重视行。同学们在日常的学习和生活中,要时时提醒自己,比如应该做的事情,认识到了,但是是否做到了;应该改正的错误,认识到了,但是否改正了。一个大学生如果能够从身边的事情做起,做到言行一致,老老实实做人,踏踏实实做事,他的道德人格必然会不断完善。

国家富强需要每一名中国人履职尽责、进取奉献。习总书记寄语青年人谈到:"时间之河川流不息,每一代青年都有自己的际遇和机缘,都要在自己所处的时代条件下谋划人生、创造历史。"当代大学生的点滴努力,一定会汇成祖国发展的滚滚洪流,势不可挡;国家富强、民族振兴、人民幸福的中国梦一定会在一代又一代的中国青年的接续奋斗中实现!

第二节　典型案例

一、中华传统富强思想和近代中国富强之路探索

1. 中华传统文化关于富强的思想

富强是我们的重要奋斗目标,是社会主义核心价值观的内涵之一。富强作为一种价值追求,不仅为当代中国社会普遍认同,而且深深积淀在中华传统文化中,堪称历久弥新。

我国古代典籍中关于富强的论述十分丰富,既有对富强内涵的阐释,又有对如何达到富强的主张,还有对富强之后应当如何处理人与人、国与国之间的关系的看法。

强国富民。强国一直是我国古代政治家、思想家的价值追求。在农业社会的大背景下,强国首先意味着加强粮食生产,所谓"粟者,王之本事也,人主之大务,有人之涂,治国之道也"。其次意味着"士、农、工、商"各司其职、各安其业,共同推动社会发展。强国内在地包含了养民富民。从《尚书》开始,我国古代典籍中关于养民、裕民、惠民、富民的论述不绝如缕。《尚书》中说:"德惟善政,政在养民。"孔子说:"政之急者,莫大乎使民富且寿也。"尽管孔子在不同场合也流露出安贫乐道的志趣,但他始终承认人具有追求财富的权利。这表明,让人民丰衣足食是儒家仁政思想的核心内容,厚生是儒家评

价善政的重要标准。在儒家看来,离开人的生存与尊严,单纯的道德说教不可能引导人们走上至善之途。对于富民途径,儒家主张"使民以时",做到"施取其厚,事举其中,敛从其薄"。

义利并举。前贤先哲追求的富强包含物质与精神两方面内容,可以概括为"义利并举"。从某种意义上说,儒家更看重义的价值和意义,强调"不宝金玉,而忠信以为宝;不祈土地,立义以为土地;不祈多积,多文以为富"。我国古人认为,忠信、仁义是比金玉、土地、积蓄更为稀缺的资源。在《论语》中,有为之君也就是仁义之君,要做到"老者安之,朋友信之,少者怀之"。在处理义利关系上,我国古人强调"正其义而不谋其利,明其道而不计其功",进而在义与利的统一中达到富强。

富而好礼。在我国古人尤其是儒家看来,富而不骄、富而好礼是富强的题中应有之义。中华传统文化中蕴含着爱好和平的基因,在人与人交往中提倡温、良、恭、俭、让,力求以德服人;在国与国交往中主张"远人不服,则修文德以来之",反对恃强凌弱、穷兵黩武,追求"甲兵不劳而天下服""协和万邦"。

千百年来,中华民族矢志追求富强,历史上我国在经济实力和综合国力方面曾长期处在世界前列,出现过"文景之治""贞观之治""康乾盛世"等繁荣景象。但近代以后,由于西方列强的侵略掠夺,封建统治者的昏聩无能,我国渐渐落后,陷入半殖民地半封建社会的深渊,国力衰微、民不聊生。也正因为如此,中华民族对富强的追求更为强烈,魏源探寻"师夷长技以制夷"、严复推崇《国富论》、梁启超呼唤"少年中国"、孙中山求索"共和"等,都是这一追求的反映和体现。

2. 近代中国富强之路的艰辛探索

寻找国家富强、人民幸福的现代化之路,是近代以来中国历史发展的一条主线。中国特色社会主义道路正是在一次次选择比较中走出来的一条中国式的社会主义现代化道路。因此,要正确认识和理解中国特色社会主义道路的来之不易,始终做到坚定不移地走中国特色社会主义道路,就不能不谈到近代以来中国人民寻求现代化的艰辛之路。

1840年,鸦片战争的炮声彻底击碎了中国人"天朝上国"的旧梦,封闭的大门被迫打开。面对西方列强挟坚船利炮而来的工业文明,面对"千年未有之变局",不甘屈服的中国人民开始了寻找现代化道路的艰难历程。

纵览中国历史发展的轨迹,中国近代百年是屈辱的百年,同时也是中国人民英勇抗争的百年,是中国的志士仁人求索救国救民之路的百年。从1840年鸦片战争开始,中国一步一步地沦为半殖民地半封建社会。从中英《南京条约》的签订算起,旧中国历届政府同外国侵略者签订的不平等条约、协定等,有据可查的就有1182个。这1182个不平等条约,是帝国主义侵略中国的血腥记录,是清朝反动政府卖国投降的历史见证。正是国外帝国主义的侵略和国内封建主义的压迫,使中国人民处在水深火热之中。

太平天国运动、洋务运动、戊戌变法,农民、封建地主阶级开明派、资产阶级改良派纷纷登上历史舞台。但由于历史和阶级的局限性,这些运动和变法在腐朽而保守的封建专制势力和帝国主义列强面前很快败下阵来。近代探索救国救民的尝试都失败了。

1911年10月,孙中山先生领导的辛亥革命推翻了清王朝统治,结束了统治中国几千年的君主专制制度,开创了完全意义上的近代民族民主革命,为中国的进步打开了闸门。但由于领导这场革命的民族资产阶级同帝国主义和封建势力有着千丝万缕的联系,在政治上和经济上具有很大的软弱性,所以辛亥革命虽然展示了中国现代化发展的新希望,却未能成功地建设起一个现代化的中国,没有改变旧中国的社会性质和人民的悲惨境遇,其胜利果实很快被袁世凯窃取,最终仍然未能逃脱失败的命运。

一次次的选择,一次次的抗争,一次次的失败。血的教训表明,依附西方,在半殖民地半封建的状态下实现现代化之路是走不通的,依靠资产阶级革命派照搬西方资本主义的道路也是走不通的。"念中国之前途,不禁毛发栗起,而未知其所终极也。"中国的现代化靠谁?又该从何处开始?俄国十月革命一声炮响,给中国送来了马克思主义,向中国人民展示了一条实现民族独立和人民解放、通过社会主义独立自主地建设现代化的全新道路。黑暗中的人们看到了光明和希望。中国历史的发展,从此发生新的转折,走向新的方向。

中国的先进分子开始接受马克思主义,汇集到社会主义旗帜下。作为中国先进生产力的代表,中国工人阶级的先锋队——中国共产党登上了历史舞台。以毛泽东同志为主要代表的中国共产党人创造性地把马克思主义运用到中国问题的解决中,深入研究中国国情和中国革命的特点,开创了一条由新民主主义通向社会主义的革命道路,实现了民族独立和人民解放,为中国的现代化扫除了整个制度层面和社会结构上的障碍。正如毛泽东同志所说,"就是这样,西方资产阶级的文明,资产阶级的民主主义,资产阶级共和国的方案,在中国人民的心目中,一齐破了产。资产阶级的民主主义让位给工人阶级领导的人民民主主义,资产阶级共和国让位给人民共和国"。

中国人民接受中国共产党的领导是中国历史的必然,同样,由新民主主义革命走上社会主义革命的道路,也是中国历史的必然。社会主义是中国人民的历史选择。中国的历史证明,只有社会主义才能救中国,只有中国特色社会主义才能发展中国。正如习近平总书记在比利时布鲁日欧洲学院演讲时所说:"君主立宪制、复辟帝制、议会制、多党制、总统制都想过了、试过了,结果都行不通。最后,中国选择了社会主义道路。"

二、强国与富民是"富强"价值观的一体两面

2019年国家统计局发布中华人民共和国成立70周年经济社会发展成就报告。报告显示,自2006年以来,中国对世界经济增长贡献率稳居世界第一位,成为世界经济增长第一引擎。过去由于近代史上的中国积贫积弱、时弊丛生,导致新中国在现代化建设上步履蹒跚、举步维艰;新中国成立后我们虽然恢复和发展了一部分生产力,之后的社会主义革命、建设尤其是改革开放推动了社会生产力的解放和迅速发展,但从总体上看,我国的绝大部分生产力还是"落后的社会生产",距离"较为先进的社会生产"还有很长的一段路要走,而人民迫切需要得到满足的需求则仍然是生存和生活的基本需求,即"日益增长的物质文化需要"不断得到满足是人民热烈的向往与追求。但经过改革开放四十多年来的发展积累与汇聚,这种"欠发展"的不良情况实际上已经得到了很大的改观,我们按照既定的发展战略安排逐步实现了"富起来",如今中华民族正在"强起来"的征程上昂首阔步前行。由此,如何正确对待富与强的辩证统一关系,便自然成为

我们国家在逐步实现"富起来"和"强起来"的过程中应当予以回答的重要课题。

"家是最小国,国是千万家""有了强的国,才有富的家""一心装满国,一手撑起家"是歌曲《国家》的歌词内容,曾于2009年10月1日在庆祝中华人民共和国成立60周年联欢晚会上隆重推出。时隔十年,时值新中国成立70周年,深入人心、家喻户晓的"国家"概念再一次唱响时代的主旋律。70年来,家国一体,国即是家,千家万户安居乐业即为国,家国高度一体化的趋势打造了国家与公民命运共同体的范式。如今,强国与富民成为"富强"价值观的一体两面,中国要既富又强自然也就是我们共同的奋斗目标。

1. "富强"价值观的形成

近代中国积贫积弱的悲惨命运激发了中国人民向往富强的主观愿望,并有了前赴后继、夜以继日的现实努力、艰苦奋斗。新中国成立后,尤其是改革开放后,中国变富强的愿望越来越具有现实可能性,中国真正富强也只是时间早晚的事情。

从党的十三大报告开始,"富强"正式成为我国建设社会主义现代化国家的重要实现目标。2012年,党的十八大报告又首次提出了包括"富强"二字在内的二十四个字的"社会主义核心价值观"。由此,"富强"便成为社会主义核心价值观在国家层面的重要实现内容和建设目标,是社会主义核心价值观在开篇之处就摆上案头和开宗明义的第一个倡导目标。五年后,党的十九大报告将"把我国建成富强民主文明和谐美丽的社会主义现代化强国"作为"两个十五年"的奋斗目标在第二个阶段上所要实现的内容。由此,"富强"便成为我国在建设社会主义现代化国家的进程中明确提出的首要衡量指标。而社会主义核心价值观和社会主义现代化强国建设目标之所以都把"富强"二字置于首位,并将其作为"国家层面的价值要求"中第一个要倡导的重要内容,以及作为中国全面建成社会主义现代化强国的首要实现目标,究其原因,主要有三:其一,实现富强是自近代以来几代中国人矢志不渝和坚持不懈的奋斗目标与追求,受历史因素的影响;其二,实现富强是当代中国共产党人为圆中华民族伟大复兴中国梦所提出的现实要求,是现实状况的需要;其三,实现富强是在我国基本国情不变和社会主要矛盾发生转变的背景下更好地为人民谋幸福的迫切需要,有时代背景的考量。

2. "富"与"强"的辩证统一关系

鸦片战争前,清朝的国内生产总值在世界上仍排第一,其占据世界份额的比重在顶峰时曾经一度达到了三分之一,但这并不能说明清朝就是首屈一指的强国,就能依靠这种经济上的富庶去战胜其他国家。清朝两次鸦片战争的战败求和赔款与签不平等条约就足以说明,经济总量上的庞大并不代表国防建设的巩固和军事实力的强大。一言以蔽之,即是说"富者不一定是强者"。

对此,毛泽东同志在分析近代中国反抗外来侵略的斗争为何屡战屡败的成因时,总结出了两点,"一是社会制度腐败,二是经济技术落后"。具体而言:一是在"社会制度"上,清朝是封闭落后的封建半封建体制,不足以对抗自由竞争、过度逐利的资本主义制度;二是在"经济技术"上,清朝的科技发明与创新多用于农业生产领域,而未能在工业革命领域遍地开花,这种工业生产力和器械工具制造上的不足与欠缺,使得清朝在面对西方列强坚船利炮的冲击时往往溃不成军。由此,带给我们的启示就是,不强的"富"

不会永久稳固,在"富"的同时也要图"强',不能不思进取、乐不思蜀。

在新时代背景下,我们之所以再一次提出"富强"的目标要求,就是因为"富"与"强"之间存在着一种辩证法。一方面,"富"为"强"积累了厚重的物质条件,国家只有在不断"富起来"的基础上,才能具备逐步实现"强起来"的可能性,即"先富者先强,不富则难强";另一方面,"强"为"富"提供了壁垒一样的保障,这种强有力的保障能够充分保证"富"不被他者所劫取,多年积累的财富和已经取得了的成果更不会轻易流失,即"不强难久富,积弱则积贫"。

总之,大国兴衰的世界历史表明,"富"与"强"往往互为依托、彼此相扶。即是说:"富"离开了"强","富"便无法持久,世界上一些"富得流油"的国家和地区正是因为依赖外国、成为附庸而往往在社会发生动荡混乱时生命财产受到巨大威胁,其结果通常是"人财两空",多年积累的财富就这样付之一炬;而一旦离开了"富","强"便会失去赖以存在的物质基础,国家很有可能会因此错失发展机遇而一蹶不振。由此,"既富且强""久富恒强"便成了大国崛起的永恒追求。

(资料来源:www.71.cn,2019-09-12.)

第三节　主题教育活动方案设计

一、参观庆祝中华人民共和国成立70周年大型成就展

1. 活动背景

生活在新时代的大学生普遍对过去贫穷的生活不甚了解,对中华人民共和国成立70周年取得的成就缺乏直观的认识。通过参观相关展览,深化大学生对"富强"价值观的认识很有必要。

2019年9月23日,"伟大历程 辉煌成就——庆祝中华人民共和国成立70周年大型成就展"开幕式在北京展览馆举行。

展览分为序厅、屹立东方、改革开放、走向复兴、人间正道五个部分,按照年代线性逻辑展开,像走进"时光隧道"一样,从1949年新中国成立以来的国家、社会发展脉络,展览铭刻共同记忆、集体记忆,能引起每个年龄段的人们记忆深处的共鸣。借助产品元件、沙盘模型等实物,对新中国成立以来各领域取得的150个"第一"进行展示,并设计了醒目的标志。专门设置英雄模范墙,以每十年为一个单元,集中展示这一阶段涌现的英雄模范人物,集中展现中华民族艰苦奋斗、奋发图强的自强精神和以改革创新为核心的时代精神。为方便不能到现场的广大群众参观展览,网上展馆已全面上线。

2. 活动目的

(1)通过参观成就展,深刻体会富强是中华民族千百年梦寐以求的共同美好愿望。

(2)通过参观成就展,充分认识新中国成立70年来取得的伟大成就,都是在中国共产党的领导下取得的。认识没有中国共产党,就没有新中国,就没有今天建设中国特色社会主义的伟大成就。

（3）通过参观成就展，增强民族自信心和自豪感，进一步坚定为实现中华民族伟大复兴的中国梦而努力奋斗的决心和信念。

3. 活动准备

没有条件到北京展览馆现场参观的，可以就近联系学校所在地区的类似展览馆进行参观。

（1）辅导员或班主任联系相关展览馆、博物馆，确定参观时间、讲解员。

（2）辅导员或班主任联系确定交通工具，通知学生参观事宜。

（3）学生提前进入网上展馆进行在线参观。

4. 活动过程

（1）学生到校园指定地点集合，老师讲解活动安全注意事项和参观纪律。

（2）进入展览馆进行参观，认真听讲解员的讲解。

（3）组织简要的交流分享会，辅导员或班主任进行活动小结。

（4）返回学校。

5. 活动小结

通过现场参观庆祝中华人民共和国成立70周年大型成就展，帮助同学们直观感受我国70年来取得的历史性成就。正如党的十九大报告指出的："中华民族迎来了从站起来、富起来到强起来的伟大飞跃。"富强对于一个国家、一个民族的重要意义，每位同学都有深刻体会。当代青年大学生很幸运，因为生活在这个伟大的新时代，可以参与并将见证中华民族伟大复兴的实现。这激励同学们要刻苦学习、立志成才、不懈奋斗，在建设社会主义现代化强国的征程中建功立业，书写人生的美好篇章。

二、主题班会：见证

1. 活动背景

通过对"富强"价值观基本理论的学习和参考资料的阅读，学生已经对"富强"的基本内涵有了一定的了解。同学之间有着相仿的年龄、类似的生活阅历、相似的心理状态，通过主题班会分享式自我教育和参与式谈论，可以进一步深化学生对"富强"的理解，促进学生把"富强"价值观更好地内化于心、外化于行。

2. 活动目的

（1）通过分享参观展览的体会和日常感悟，在同学中产生积极践行"富强"价值观的共鸣。

（2）通过活动帮助学生认识到祖国富强在家乡、在身边，增强学生的认同感、成就感、自豪感，激发学生的爱国爱乡情怀。

（3）帮助大学生进一步坚定履行时代使命的责任感和使命感，实现国家、民族富强之夙愿。

3. 活动准备

（1）在辅导员或班主任的指导下班委讨论并制定主题班会活动方案，明确任务分工。

（2）学生了解美丽乡村建设和"乡村振兴战略"，收集关于家乡特别是农村变化的资料，如文字资料、照片、口述史等。

（3）学生可组成团队准备见证祖国富强的分享内容。拍摄短视频（VCR）、走访当地贤达和搜集老人的口述资料与实物、晨示照片或实物等。内容、题材可以多样，可以是中华民族自强不息之路上的故事、成语，民间致富之路上的民俗、习俗、故事、人物风情，或者是致富之路上的奋斗史、故事、地方志、口述史等。

4. 活动过程

（1）主持人介绍本次主题班会的主要内容，并对"富强"的内涵进行简要阐述。

（2）进行"看照片·讲故事"环节。同学们把事前搜集的资料与实物拿出来，结合照片讲述身边人、身边事，展示家乡的新变化和人民的富裕生活，传递坚持走中国特色社会主义道路的信心。

（3）进行"富强之音"环节。同学们利用当前流行的抖音等短视频新媒体、自媒体等多种方式，展示自己拍摄的"富强之音"短视频（VCR），或者制作的"富强之音"短视频（VCR），传播"富强之音"。

（4）进行"富强之我见"环节。同学们分享参观了大型成就展览、观看了"看照片·讲故事""富强之音"的感悟和体会，说出自己将如何践行"富强"价值观。

（5）主持人进行简要总结，鼓励同学们将拍摄或制作的短视频（VCR）等内容分享到易班、抖音等公共网络平台上展示富强故事，传播"富强之音"。

5. 活动小结

新中国成立以来，中国人民从"站起来"到"富起来"再到"强起来"，一代又一代青年始终奋斗在中国富强之路的最前沿。

习近平总书记在党的十九大报告中指出，"青年兴则国家兴，青年强则国家强，青年一代有理想、有本领、有担当，国家就有前途，民族就有希望。中国梦是历史的、现实的，也是未来的；是我们这一代的，更是青年一代的"。十九大以来，我们进入新时代，作为新时代的青年大学生，我们在国家富强之路上有着怎样的使命担当？通过本次主题班会，同学们结合身边的人和事，深刻认识到国家富强与人民的生活息息相关，与青年的奋斗更是密不可分。

第二章 民　主

第一节　人类社会崇高的政治理想

　　民主是一个十分复杂的政治范畴,具有鲜明的历史性、阶级性和民族性。民主是人类的崇高政治理想,是政治理念、政治制度和政治体制的有机结合,而作为一种政治体制,"民主"也已经有2500年的历史了。在不同的历史时期,民主的价值内涵、制度形态和实现方式各有不同。党的十八大把"民主"写进社会主义核心价值观的基本内容,体现了现代国家对民主的不懈追求。十九大报告中指出:"我国社会主义民主是维护人民根本利益的最广泛、最真实、最管用的民主。"[1]

一、民主的基本内涵

　　"民主"一词古已有之。"天惟时求民主,乃大降显休命于成汤"(《书·多方》)中的"民主"是"君主"的意思。"仆为民主,当以法率下"(《三国志·吴志·钟离牧传》)中"民主"则意指官吏,其含义与今天讲的"民主"非常不一致。我们今天使用的"民主"一词起源于希腊文,由"德谟"和"克拉西"两个词合成。前一个词是"人民"或"地区"的意思,后一个词是"某种公共权威"或"统治"的意思。西文中"民主"的本意就是指"统治归于人民"或"人民的权威统治"。更准确地说,民主最原始的含义即指由全体人民平等地、无差别地参与国家决策和进行国家管理。

　　关于民主,马克思、恩格斯曾有过深刻阐述:"民主是什么?它必须具有一定的意义,否则他就不能存在。因此,全部问题在于确定民主的真正意义。如果这一点我们做到了,我们就能对付民主,否则我们就会倒霉。"[2]在马克思主义经典作家那里,民主被认为是一种国家制度。列宁曾对民主做出过经典表述:"民主是国家形式,是国家形态的一种。因此它同任何国家一样,也是有组织有系统地对人们使用暴力,这是一方面。但另一方面,民主意味着在形式上承认国民一律平等,承认大家都有权决定国家制度和管理国家的平等权利。"[3]民主这一概念发展到了今天,已演变成了集合多种观点、包含

---

　　[1]习近平. 决胜全面建成小康社会 夺取新时代中国特色社会主义伟大胜利——在中国共产党第十九次全国代表大会上的报告[M]. 北京:人民出版社,2017:76.

　　[2]中共中央马克思恩格斯列宁斯大林著作编译局. 马克思恩格斯全集(第七卷)[M]. 北京:人民出版社,1959:304.

　　[3]列宁. 列宁全集(第三十一卷)[M]. 北京:人民出版社,1985:96.

多种意蕴的复合概念。当代西方学者提出了五花八门的新的民主观,如汤因比等提出了新精英主义民主观,认为民主权利应由少数技术精英掌握;林德布罗姆等则提出了新多元主义民主观,在坚持多元利益集团平等竞争的前提下,更加关注现实社会中的力量对比能否在相互制衡中达到多元平衡;克莱斯基提出了社会民主主义观,主张在社会各个领域内都广泛实行民主,把民主与社会主义相结合作为人类发展的政治理想和政治道路;卡特尔·佩特曼提出了参与式民主观,主张通过国民直接参与决策的方式来实行民主;雅克·朗西埃提出了激进的民主观,认为民主是那些无实践权力的人们的权力场域,是存在于不平等核心的平等,政治体制也必须从民主那里取得合法性,真正的民主是那些被排除在政治过程之外的人的自我解放、捍卫自身权利的集体实践的过程。

“物之不齐,物之情也。”世界上没有完全相同的政治制度模式,一个国家走什么样的政治发展道路,必须与这个国家的国情和性质相适应。我们党从成立之日起就以实现人民当家作主为己任,团结带领中国人民进行新民主主义革命,为争取民族独立、人民解放,实现人民当家作主不懈奋斗。新中国成立后,我们党领导全国各族人民建立了人民当家作主的国家政权,进行了广泛的民主实践,实行人民代表大会制度、中国共产党领导的多党合作和政治协商制度、民族区域自治制度、基层群众自治制度,为人民民主的实现奠定了制度基础。党的十一届三中全会以来,我们总结社会主义民主建设过程中正、反两方面的经验,开创了中国特色社会主义民主发展的新道路。充分发挥人大及其常委会作为国家权力机关的作用,依法行使立法、监督、决定、任免等职权,加强立法工作组织协调,加强对“一府两院”的监督。坚持和完善中国共产党领导的多党合作和政治协商制度,充分发挥人民政协作为协商民主重要渠道的作用,围绕团结和民主两大主题,推进民主监督、政治协商、参政议政制度建设,更好地协调关系、汇聚力量、建言献策、服务大局。少数民族的民主权利得到特殊保障,除了宪法和民族区域自治法外,已经形成具有中国特色的民族法律体系。在城乡社区治理、基层公共事务和公共事业中实行群众自我管理、自我服务、自我教育、自我监督的自治机制,实现政府管理与基层民主有机结合。坚持以民主集中制为根本,尊重党员主体地位,保障党员民主权利,推进党务公开,加强党内民主建设,使党内民主意识普遍增强、党内民主制度不断健全、党的创新活力充分发挥,更好地凝聚全党的智慧和力量,积极推进党内民主,从而进一步促进人民民主的实现和发展。

党的十九大报告指出,我国是工人阶级领导的、以工农联盟为基础的人民民主专政的社会主义国家,国家的一切权力属于人民。我国社会主义民主是维护人民根本利益的最广泛、最真实、最管用的民主。发展社会主义民主政治就是要体现人民意志、保障人民权益、激发人民创造活力,用制度体系保证人民当家作主。中国特色社会主义政治发展道路,是近代以来中国人民长期奋斗中历史逻辑、理论逻辑、实践逻辑的必然结果,是坚持党的本质属性、践行党的根本宗旨的必然要求。世界上没有完全相同的政治制度模式,政治制度不能脱离特定社会政治条件和历史文化传统来抽象评判,不能画地为牢,也不能生搬硬套外国政治制度模式。要长期坚持、不断发展我国社会主义民主政治,积极稳妥推进政治体制改革,推进社会主义民主政治制度化、规范化、程序化,保证人民依法通过各种途径和形式管理国家事务,管理经济文化事业,管理社会事务,巩固和发展生动活泼、安定团结的政治局面。

二、中国特色社会主义的"民主"价值观

1.民主是社会主义的基本诉求

十一届三中全会以来,我们党强调没有民主就没有社会主义现代化,强调民主要制度化、法律化,强调党必须在宪法和法律允许的范围内活动,切实推进党和国家政治生活的民主化,经济管理的民主化,整个社会生活的民主化。当普通人民群众感受到民主是个好东西时,公众的参与意识也就由感性走向理性,从表面介入走入深度参与。在对政府权力运行决策的监督中,人民正逐渐成为新中国成立70年来推动民主政治前进的主体力量,民主也已从开国者的革命理想转变为亿万民众的基本诉求,成为中国人政治生活中不可或缺的必需品。

从民主的历史逻辑来看,社会主义民主是人类民主发展的最高形态。马克思把民主还原到人类社会历史发展进程中去考察,并指出民主是一种社会历史现象,有着不同的发展态势。相对于封建专制而言,资本主义民主无疑是一个巨大的历史进步,但和社会主义民主相比较,其历史局限性非常明显。从历史生成来看,西方资本主义在发展出市场经济的同时,也滋生出"个体本位"的民主。马克思认为这种"个体民主"是以经济上的不解放和劳动上的不自主作为基础的。只有在掌握生产资料之后,人才能真正为自己做主,而这一点在资本主义私有制条件下永远不能实现。即便是在西方国家宣称自由民主是人类政治发展终点的今天,雅克·德里达仍一语道破其本质:"我们永远也不要无视这一明显的、肉眼可见的事实的存在,它已经构成了不可胜数的特殊现场:任何一点儿的进步都不允许我们无视在地球上有如此之多的男人、女人和孩子在受奴役、挨饿和灭绝,在绝对数上这是前所未有的。"[1]因此,资本主义民主并不是人类民主发展的终极形态。资本主义民主的虚伪性和不彻底性正是无产阶级争取社会主义民主的逻辑起点,"工人革命的第一步就是使无产阶级上升为统治阶级,争得民主"[2]。在此之后,"无产阶级将利用自己的政治统治,一步一步地夺取资产阶级的全部资本,把一切生产工具集中在国家即组织成为统治阶级的无产阶级手中,并尽可能快地增加生产力的总量"[3]。当人民成为国家和社会的主体力量之后,通过发展生产,逐步消灭国家和阶级差别,最终实现每个人自由发展和真正的平等,民主也就演化成一种生活方式,这才是民主的真谛所在。近代以来,中国人民在经过艰辛的尝试和探索之后,最终选择了走社会主义民主道路,其原因也在于此。可以说,在对资本主义民主的批判和反思基础上构建起来的社会主义民主是人类最为先进的民主形态,代表着人类社会发展的内在要求和方向。

---

① [法]雅克·德里达. 马克思的幽灵——债务国家、哀悼活动和新国际[M]. 何一,译. 北京:中国人民大学出版社,1999:121.

② 中共中央马克思恩格斯列宁斯大林著作编译局. 马克思恩格斯全集(第一卷)[M]. 北京:人民出版社,1995:239.

③ 中共中央马克思恩格斯列宁斯大林著作编译局. 马克思恩格斯全集(第一卷)[M]. 北京:人民出版社,1995:93.

从民主的实质内涵来看,社会主义民主是真正的人民民主。民主可以展现人的自主性,并在制度上保障这种自主性的实现,使之成为获取自身发展的有效力量。在不同的社会中,实现这种自主性的现实基础是不同的,人们的主观认识也会有所差别。在现代社会,这种差异在民主问题上最重要的反映就是国家是否由人民掌握,国家能否依人民的意志进行治理,人民能否自主地参与民主实践。人民民主的实质就是国家的一切权力属于人民,人民通过掌握国家权力使国家服务于人民,保障和增进人民的福祉。尽管大多数西方资本主义国家都标榜自己是"人民民主",这显然不是真实的。在资本逻辑的支配之下,资本主义民主在形式和实质之间出现了断裂,成了"一种残缺不全的、贫乏的和虚伪的民主,是只供富人、只供少数人享受的民主"①。资本主义社会越发达,这种断裂也就越明显。在社会主义国家,经济基础、历史传统和文化状况决定了社会主义民主是表里如一的人民民主,具体表现为人民当家作主。社会主义民主是人类历史上第一次人民真正地掌握国家政权、自主地管理国家和社会事务,以及充分享受民主发展带来的福利,民主的主体和权力范围空前广泛,民主政治制度更加真实有效。从这个意义上说,社会主义民主是真正的人民民主,是民主内容和形式实现有机结合、高度统一的优良典范。人民民主始终是社会主义高举的一面大旗,指引着社会主义民主发展的方向。中国特色社会主义的民主发展史,实际上就是一部人民为实现民族独立、人民解放、实现现代化和人的全面发展而不断奋斗的历史。

从民主的现实路径来看,社会主义民主是竞争民主和协商民主的有机统一。民主是人类的共同价值追求,它的具体形式是丰富多样的,不能拘泥于固定的模式,也不可能有一种放之四海而皆准的标准。现代民主政治的运行固然需要通过竞争性的投票来完成权力的委托过程,但如果把竞争性投票这种形式视为民主自身,民主发展难免遭遇困境,这已在西方熊彼特式民主不断遇挫的诸多实例上得到证实。习近平总书记曾从主体权利的角度来论述民主:"人民是否享有民主权利,要看人民是否在选举时有投票的权利,也要看人民在日常政治生活中是否有持续参与的权利;要看人民有没有进行民主选举的权利,也要看人民有没有进行民主决策、民主管理、民主监督的权利。"②因此社会主义民主不能只要竞争投票,不讲民主参与,这就需要在民主实践的框架内把竞争民主和协商民主结合起来,使两者相互支持、互为补充。大力发展社会主义协商民主,有利于化解社会矛盾、完善人民的政治参与以及促进决策的科学化、民主化。竞争民主和协商民主两者相辅相成,共同统一于社会主义民主实践中,不仅有完整的制度程序,还有多样化的参与实践,构成了社会主义民主发展的新路径。

2. 民主是中国特色社会主义的政治追求

民主作为一种价值观念和政治实践,它是历史的、具体的。民主在不同的国家和不同的历史阶段会有不同的模式和道路,每个国家的民主模式和道路都是由这个国家的人民决定的,都是这个国家在经济社会发展基础上长期发展、内生演化的结果。对任何一个国家而言,民主都是独特的,实现民主的形式也是丰富多样的,不能拘泥于刻板的、单一的某种模式。选择什么样的民主发展道路至关重要,必须与一个国家的历史、

---

①中共中央马克思恩格斯列宁斯大林著作编译局. 列宁专题文集[M]. 北京:人民出版社,2009:261.

②习近平. 在庆祝中国人民政治协商成立65周年会议上的讲话[N]. 人民日报,2014-9-22.

民族、社会、政治、经济、教育、宗教、心理、文化等的立体发展坐标系相契合，否则会出现政局动荡、发展停滞甚至政权崩溃的现象。中国是一个发展中的大国，坚持正确的民主政治发展道路是关系根本、关系全局的重大问题。习近平总书记对此指出："中国特色社会主义政治发展道路是符合中国国情、保证人民当家作主的正确道路，独特的文化传统、独特的历史命运、独特的基本国情，注定了我们必然要走适合自己特点的发展道路。"①

中国特色社会主义民主政治道路是从中华民族近代以来170多年历史发展中走出来的，是中国人民和中国共产党追求中华民族伟大复兴不懈探索的结晶。1840年鸦片战争以后，中国逐步沦为半殖民地半封建社会。为挽救民族危机、走出积贫积弱、任人宰割的局面，中国人民一直前赴后继地寻求适合中国国情的政治制度模式。各种政治思想和势力纷纷登场，不动根基的自救运动、改良主义、旧式农民战争、资产阶级民主革命纷纷失败，君主立宪、帝制复辟、议会制、多党制和总统制等各种政治形式都不能为中国实现国家富强和人民幸福提供制度保障。在领导人民取得新民主主义革命胜利之后，中国共产党从中国的历史和国情出发，经过长期探索，走出了一条中国特色社会主义民主政治道路。这一道路是近代以来中国人民长期奋斗的必然结果，是坚持党的根本宗旨、践行党的本质特征的必然要求，它是维护人民根本利益的最广泛、最真实、最有效的民主，其本质特征就是人民当家作主。它体现人民意志、保障人民权益、激发人民投身国家建设，为中国特色社会主义发展奠定了坚实的政治基础。

党的领导是人民当家作主和依法治国的根本保证，人民当家作主是社会主义民主政治的本质和核心，依法治国是党领导人民治理国家的基本方式，三者统一于我国社会主义民主政治伟大实践中。②这种政治制度安排，既保障了人民参与对社会一切事物治理的统一性和稳定性，也保证了人民意愿实现的广泛性和真实性，还保证了国家治理体系的有序性和规范性，集中体现了我国社会主义政治制度的优越性。值得注意的是，在我国政治生活中，党是居于领导地位的，是领导一切的核心，坚持党的领导、人民当家作主、依法治国的有机统一的根本就是坚持党的领导。但是在现实生活中，有人认为中国特色社会主义就是坚持中国共产党领导，基于这个认识得出了"由一个政党长期执政的国家是不可能实现民主"的结论。这种观点的错误在于以西方民主的标准预设了坚持党的领导、人民当家作主与依法治国三者之间是天然对立的，没有搞清楚中国特色社会主义民主的本质特征究竟是什么。西方人士无法理解中国共产党领导下的民主政治，因为他们长期生活在西方社会环境中，自然会认为只有两党制和多党制才能促进民主，一党长期执政缺乏竞争，与现代民主格格不入。实际上，民主不仅有类型之分，也有发展道路上的区别。中国特色社会主义民主之所以强调坚持党的领导，是因为中国共产党是不同于西方社会背景下产生的政党，它始终代表着最广大人民群众的根本利益，肩负着领导全体社会成员发展人民民主，推动国家完成从传统走向现代化的历史重任。中国共产党饱经淬炼，从革命、建设和改革一路走来，有着丰富的执政能力和执政经验，由它来领导民主会更有成效。

---

①中共中央宣传部．习近平新时代中国特色主义思想三十讲[M]．北京：学习出版社，2018：161.
②中共中央宣传部．习近平新时代中国特色主义思想三十讲[M]．北京：学习出版社，2018：162.

从民主发展的历程上看,西方社会曾率先构建了现代民主,促进了经济发展和社会进步,扩大了人民的民主权益。但从民主治理的效果来看,当前西方民主的乱象丛生与我国民主的真实高效形成鲜明对比。比如,一些西方国家选民参与投票的比例从20世纪50年代的80%下降到21世纪初的不到60%,频繁的选举消磨了人们的投票热情;从美国的"占领华尔街"到欧洲民众掀起的"反欧盟浪潮",凸显出西方国家民众对精英民主的不满;2016年6月英国举行的脱欧公投,只有70%的选民参加投票,其中52%的选民支持退欧,于是约占全体选民36%的民众就决定了整个国家的未来发展,结果导致400多万人后悔,要求重新公投,政党出现相互恶斗和彼此否决的现象。又如,比利时2011年6月大选后,曾出现一年多的无政府状态;美国总统奥巴马力推的医改方案,最终也成为镜花水月。此外,20世纪70年代开始,从亨廷顿认为的"第三波民主化浪潮"到"颜色革命"再到"阿拉伯之春",凡是接受了西方民主输出的国家,民主转型成功者寥寥无几,反倒是带来了泰国、乌克兰、埃及、伊拉克和利比亚的民主乱局。"鞋子合不合脚,自己穿了才知道"。从本质上说,中国特色社会主义民主最大的特色就是坚持中国共产党的领导、人民当家作主和依法治国三者的有机统一,始终坚持这三者的有机统一是中国共产党和中国人民的核心政治创造,彰显了中国特色社会主义民主的政治优势。习总书记反复强调,绝不能以"拿来主义"的态度对待西方民主,而要秉持兼收并蓄的态度,在独立自主的立场上虚心学习别人的好东西并加以消化吸收,才能真正构建起中国特色社会主义的政治文明。

3. 民主彰显中国特色社会主义的制度优势

改革开放40多年来,中国特色社会主义民主政治制度的独特优势推动中国取得了举世瞩目的发展奇迹。就中国特色社会主义民主政治自身而言,它一直是在制度、资源和路径等多个维度上展开的。在经济领域,政府对经济的管制大大放松,社会成员经济活动的自主权逐步扩大,经济民主化正推动中国经济变革和发展;在政治领域,政治民主化的发展使得人们在法治的框架之下自主地行使民主权利,平等地参与国家政治生活;在文化领域,人们受教育水平和文化素质普遍提高,民主素养和权利意识不断增强;在社会领域,人们的自由活动和社会自主交往逐渐增多,民主化的生活空间及其自治方式已经形成。不仅如此,民主的实现形式也趋于多样化。政治体制改革使城乡按相同人口比例选举全国人大代表,代表组成更体现平等性,人民代表大会制度朝着合理化、规范化的方向发展;基层民主快速发展,基层选举在培育民主观念、保障民主权利和推进基层民主自治方面发挥着越来越重要的作用;协商民主正以中国民主的特有形式激发人民的参与性和创造性,通过汇集智慧、凝聚共识去求得民主的"最大公约数";新兴的电子民主正走进社会大众的生活,日益成为推动国家民主决策和民主监督的重要形式;党内民主改革不断推进,并逐步带动人民民主的发展。

如今中国特色社会主义进入新时代,新时代发展中国特色社会主义民主政治的关键就是要把社会主义民主政治的优势和特点发挥出来,使其更具时代内涵和活力,更好地保障人民当家作主。习总书记曾指出:"民主不是装饰品,不是用来摆设的,而是用来解决人民要解决的问题的。"[①]党的十九大报告明确提出了用制度体系保证人民当家作主,坚持和完善中国特色社会主义制度体系的过程也就是其优越性得到发挥的过程。

---

①习近平. 在庆祝中国人民政治协商会议成立65周年大会上的讲话[N]. 人民日报,2014-9-22.

三、大学生践行"民主"价值观的基本路径

为弘扬和践行社会主义民主观,必须提升国民的民主素养,将民主转化为每个国民的生活方式。首先,应该提高每个国民的政治参与意识和能力,最广泛地组织人民依法管理国家事务和社会事务,管理经济和文化事业。其次,要把民主内化为人们的生活方式,要求积极培育每个国民有利于民主的各种思想意识,尤其是多一些规则和法制意识,少一些结党营私和暗箱操作;多一些平等意识和换位思考,少一些等级观念和故步自封。最后,要让民主在日常生活中得以实践,要在基层自治和社会管理中得到体现。

在校的青年学生如何培育自己的民主意识、提升民主参与能力呢? 其实,在高校大学生学习、生活、交往、社会活动等的方方面面,都可以将民主的社会主义核心价值观融入其自我管理、自我服务、自我教育、自我监督的过程中。

1. 高校为大学生参与民主实践提供了基本的组织形式

通过不断的探索和完善,借鉴国外高校的经验,我国高校已经建立并逐步形成了"四位一体"的学生参与高校民主管理的基本组织形式。

一是学生事务公开制度。学生事务公开是校务公开的重要组成部分,是实现学生参与学校民主管理的有效形式。学校把管理中师生密切关注的以及与学生利益直接相关的信息进行公开。学生对公开的事项可以提出意见和建议,供校方采纳,以防止校方在决策的制定和决策的执行过程中损害学生的切身利益。

二是学生评教制度。学生依据有关标准采用一定方式,对授课教师的教学状况进行评价。学生参与评教能够最直接、最生动地反映自己对教学的要求,表达自己的利益诉求;可以帮助教师了解教学效果,改善和完善教学过程,进而提高教育教学质量。

三是学生代表大会制度。学生代表大会是学生实行自我管理、维护自身权利、参与学校民主管理的重要组织和途径。学生代表大会制度是实现学生全面参与学校管理的重要形式,不仅体现了以学生为中心、维护学生权利的指导思想,而且体现公平、公正和教育为本的价值理念。当然,学生代表大会制度需要在实践中不断完善。

四是学生申诉制度。学生在接受学校教育过程中,如果对学校给予的处分或处理不服,或认定学校、教职工侵犯了其人身权、财产权等合法权益,可以依法向学校和教育行政部门提出重新作出处理的制度。学生申诉制度能够督促学校严格依据事实规范处理,慎重做出处分学生的决定,推进学生管理水平的提高;也可以让学生通过申辩、申诉,在行使学生权利的同时提高自身责任意识。

2. 大学生享有民主管理和监督学校的权利

参与学校的民主管理是学生的权利。《普通高等学校学生管理规定》第六条规定:"学生在校期间依法享有下列权利:①参加学校教育教学计划安排的各项活动,使用学校提供的教育教学资源;②参加社会实践、志愿服务、勤工助学、文娱体育及科技文化创新等活动,获得就业创业指导和服务;③申请奖学金、助学金及助学贷款;④在思想品德、学业成绩等方面获得科学、公正的评价,完成学校规定学业后获得相应的学历证

书、学位证书;⑤在校内组织、参加学生团体,以适当方式参与学校管理,对校内与学生权益相关事务享有知情权、参与权、表达权和监督权;⑥对学校给予的处理或者处分有异议,向学校、教育行政部门提出申诉,对学校、教职员工侵犯其人身权、财产权等合法权益的行为,提出申诉或者依法提起诉讼;⑦法律、法规及学校章程规定的其他权利。"此规定表明,体现在法律关系中的学生权利主要包括知情权、选举权、决策权、评议权、参与权、监督权、申诉权等。

结合学生参与高校民主管理的基本组织形式,以及对学生特点和学校管理活动性质的分析,大学生能够参与高校民主管理的途径比较多,范围也比较广。第一,学生可以参与学校里与学生利益直接相关的事务决策的评议,主要内容包括:参与学校发展建设、教学管理、校园文化等工作中涉及学生的切身利益的决策评议;参与学校里和学生事务相关的职能部门出台的与学生利益直接相关的政策评议。第二,学生可以参与学校里与学生利益直接相关事务的监督和管理,主要内容包括:参与学校的政策和制度的宣传,监督学校有关政策和制度的实施;对学校管理、教学和服务,提交相关议案,提出意见和建议;参与学校直接面向学生的服务机构的管理和监督工作;参与学校校内宣传媒体的管理和监督工作。第三,学生可以参与学校与学生利益直接相关部门的管理,主要内容包括:参与学生事务相关职能部门的管理工作;参与各院系与学生利益直接相关工作的管理;参与教辅和后勤等直接服务学生的部门的管理和监督;参与学生生活区的管理和监督等。

当然,学生参与学校民主管理的内容和范围,都会受到社会发展阶段、学校历史传统、管理者素质及学生特点等诸多因素的影响。这既要在制度上进一步规范化,也要在实践中不断总结和完善。

3. 大学生参与高校民主管理的基本原则

由于我国大学生参与高校民主管理的起步较晚、发展较慢,目前在具体政策和高校实践中尚未形成明确、统一的指导思想和基本原则。这不仅影响大学生参与高校民主管理工作的推进,同时也直接影响了大学生的民主实践的效果。根据我国高等教育的实际和大学生参与学校民主管理的基本要求,提出以下原则。

(1)坚持党的领导原则。我国《高等教育法》明确规定:"国家举办的高等学校实行中国共产党高等学校基层党委会领导下的校长负责制。"①只有坚持党委对学生参与民主管理的统一领导原则,才能保证学生参与高校民主管理的正确方向,为其提供政治基础和可靠的组织保证,从而能够抵御各种西方社会思潮和价值观念的冲击,牢牢把握我国高等学府社会主义民主政治建设的方向,守住意识形态教育的阵地。学校党委不仅能够调动学校的一切资源,保障、支持学生有效参与民主管理的需要,还可通过教育和细致周到的思想政治工作,领导教师和管理人员支持学生参与民主管理。

(2)合法性原则。合法性原则主要是指大学生参与学校民主管理不能与国家法律、法规和政策相抵触,也就是参与的范围、程序、形式等都必须合乎相关规定。所谓范围

---

① 全国人民代表大会常务委员会. 中华人民共和国高等教育法[M]. 北京:法律出版社,2002:14.

合法,是指学生参与民主管理的范围,必须根据学生在法律关系中所拥有的权利来界定,逐一明确学生的知情权、选择权、决策权、评议权、参与权、监督权、申诉权等的相应内容和范围。所谓程序合法,是指学生参与民主管理时在法律、法规有明确程序规定时,必须按程序规定办事。如《普通高等学校学生管理规定》对学生因不服处分而进行申诉所作出的规定为:学生有异议必须先向学校申诉处理委员会提出申诉[①],而不能直接向学校所在地省级教育行政部门提出申诉,即必须进行逐级申诉。所谓形式合法,主要是指学生参与民主管理的形式要符合法律规定。如学生成立相关社团参与民主管理,必须按学校社团管理的有关规定报批、备案。再如,学生若采用激进行为来给学校管理者施加压力,譬如进行游行示威,必须按规定报当地公安部门批准,否则就是违法。

（3）公共性原则。大学生参与高校民主管理的主要目的是有利于学生自身全面发展和教育事业发展,是对学生公共利益负责,是为了保证学校教育教学的正常运转。坚持公共性原则,一方面,大学生在参与民主管理时应该有较强的集体观念,有大局意识和责任意识,遇事作判断时不能依个人的好恶而定,必须把公共利益放在首位;另一方面,大学生在参与民主管理的过程中,应该有较强的分析问题能力、组织协调能力和语言表达能力,善于调查研究,最终通过民主集中制的形式来维护广大同学的共同利益。

（4）自愿性原则。自愿性原则即大学生参与学校管理是基于个人对其重要意义的深刻认识和自身特点的合理定位,主动表示愿意参与管理。坚持自愿性原则,就是让学生按其认知状况、兴趣爱好、个性特点和能力水平自愿选择参与民主管理活动,只有这样才有利于发展学生的才能和个性特长,才有利于调动学生参与民主管理的积极性和主动性,也才能更好地教育和培养学生的民主精神。

大学生在校期间参与学校民主管理,有助于其树立民主意识,养成民主的态度,学到民主的知识,锻炼民主的能力,确立民主的信念。为此,大学生在观念上要有一个转变。首先,大学是学生进入社会的过渡时期,除了专业知识的学习外,还需要寻找实践机会以缩短自身和社会的距离,为将来走出校园、走向社会做好准备。那种"事不关己,高高挂起""做一天和尚撞一天钟"被动、消极的态度甚至当前甚嚣尘上的所谓"佛系"思想是不可取的。大学生参与高校民主管理本身就是教育过程的一部分,其目的是使党的教育方针更充分地实现,使学生在参与管理的过程中得到锻炼,增长才干。其次,应该深刻把握参与民主管理的事项,在实践中积极维护、实施民主管理。既要关注参与结果,更应注重参与过程。过程参与是提升能力的根本保证,只有在过程中遵守规范、学会表达、感受民主,才能真正得到锻炼和提高。最后,大学生应立足于高校和大学生的共同利益,结合高校的实际需要,发扬主人翁的精神,强化责任意识,与教师、管理人员共同为高校的改革与发展作出贡献。大学崇尚民主、自由,主张个人全面发展,但也需要认识到不是所有的参与都是没有界限、随意自主的。所以,遵守以上所说的几项基本原则是必不可少的。

---

①牟德刚.修身报国:社会主义核心价值观大学生读本[M].浙江:浙江大学出版社,2015:16.

第二节　典型案例

一、警惕民主概念的陷阱

民主问题已成为中西方意识形态斗争的前沿阵地,成为西方西化、分化、弱化、丑化中国的重要武器。打赢民主话语权争夺战,有利于维护良好的国家形象,有利于维护国家意识形态安全和国内政治稳定。

民主是分层次的概念,但一些西方理论家、政治家及国内某些"崇欧媚美"的所谓"公知",却借此玩文字游戏,或偷换概念,或循环论证,或缩小内涵,或扩大外延,引诱人们落入"民主"概念陷阱。

陷阱一:将民主价值追求矮化为民主选举程序,不搞"一人一票"竞选就是"不民主"。作为一种价值追求的民主理想,是现代政治文明的重要体现。但西方制度实践与民主理想之间有着巨大差距,如何填满鸿沟? 靠西方理论家"舞文弄墨"! 熊彼特、亨廷顿、达尔等决定提出"另一种民主理论",将民主价值转换为"一种政治方法",即"舍弃民治,代之以由人民批准的治理",人们如何批准?"把选举作出政治决定的人作为最初目标,即人民的任务是产生政府""民主的精髓是最高决策者通过普选产生"。就这样,人民当家作主的价值理想就与作为一种程序的投票选举划上约等号。从实际操作来说,将选举作为实现民主的一种方式具有重要意义。但是,西方理论家、政治家们有意模糊民主价值与西方实践之间的区别,并借民主价值的"普世"光环向全世界推广西式民主制度,以选举与否评判他国政治文明程度,显然是别有用心。

陷阱二:将西方民主原理神化为绝对的、普世的民主价值,不同于西方的民主观就被当作"异端邪说"。20世纪中叶以来尤其是冷战结束后,西式民主被包装成"神话""绝对的善",能带来经济发展、政治稳定、有效治理、社会和谐、公平正义、世界和平,能反腐败、能保人权,能"满足人类获得认可的根本精神需求"。世间一切美好,皆因民主而生。然而,西方社会并非完美的"天国",西式民主在实践中也并不完美,甚至问题重重、表现糟糕。对此,福山等人狡辩,是因为西式民主实行得不到位、不彻底,"并非原理本身的缺陷",西式民主完全可以自我发展、自我完善。至此,西式民主终于"羽化成仙",成为一种政治宗教,变成先验的、完满的、绝对的理念,不容怀疑、不用思考,只需相信、只需实践。并且,只有西式民主"不存在根本性矛盾",人类其他政体均具有严重缺陷及不合理的特征从而导致其衰落,西方民主之"善"必将战胜其他政治制度之"恶",人类终将统一于西式民主全球化的"历史终点"。这完全是强词夺理。

陷阱三:将美式民主制度幻化为"普适"制度模式,与西方政治制度不同就是"专制独裁"。作为制度层面的民主,是民主理念、民主政治与一国具体国情相结合的产物,具有特殊性和多样性,没有放之四海而皆准的政治制度。同一棵果树上尚无法长出同样的果实,广阔的世界上自然没有所谓"普适"的民主制度。以美国为代表的西方,故意混淆民主价值的一般性与一国民主制度的特殊性,通过大众传播、学术交流、隐秘渗透、军事干涉等,给西方尤其是美式民主制度抹上"普遍性"的"圣油",并向全世界大肆推广。美国的民主实践具有重要意义,但其核心内容为代议制、普选制、多党制,在理论上、实践上均存在颇多问题,难称"普适的"甚至"最不坏的"制度。但是美国等将自身制度作为民主的标准和化身,与之不同便被称作"专制",似乎只有白马是马,黄马、黑马必须被染成白色才能称之为马,这是典型的强盗逻辑。

陷阱四:将民主概念泛化为包含自由、平等、人权、法治等政治文明理念,与西方理解不同就是"假民主"。西方理论家们为使民主担起"普世价值"的重任,极力扩大民主的概念内涵。一方面,将自由、平等、人权、法治等裹挟入民主内涵之中,并且只能是西方标准的理解,强行捆绑销售。否则,自由、平等、人权、法治均不真实,自然无法实现真正的民主。另一方面,把西式民主说成是自由、平等、人权、法治实现的条件。否则,自由面临威胁,平等只是空谈,人权无法保障,法治无法实施。实际上,自由、平等、人权、法治等与民主尤其是西式选举民主本质上不存在包含与被包含关系,其存在也不互为条件,尤其是自由、平等、人权、法治等既不由选举民主产生,也不由选举民主维持,更不是西式民主的内涵。将西式自由、平等、人权、法治等与西式民主捆绑,不过是要用双重标准否定他国的民主政治实践,可谓"横蛮霸道"。

为何会出现这些概念陷阱?有西方有意无意的推动,也有国内某些所谓"公知"的吆喝。从西方来看,有观念意识方面的原因,比如西方有关历史发展的线性思维和一元思想,以掌握真理的"救世主"自居,以意识形态旧眼光和冷战思维看待民主问题,坚持要以西方民主"化"世界,从而被自负遮蔽了双眼。但根本原因在于,这些概念陷阱有助于西式民主的推广,而西式民主的普及对他们最为有利,亚当·斯密就认为西式民主共和"更有利于资本的统治"。西方以民主为资本开路,力图建立确保其"独家处在社会生物链最高端"的国际秩序,维护西方国家对世界的统治,让后来者、跟随者只能在后面仰西方鼻息、为其所用。在西方的推动下,国内某些所谓"公知"、西方民主信徒、似懂非懂者,为西式民主鼓呼呐喊,故意美化西方、神化民主,引诱人们跌入"鲜花"掩映的西方"民主"概念陷阱。

（资料来源:张程. 警惕"民主"概念陷阱[J]. 红旗文稿,2015(8).)

二、西方民主面面观

一些西方国家为维护其利益,把民主神圣化、把西式民主完美化,鼓吹普世价值,误导一些发展中国家把民主当成万能灵药,喧嚣过后,终将引发西式民主退潮的"多米诺骨牌效应"。所谓的"西式民主"打着自由、民主、人权的旗号和幌子,向其他国家不断"输出民主",以普世价值"感化"人们。据统计,从"第三波民主化浪潮"到"阿拉伯之春",世界上有约80个国家和地区发生了所谓"民主化转型",但绝大多数要么从希望到失望,要么从希望到绝望。由于"劣质民主"问题突出,西方国家不得不面对尴尬的"撤退中的民主"现实。审视这波国际"民主运动"的整个过程,能够更加深刻地认识西式民主潮起潮落的原因。

1. 虚伪的形式主义

2019 年 3 月，瑞典"00 后"女孩格丽塔成了全球舆论场和政治舞台的"新宠"，她甚至被提名了诺贝尔和平奖。而助推她成为"网红"，走向这一个"巅峰"的原因是她曾带领和号召数以百万计的欧美学生、社会民众通过罢工罢课，甚至是绝食的手段，为全球气候变化发声。全球超 120 个国家、300 多个城市，至少 140 万青年学生加入了这场声势浩大的"形式主义大游行"中，他们罢课、堵路、封锁学校、包围社会职能部门，不顾学业和社会的正常发展秩序，唯恐声势不够大。

格丽塔·桑伯格（Greta Thunberg），2003 年出生，父亲曾是音乐制作人，母亲是知名歌手，典型的中产阶级家庭。桑伯格离诺贝尔和平奖只有一步之遥，不用十年寒窗，不用埋头苦读。桑伯格小小年纪就走了一条超级捷径，18 岁后，全球知名大学都会向她招手。

虽然还看不出她对控制全球温室气体排放有什么实质贡献，但可以肯定，她对未成年中小学生的示范效应绝对是负面的。她的成名之路并不复杂。

2018 年 8 月 20 日星期五，15 岁的桑伯格没有去学校上课，而是拿着一叠传单去了首都斯德哥尔摩的议会大厦宣传她的环保理念，并称在议会选举结束前，她不会停止这样做。她一开始就与政治紧紧关联，一个身高大约 1.54 米，满脸稚气的女孩出现在瑞典政治中心门口，吸引了不少媒体目光。三周选举结束后，她没有恢复正常上课，继续在议会大厦门口静坐，怀中抱着一块大牌子：Skolstrejk för Klimatet（为了环境，停课！）。很快，她上了网络热搜，并成了主流媒体报道的焦点。桑伯格在瑞典发起的这个集体群众运动名叫"为了未来的星期五"。

从那时起，在桑伯格的号召之下，有数十万瑞典学生去做一件同样的事情——在周五不上课，就是为了环境问题相关的政策而行动。10 月，斯德哥尔摩数百名中小学生跟着她逃课，每周五也去举举牌，然后是整个欧洲，再把节奏带向全球。2018 年 12 月 3 日，她出现在波兰卡托维兹的第 24 届联合国气候变化大会上，主办方邀请她发表演讲。2019 年，她受邀前往达沃斯世界经济论坛作为演讲嘉宾，接着她的身影出现在了几乎所有和环保相关的活动上。英国《卫国》和德国《镜报》对她进行了专访并刊发头版文章，3 月 14 日，挪威三名国会议员提名她为诺贝尔和平奖候选人。3 月 15 日，她的"逃课闹环保"行动，在全球又带动了一波新的热潮。

短短半年不到的时间，这位默默无闻的 16 岁中学生被媒体捧上了神坛，成了一名环保领袖，一位政治明星。

她的主张：要求全球经济踩刹车，各国政府应制定法律减少温室气体排放。

她的光环：瑞典年度女性，超级网红，诺贝尔和平奖受提名人、达沃斯经济论坛嘉宾、联合国气候大会演讲者、数十万学生的偶像，环保领袖……

她的人设：不做虚伪的环保者，不坐飞机，不吃肉食，坚持素食，全家素食，鄙视打折日大超市的抢购者，欢迎移民，支持难民庇护权……

面对质疑时，她坚称，背后只有她自己，没有任何推手。

她的父亲放下原有工作，成了她的私人秘书，安排她接受采访，帮她制定演讲行程、会议计划，母亲正准备以女儿之名出书。

相信她的那些小孩们，认为她是一位领舞者，愿意为她伴舞。

反感她的人，称她是"纳粹青年队队长""恶魔""神经病""欺诈者"……连澳大利亚总理莫里森都婉转地反对她带动的逃课行动。

桑伯格离课堂越来越远，离政治越来越近，而她只有16岁。

她的演讲文稿，她给报刊的稿件，是否出自她自己之手？她去纽约时，因为不愿乘坐飞机而乘坐帆船，历时近一个月。这一个月来，她的追随者和跟拍媒体又制造了多少碳排放？但这对欧洲"白左"政客和媒体来说并不重要，重要的是他们需要这面旗帜，哪怕是个未成年人。

控制全球温室气体排放量，是个严肃的政治问题，口号谁都会喊，但脱离现实的口号毫无意义。

这种被利用的"形式主义民主"在西方资本主义民主社会中是非常常见的，像近年来的"冰桶挑战""裸体示威"等，都是如此，不仅不理智，还相当"反智"。

值得深思的是，一个女孩关于环保的"形式主义"的号召绝不是民主，也绝不可能是单纯的民众自发的；一个小女孩和她的亲友不可能凭借单薄的力量搅动全球舆论，发动如此声势浩大的非理智游行。与其说这是一场形式主义的游行，不如说是一场被美化的政治游戏，是一件爬满虱子的华丽"民主"外衣，虚伪的口号背后，是政客和利益团体邪笑的面容。

（资料来源：后沙月光.瑞典16岁政治明星，逃课闹环保［OB/OL］.（2019-03-23）［2020-04-23］.http://www.wyzxwk.com/Article/guoji/2019/03/400633.html.）

2. 变味的游行抗议——"伪民主之祸"

建立在整体"形式主义"基础上的西方民主社会中，原本有益于民众表态、表达诉求的游行，逐渐跑偏，甚至沦为阻碍社会发展的"反智民主形式"。这种"反智民主形式"主要有"政客层面的愚民化形式主义"和"变味的无理反智要求"两种。

"政客层面的愚民化形式主义"。西方国家许多大大小小不同类别的民众集会抗议活动，看似是一场场"民主活动"，说透了：看似民主，实则是放任剥削。简单地解释起来就是：其实每一场游行，都带有政治色彩，是有组织有计划的，斗争性是很强的。而他们的政府基本都会放任民众的游行（暴力骚乱除外），说好听是"民主"，可实质是"给剥削者缓和矛盾"。不少西方社会的政府一直不解决社会矛盾问题，始终晾着民众在那喊，去年如此，今年如此，明年还如此。这是因为任何一个诉求都是伤筋动骨的巨大投入，所以让众人游行的背后，实则是释放社会压力。而民众多数是一脑子空白，以为喊一喊、闹一闹就是民主了，却没想到自己是被政客愚弄的棋子。

"变味的无理反智要求"。这一类的"反智"主要体现在被鼓动的"无理取闹"上。这种现象在近几年的法国、意大利、德国等西方国家都频繁上演，像意大利民众要求政府发"白食"，德国民众追求"工作三小时拿更多工资"，法国学生因为考试难而要求"轰掉教育考试系统"等，这些都是非常典型的反智表现。"变味的无理反智要求"主要体现在完全不考虑社会经济发展均衡、不同群体之间的权益平衡问题，通常情况下也并不管国家和民族的死活，因此他们并不考虑自己过分的要求和不理智的行为会给社会带来多大伤害，也因此，像一些欧洲国家的民众，在国家经济危在旦夕的情况下，依旧提出非合理性的要求,为了反对而反对,反政府、反企业、反利好政策。这样的现象明面上叫"民主表达",实则是被鼓动的政治游戏。

第三节 主题教育活动方案设计

一、关于"民主"主题的班级辩论赛

1. 活动背景

民主是社会主义核心价值观中国家层面的一项重要内容,民主的内涵深刻而抽象。理越辩越明,辩论是帮助学生理解"民主"本质和内涵的最好方式。

近年来,以自由、民主、人权等为主要内容的西方"普世价值"观念在我国思想理论界造成了不小影响。受此影响,有人声称"改革开放成就是学习和实践普世价值的结果",有人将社会主义核心价值观和"普世价值"混为一谈,甚至危言耸听地说"拒斥普世价值,将失去做人类社会正常成员的资格"。其实,是否存在"普世价值",何为"普世价值","普世价值"的实质是什么,这些基本问题,一直充满争议,更要谨防普世价值的陷阱。

所谓"普世价值",指的是超宗教、超国家、超阶级的,任何人、任何社会、任何时代都认同的价值观念。其基本内容,就是一些西方国家大力倡导的自由、民主、人权等,它们被认为具有广泛而永恒的"普适性",在世界范围内推行。"普世"和"价值"合成一词并发挥影响,经历了由宗教化到学术化,继而政治化的过程。"普世"概念最先为早期基督教派争夺影响力使用,后世教派曾发起"普世运动",主张"教会是超国家、超民族、超阶级的普世实体"。20世纪60年代以来,西方学术界探讨"全球伦理"问题,提出"普遍价值"概念,力图建立一种为大多数人认同的"底线伦理"。随后,"普遍价值"转化为"普世价值"并被政治化,成为西方价值观的代称和进行意识形态渗透的工具。20世纪末,美国学者亨廷顿主张:"普世文明的概念有助于为西方对其他社会的文化统治和那些社会模仿西方的实践和体制的需要作辩护。普世主义是西方对付非西方社会的意识形态。"2010年,美国在国家安全战略中明确提出,美国的持久利益有四项,其中第三项就是"使国内和全世界的人们尊重普世价值",还详尽阐述了推广"普世价值"的战略措施。至此,"普世价值"成为少数资本主义国家推行自身价值观、进行意识形态渗透的前沿武器。

2. 活动目的

(1)通过查找资料、辩论,引导学生主动探究民主的本质和内涵。

(2)通过参与辩论或观看同学辩论,帮助学生加深对"民主"的理解,懂得应该如何去践行社会主义"民主"价值观。

(3)通过共同准备辩论赛,培养学生团队合作、求真务实的精神。

3. 活动准备

（1）辅导员或班主任指导班委研究制定班级辩论赛活动方案。

（2）咨询专家、老师确定关于"民主"的辩题，比如，存在普世价值和不存在普世价值；民主的进程取决于民众思想层次和民主的进程取决于健全的制度。

（3）学生报名组队，抽签分组，准备比赛。

（4）邀请评委。

4. 活动过程

（1）辩论赛开始，宣布辩题。

（2）介绍参赛代表队及所持立场，介绍参赛队员。

（3）介绍评委及点评嘉宾。

（4）按比赛规则开展辩论。

（5）观众自由提问时间。

（6）评委及点评嘉宾退席评议。

（7）评委入席，点评嘉宾评析发言。

（8）宣布比赛结果，辩论赛结束。

5. 活动小结

真理越辩越明，道理越讲越清。通过正反双方的激烈辩论，让同学们对民主这样一个抽象的概念有了更深入的理解，帮助我们厘清了社会主义民主价值观与资本主义民主价值观的本质区别，对在今后的学习、工作、生活中如何践行社会主义民主价值观有了新的认识。

二、主题班会：感受身边的民主

1. 活动背景

在大学生中存在这样的错误声音："民主"是西方价值观，民主是西方的舶来品。大学生正处于价值观形成与巩固时期，容易受到这种错误思想的影响。让大学生了解中国的民主发展进程，引导大学生亲身感受身边的民主，有助于大学生深刻理解中国特色社会主义民主的内涵，增强中国特色社会主义的道路自信、理论自信、制度自信、文化自信。

2. 活动目的

（1）通过观看视频，了解中国民主的发展历程与鲜明特色。

（2）通过阅读参阅材料，谈对民主的认识，帮助大学生进一步深刻理解民主的内涵。

（3）通过感受校园民主，增强民主意识，掌握如何在法律和规则的范围内正确行使民主权利。

3. 活动准备

（1）在辅导员或班主任的指导下，班委讨论制定主题班会活动方案和任务分工。

（2）下载视频《中国式民主之路》。视频时长25分钟，为"壮丽70年·时间都知道"系列节目的第二集。

（3）学生提前阅读关于我国民主制度的参阅材料，做好发言准备。参阅材料可以由学生自选，也可由班级提供，如《中国式民主就在你我身边》（《人民日报》2019年10月11日）包含的三个子内容："广泛、真实、管用的民主""我们对自己的民主充满自信""基层民主基于活力"；《为什么说中国式民主是全过程民主？》（《海外网》2019年11月5日）；《中国式民主为什么符合国情？》（《人民日报》2019年8月6日）。

4. 活动过程

（1）主持人介绍本次主题班会的主要内容，并对"民主"的内涵进行简要阐述。

（2）观看视频《中国式民主之路》。

（3）说说我们的民主。请同学们就前期阅读参阅材料，结合视频内容，谈谈自己对中国式民主的认识和看法。

（4）校园民主大家谈。请同学们结合大学生活的方方面面，谈谈身边的民主，如大学生行使民主权有哪些途径和方式，可以是学校中涉及学生切身利益事务的决策、班级民主决策、班群投票等，也可以给学校、学院、班级提出改进民主的意见和建议。

5. 活动小结

民主是人类政治文明发展的成果，也是世界各国人民的普遍追求。民主是内生的，不是外来力量强加的。中国的民主深深植根于中国土地，也反映出中国政治全面发展的价值取向和逻辑规律。

民主实实在在融入我们生活的点点滴滴，如大学生的自我教育、自我服务、自我管理。我们要行使好民主权利，也要把握好民主的度。

第三章 文 明

第一节 国家建设核心的价值理念

　　文明作为一种历史存在,能被生活于其中的我们普遍感知。整个人类社会发展史就是一部人类文明发展史,人类从未停止过追逐文明的脚步。党的十二大报告明确把"文明"写入了国家发展目标当中,党的十八大报告又明确将"文明"确立为社会主义核心价值观国家层面的价值追求。这些都表明了我们党在马克思主义文明观的指导下,基于人类社会文明发展的规律,基于中华文明深厚的历史积淀,基于中国社会主义先进文化建设的成就,所作出的科学研判和精准定位。

一、文明的基本内涵

　　按照1974年出版的《大不列颠百科全书》对"文明"一词的定义,文明是一种先进的民族在生活或某一历史阶段中显示出来的特征的综合。1979年,联邦德国出版的《大百科词典》指出,从广义角度来说,"文明"一词是指良好的生活方式和风尚;从狭义角度来讲,指的是人类通过知识和技术形成的物质和社会状态。按照英国历史学家汤因比的说法,文明诞生于人类社会对外界挑战的成功应战,即著名的挑战–应战理论。举例来说,随着亚非草原(撒哈拉沙漠和阿拉伯沙漠一带)长期而不断加剧的干旱,那里的居民面对生存挑战采取了不同的应战方法。有些人留居在原地,改变了生活方式,这就出现了游牧的生活方式;另一些人向南方迁徙,为了追逐水草,迁到赤道地带去居住;还有一些人却走进了尼罗河三角洲的丛林和沼泽地区,动手搞排水工程,创造出了古埃及文明。[①]同样中国古代的文明也有类似的现象。

　　"上古之世,人民少而禽兽众,人民不胜禽兽虫蛇,由圣人作,构木为巢以避群害,而民悦之,使王天

---

①[英]阿诺德·汤因比. 历史研究[M]. 郭小凌,王皖强,译. 上海:上海人民出版社,2010.

32

下,号曰有巢氏。民食果蔬蚌蛤,腥臊恶臭而害脾胃,民多疾病,有圣人作,钻燧取火以化腥臊,而民说之,使王天下,号之曰燧人氏。"(《韩非子·五蠹》)

撇开圣人的英雄事迹不论,我们发现,筑巢而居和钻木取火的行为,都是人类在恶劣的自然环境挑战下成功适应环境的结果。在成功应战的同时,文明也就随之产生了,这就是所谓的挑战-应战理论。从人类历史发展过程来看,外部环境不断向人类社会发出新的挑战,人类也不断迎接新的挑战。无论是从时间还是空间层面,我们都会发现世界上存在过或者存在着多种文明形态。在人类历史发展的不同阶段,或者是同一阶段的不同地域,会因环境、种族等因素而形成不同类型的文明。每一种文明里,人类的生活方式、社会习俗、礼仪礼节都各不相同。

何谓"文明"?英文中的"文明"一词源于拉丁文"civis",意思是指罗马的城市公民身份,含有比非城市人生活状态优越的意思,后引申为一种先进的社会和文化发展状态,以及到达这一状态的过程,其涉及的领域广泛,包括宗教思想、风俗习惯、礼仪规范、民族意识、技术水准以及科学知识的发展等。汉语的"文明"一词最早出自《周易》。《乾》卦:"见龙在田,天下文明",有"光明"之意。在其他典籍中"文明"一词更多指人的教养和开化。孔颖达注解《尚书》:"经天纬地曰文,照临四方曰明。"(释义:"经天纬地"意为改造自然,属于物质文明;"照临四方"意为驱走愚昧,属于精神文明)。《礼记》说:"是故情深而文明,气盛而化神,和顺积中而英华发外。"这一时期的文明内涵,其最高境界主要显现在"圣人"或"大人""经天纬地"的伟大言行中,社会意义并不突出。[1]在"文明"二字中,明就是火,是科学,代表人类与野兽完全不同的生活方式和生产力,即取暖、照明、熟食和武力。但是仅有火是不够的,还得有记录这段历史的文字。因此,"文明"的"文"就是文字,即文化,表示我们有不同于野兽的强大精神世界。火的掌握是文明的肇始,文字的形成才是文明最终形成的标志。[2]正是在文明的教化之下,中华民族在长期的历史发展中不仅物质文明昌盛,而且博得"礼仪之邦"的美誉。稳定的道德体系维系古老中国的运转,悠久的历史孕育出无比厚重的文化,创造出灿烂文明并一度引领世界文明潮流。尤其是8世纪至9世纪的唐代,那时中国作为文化输出国向西影响了中亚乃至欧洲,向东影响了朝鲜、日本。可见中国曾是"文明型国家"的典范。

清代李渔谈到"辟草昧而致文明",将"文明"与"不开化"相对,接近我们今天所说的文明概念,即代表着进步和乐观,具有未来取向的概念。近代以来,随着"西学东渐"的新西方文明观开始传入中国,对中国传统文明理念产生了极大的冲击,解放个性、培养公德成为那一时期的主要文明理念。梁启超是国内较早使用现代"文明"概念并将其理论化、系统化的学者。具有现代意义的文明概念开始广泛地为国人所接受并渗透到人们生活生产实践的方方面面。

文明拥有多重含义。从国家层面来讲,文明是指国家发展的状态,即国家创造的物质财富和精神财富的总和。这是唯物史观对文明的根本定义。我们熟悉的物质文明、精神文明、政治文明、社会文明、生态文明,都包含于国家的发展状态之中。从社会层面来讲,文明是社会秩序的确立,意指社会文教昌达、文德彰显而形成的王者修德、民

---

[1]余淮达.社会主义核心价值观[M].南京:江苏凤凰文艺出版社,2018:74.

[2]袁立.易经[M].武汉:武汉大学出版社,2011:67-69.

风淳朴、风调雨顺的和谐现象。从人的层面来讲,文明则是指人的教养和开化状态。文明是谦恭有礼,是内在的德行外放出来的教养和谈吐。由此可见,文明是一个内涵十分丰富、结构十分复杂的总体评价性概念。文明是人类审美观念和文化现象的传承、发展、糅合和分化过程中所产生的生活方式、思维方式的总称。文明是社会进步的重要标志,也是中国特色社会主义的重要特征。

马克思主义文明观认为,文明是人类社会所特有的一种现象,是人类进步的一个重要标志。随着社会生产力的不断发展,人类文明不断由低级向高级发展。文明与社会发展的生产方式和基本矛盾是不可分割的。奴隶制文明、封建制文明和资本主义文明,都是建立在生产资料私有制和少数人对多数人的剥削基础之上的"文明"。社会主义文明是人类社会发展迄今为止最先进、最科学的文明形态。它之所以比以往的社会文明更先进、更科学,根本原因在于它是建立在生产资料公有制和人民当家作主这样的经济和政治基础之上的。

作为社会主义核心价值观的"文明",涵盖了社会主义物质文明、精神文明、政治文明、社会文明和生态文明所取得的成果的总和,属于广义的文明范畴。从结构层次上看,社会主义核心价值观所指的"文明",应该包含文明理念、文明制度和文明行为三个逐步深化的层次,这三个层次构成了"文明"价值观的完整体系。

二、中国特色社会主义的"文明"价值观

1. 文明是中国共产党人执着的追求

早在新中国成立初期毛泽东同志就提出,要把一个因被旧文化统治而愚昧落后的中国,变为一个因被新文化统治而文明先进的中国。他一方面在文艺界提出"双百"和"二为"方针以促进艺术发展和科学进步;另一方面在党建工作中提出发挥党员的先锋模范作用,以"为人民服务"为核心树立社会主义道德模范。改革开放以后,邓小平同志提出,我们要在建设高度物质文明的同时,提高全民族的科学文化水平,发展高尚的、丰富多彩的文化生活,建设高度的社会主义精神文明。在实现基本温饱后,江泽民同志指出,建设有中国特色的社会主义,应是我国经济、政治、文化全面发展的进程,是我国物质文明、政治文明、精神文明全面建设的进程,并提出"社会主义物质文明、政治文明和精神文明协调发展"。进入21世纪,胡锦涛同志指出,我们必须走生产发展、生活富裕、生态良好的文明发展道路,全面推进社会主义经济建设、政治建设、文化建设、社会建设以及生态文明建设,努力加快实现以人为本全面协调可持续的科学发展。习近平总书记强调:"中国特色社会主义是全面发展的社会主义,我们要牢牢抓好党执政兴国的第一要务,始终代表中国先进生产力的发展要求,坚持以经济建设为中心,在经济不断发展的基础上,协调推进政治建设、文化建设、社会建设、生态文明建设以及其他各方面建设。"[①]这一历程充分体现了中国共产党对社会主义文明建设认识的不断深化和完善。

培育和践行社会主义文明观,要充分尊重社会主义社会发展的客观规律。一要把社会发展的合规律性和价值建构的合目的性有机统一起来;二要把传承和发扬中国优

①习近平. 习近平谈治国理政[M]. 北京:外文出版社,2014:148.

秀传统文化与借鉴吸收人类文明的优秀成果有机结合起来,处理好古今和中外文化的关系,坚定不移地走中国特色社会主义发展道路;三要全面提高全民族的思想道德素质和科学文化素质,通过加强文明引导和道德治理力度,积极营造良好的社会文明新风尚,使我们每个人成为文明的人。

2. 文明是传承"中华文脉"的历史要求

中国特色社会主义文明建立在中华民族优秀传统文化之上,表征的是社会主义关于人民群众的精神和生活要求,体现了人民群众的价值取向,是历史和现实、理论与实践的融合。值得关注的是,其中"文明""和谐"等既是我国优秀传统文化的基本理念,也是我国社会主义的本质属性。这说明中华优秀传统文化积淀着中华民族最深层的精神追求,代表着中华民族独特的精神标识,是今天中国社会主义核心价值观的根基。

尊重传统是一个国家传承文脉、继往开来的必然要求。大学承担着文化传承的使命,应该自觉承担弘扬优秀传统文化的责任。2014年7月下旬,在贵阳孔子学堂召开了"中华传统文化教育的大学校长责任"座谈会,北京大学、清华大学、复旦大学、上海交通大学等45所高校的校长、党委书记共同签署了《中华传统文化教育之大学校长责任共识》。文件主要包括六个方面的内容:一是自豪礼敬,须用自豪礼敬之态度对待中华传统文化,即尊重中华传统文化是我们文化安全的基石;二是坚持"两创",弘扬中华优秀传统文化,必须坚持"创造性转化和创新性发展"的原则,古为今用、推陈出新;三是兼容并蓄,须有相互尊重之精神,立足中华大地,放眼天下,"各美其美,美人之美,美美与共,天下大同";四是立德树人,使中华传统文化进课堂、进教材、进头脑,引导学生修身、明德、正心、诚意,举凡持身、治学、接物、待人,养成完整独立之人格;五是自觉担当,当今世界,以中华文化为代表的东方文化应成为世界主流文化之一,大学应负有传播中华文化的使命;六是经世致用,须胸怀"知行合一"的精神,于大处着眼,于实处用力,鼓励师生走出校园、回应现实、关照当下、奉献社会、弘道济世。

3. 文明是实现中国梦的时代要求

一个大国的文明,体现在整个民族的语言文字、生产生活方式、社会发展模式、价值观念、时代精神等对全世界的辐射力、引导力和渗透力上。它不仅能为一国的发展提供精神动力和智力支持,更会为大国凝神聚力、发展铸魂,为国家和民族提供源源不竭的动力。

十一届三中全会以来,随着改革开放的全面展开,在物质文明建设取得重大成绩的同时,社会主义精神文明建设也取得了重大进展。中国共产党坚持解放思想、实事求是的思想路线,发挥马克思主义的科学精神和创造活力,对社会主义的认识提高到新的水平;国家民主法制逐步健全,广大干部和群众的积极性显著提高;群众性的精神文明建设活动广泛开展,积累了许多新鲜经验;尊重知识、尊重人才的社会风尚开始树立,教育科学文化日趋繁荣;党的优良传统在发扬,党风和社会风气在好转。尤其是近年来,随着创建文明城市、文明村镇、文明单位等群众性精神文明活动的蓬勃开展,惠民措施逐步实施,城市功能日益完善,市民素质逐渐提高,全国上下文明的种子洒落到每个人的心田,成为他们的自觉行为准则和基本的价值取向,干部群众自觉努力践行社会主义核心价值观蔚然成风。这是中华民族团结和睦的精神纽带,是中华民族奋发向上的精神力量!

在中国特色社会主义建设的伟大征程上,在抗击自然灾害过程中形成的"九八抗洪精神"、抗震救灾精神,在筹备和举办重大活动中形成的奥运精神,"特别能吃苦、特别能战斗、特别能攻关、特别能奉献"的载人航天精神,"爱岗敬业、争创一流、艰苦奋斗、勇于创新、淡泊名利、甘于奉献"的劳模精神……这都显示出了中国人强大的民族凝聚力,以及在民族的进步和不断奋斗中彰显、升华和创新的中国精神。这正是社会主义核心价值观落地生根、社会主义文明社会蓬勃发展的生动写照!

三、大学生践行"文明"价值观的基本路径

对于一个国家来说,文明意味着高度繁荣的文化、高度自觉的精神;对于一个社会来说,文明意味着良好的秩序、优美的环境、淳朴的风气、人与人之间诚信友善;对于每一个国民来说,文明意味着比较高的精神文化修养,从言谈举止到内在心灵都很美好。国民有无文明素养,关乎国家的未来和发展。大学生作为中国特色社会主义的建设者和接班人,要努力学好科学文化知识,增强本领;同时要努力提升自身思想道德修养,不断培养积极向上的精神志趣,努力使"文明礼貌"成为生活中的行为习惯。

1. 传承和弘扬中华民族的优秀传统文化

中华民族的优秀传统文化是中华民族的根和魂,是中国特色社会主义植根的精神沃土。在人类文明历史长河中,中国人民创造了源远流长、博大精深的优秀传统文化,为中华民族生生不息、发展壮大提供了强大的精神支撑。中华文明历经数千余年的累积而流传至今,中间没有断层,它逐渐成为中华大地所有民族包括诸多少数民族所接受和吸收的主流文化,也先后大大影响了周边民族和国家文化的发展。蒙古国、朝鲜半岛、日本、越南等民族和国家的文字就是在汉字的基础上才创建了自己的民族文字。费孝通先生认为,"看到历史发展的继承性,前有古人,后有来者,这大概是中华文化思想的一个特点",而"世界上还没有像中国文化继承性这么强的"[①]国家。

在千年历史嬗变中,以爱国主义为核心的民族精神是永不褪色的文化精髓,孝悌忠信、礼义廉耻是代代相传的道德理念;长寿、富贵、康宁、好德、善终的"五福"之幸福向来出自奋斗,琴、棋、书、画、诗、酒、茶、花、玉至今都是中国人的"人生九雅"。习近平总书记指出,"一种价值观要真正发挥作用,必须融入社会生活","达到'百姓日用而不知'的程度","在这方面,我国古代可以说是做到了极致"。中华民族优秀传统文化为人类文明的发展作出了重大的贡献,培育和践行中国特色社会主义文明不能割断同传统文明的历史联系,更不能离开对我们民族优秀传统文化的继承和弘扬。

(1)涵养刚健有为、自强不息的进取精神。《周易》中"天行健,君子以自强不息""地势坤,君子以厚德载物"的格言,千百年来一直激励着中华民族知难而进,勇于进取。我们的先辈从四季推移与日月星辰运行等自然现象所蕴涵的那种刚健不已的步履中感

---

①费孝通. 费孝通论文化与文化自觉[M]. 北京:群言出版社,2007:280—281.

悟到了一种主动的、刚强不屈的精神,进而认为人应该仿效自然,应该具有自强不息和坚忍不拔的精神。历史学家司马迁在逆境中自强不息,最终得以完成史学巨著;孔子、孟子均幼年丧父、家境贫寒,然孔子以"发愤忘食,乐而忘忧"(《论语·述而》)的人生态度来战胜困难,孟子也以"天将降大任于斯人,必先苦其心志,劳其筋骨,饿其体肤……"(《孟子·告子下》)的话语激励自己。先人们在逆境中的这种勇毅力行、自强不息的进取精神是当代大学生实现人生理想必不可少的精神,也是当代大学生必备的个人品质。

(2)涵养重义轻利、诚实守信的高尚品格。在处理利与义关系的问题上,以儒家思想为代表的传统文化强调的是重义轻利,强调整体精神,强调为社会、为民族、为国家的集体主义思想,提倡以天下为公、义为利上、先义后利,甚至在义与利不能兼得的情况下要"舍生取义"。同时,传统文化还将诚实守信作为做人的根本,视为做人不变的信条,将"信"作为"五常"的重要内容,用于对人的道德教化。在人们的人生观、价值观受到市场经济冲击的今天,培养当代大学生重义轻利、诚实守信的品格尤其重要。

(3)涵养历史使命感和社会责任心。中国传统文化的一个重要内容就是强调个人对社会、民族的责任和义务,也正因如此,无数被后人所敬仰的古圣先贤都具有强烈的社会责任感和民族忧患意识。"修身、齐家、治国、平天下"就是他们共同的人生理想。范仲淹"先天下之忧而忧,后天下之乐而乐"、顾炎武"天下兴亡,匹夫有责"等这些掷地有声、流芳百世的话语都集中体现了先人们超越个人忧患而产生的历史使命感和社会责任感。他们将"定天下,济苍生"作为自己的历史责任。当代大学生应具有这种责任心和使命感。

(4)涵养高尚审美情操。儒家思想的代表人物孔子将对人的思想教育、精神塑造归结为三个方面:兴于诗、立于礼、成于乐。"兴于诗"是指通过学习"诗"培养人的兴趣、志向,陶冶人的性情;"立于礼"是指通过学习"礼"而"知礼",这样才能立足社会;"成于乐"是指具有较高的审美能力和审美情操,这样才能真正达到"至善至美"的境界。我国是世界闻名的古国,璀璨的文化经历了几千年的积淀,在历史文献、历史遗迹遗物甚至民间民俗中所展现出独特的魅力是世人所瞩目的,它们对于当代大学生提高审美能力、陶冶审美情操从而帮助学生提高对美的感受、鉴赏和创造能力等,能够发挥其他教育工具所不能替代的作用。

2. 养成良好的文明习惯

(1)宽容互助。当前我们处在一个多元化和多样化的世界当中。我们身边有不同民族、不同党派、不同年龄、不同社会阶层的人,还有不同国家的社会制度、文化习俗、宗教信仰、生活方式、思想观念、政治经济利益等各方面的交汇。"宽容"就是心胸宽广、大度容忍,对非原则性的问题不斤斤计较,在了解、理解的基础上,互不干预、互不损害、和平共处。在发生矛盾时,要通过平等协商的方式,以互利共赢为目标,寻求共识。"和而不同"是我们处理个人人际关系时的出发点和目的。"互助"是促进个人与他人和谐的必然要求。在人和人的交往中,了解他人的困难,主动帮助他人,是交往关系中一个重要的原则。中国传统道德中的扶贫济困、助人为乐、雪中送炭、与人为善等古训讲的道理在今天仍然具有积极的意义。2014年4月1日,习近平总书记在比利时布鲁日欧洲学院的演讲结尾说:"青年最富有朝气,最富有梦想。中国的未来属于年轻一代,欧洲的未来属于年轻一代,世界的未来属于年轻一代。希望中欧双方的同学们用平等、尊重、爱心来看待这个世界,用欣赏、包容、互鉴的态度来看待世界上的不同文明,促进中国和欧洲人民的相互了解和理解,促进中国、欧洲同世界其他国家人民的相互了解和理解,用青春的活力和青春的奋斗,让我们生活的这个星球变得更加美好。"[①]大学生应当尽自己的努力帮助他人,积极参与公益事业,力所能及地关心和关爱他人,并在对他人的关心和帮助中收获实现人生价值的快乐。

(2)以礼齐行。讲究礼仪、遵从礼仪规范,可以有效地展现一个人的教养、风度与魅力,更好地体现一个人对他人和社会的认知水平和尊重程度,从而使个人的学识、修养和价值得到社会的认可和尊重。适度、恰当的礼仪不仅能给公众以可亲可敬、可合作、可交往的信任和欲望,而且会使与公众的合作过程充满和谐与成功。礼仪不仅可以美化人生,而且可以培养人们的社会性,同时还是社会生活和交往的需要。孟德斯鸠曾说:"我们有礼貌是因为自尊。""礼貌使有礼貌的人喜悦,也使那些受人礼貌招待的人喜悦。"生活中有许多口角、摩擦、矛盾、争斗,都是起因于对小节的不注意,而文雅、宽厚能使人加深友情,增加好感。注重言语礼仪,可以有一个和睦、友好的人际环境;注重行为礼仪,可以有一个宁静、洁净的生活。

大学生应该树立文明礼仪意识,从内心里知道自己该做什么,不该做什么,怎么做。用公民基本道德规范来规范自己的行为,时刻将文明礼仪牢记在心,力争自己的每一个行动做到讲文明、有礼貌、有修养、有道德。

(3)爱护公物。在全球化时代,我们都是地球村的"村民"。地球是人类共同的家园,我们只有一个地球,因此应该爱护一切公共资源,坚持可持续发展。作为中国人,不论在国内生活,还是到国外旅游、经商、留学、工作甚至侨居,都要爱护当地的公共资源,厉行节约,反对浪费。对社会共同劳动成果的珍惜和爱护是大学生应当承担的社会责任和义务,要坚决同损害公共财产、破坏公物的行为作斗争。

(4)保护环境。生态环境保护是功在当代、利在千秋的事业。建设生态文明事关人民福祉,事关国家未来。从根本上说,它是对全人类的生存发展利益的维护,也是对子孙后代应尽的责任。大学生要身体力行,从小事做起,增强节约意识、环保意识、生态意识,带头宣传和践行环境道德要求,为留下天蓝、地绿、水清的生产生活环境,为建设美丽中国作出自己应有的贡献。

(5)文明使用网络。随着信息技术的迅猛发展,互联网开始构筑起一种全新的学习、工作和生活方式,成为重要的信息平台与交流工具。大学生应当坚持文明上网,养成健康的上网习惯,成为净化网络空间的积极力量。一是要正确使用网络工具。大学生应当提高对网络内容和信息的鉴别力,积极运用网络传播正能量,使网络成为开阔学习视野、提高学习能力的重要工具。二是要健康地进行网络交往。大学生应通过健康有益的人际交往,积极进行有利于个人身心健康和品德培养的网络交往。同时,要树立自我保护意识,不要轻易相信网友、与网友约会,避免上当受骗,避免给自己的人身和财产安全带来危害。三是要养成网络自律精神。网络的虚拟性以及主体的隐匿性,不利于发挥社会舆论的监督作用。大学生应当在网络生活中培养自律精神,做到自律而"不逾矩",促进网络生活的健康与和谐。

---

①新华网,http://news.xinhuanet.com/word/2014-04/01/c-1110054309.htm.

第二节　典型案例

一、"当代雷锋"孙茂芳

我叫孙茂芳，今年76岁，是一名学了54年雷锋的老兵。

我9岁时母亲就去世了。母亲去世前留给我三个字——做好人。母教立本，从小时候起我就立志报效祖国，争做好人。我20多岁在部队当兵时，是连队里的学雷锋标兵；50多岁在北京工作时，是全军的学雷锋标兵；70多岁时，我获得了全国学雷锋的最高荣誉——"当代雷锋"称号。可以说，学雷锋贯穿于我的一生，雷锋精神激励了我一生，使我从一个农家孩子成为全国全军模范人物、一等功臣。54年来，我像雷锋那样做人做事，为人民做了一些小事，当一件温暖老人的"小棉袄"，当一根残疾朋友手中的"小拐杖"，当一盏不幸人眼中的"小油灯"，当一名病人床前的"小护士"，当一滴帮助青少年进步成长的"小雨滴"。然而党和人民给予了我很大的鼓励、很高的荣誉，尤其难忘的是人民群众热情地称我为"京城活雷锋"，孤老叫我"儿子"，残疾人叫我"大哥"，小朋友叫我"孙爷爷"，战友和朋友叫我"老雷"。

1. 用行动诠释人生的价值，我努力做一个奉献社会的好人

我没有忘记，20世纪70年代，一些地方出现了见死不救、见危不帮的现象。我在北京组成了学雷锋小组，每天带着30多名青少年到北京站做好事。一位老工人端着我们倒的开水，站到候车大厅椅子上演讲"北京人万岁，解放军万岁，共产党万岁"，一杯白开水为弘扬新风正气做了"广告"。

我没有忘记，2008年，我在王府井百货大楼前拣烟头擦痰迹，开始一位游客说我"作秀"，后来被我感动，与我一起弘正气做好事。

我没有忘记，很多年前，北京樱花小区一位老知识分子，在病重要做心脏手术的时候，打电话给我让我去给她签字。我说"我不认识您"，老人说"你是'活雷锋'，老百姓认识您，您是我生命可托付的人"。这是人民群众对雷锋的最大信任，是对我最大的信任，我不但为她签了字，她手术成功后我还照顾了她6年。

2. 用心灵演绎人生的至情，我努力做一个有血有肉的"亲人"

我没有忘记，一位孤寡老人，她的4个儿子去世后，我就当她的儿子，陪她去天安门观光，并为老人连续送饭11年。老人问我"你为什么对我那么好"，我对老人说，"我是你的儿子，儿子不对娘好对谁好？共产党不对老百姓好对谁好"，当时这位已经80多岁的老人抱着我哭了好久好久。老人去世前，让我把她的骨灰埋在长城旁。20多年，我每年清明去为老人扫墓，有人问我图个啥，我说，图的是共产党人的良心，图的是雷锋精神一直在。

我没有忘记，有一位王老太太，我奉养了她17年。老人开始不理解、不放心，没有一句好话和笑脸。我在老人卧床期间守护她4年多，洗脸洗脚、端屎倒尿。她终于被我的爱心所感动，临终前说我是"大好人"，并执意要把一座价值上千万的四合院赠给我。我说："我有义务照顾您一辈子，无权要您一根草，我只是做温暖您一件'小棉袄'。"爱人民不图名和利，只图老百姓说共产党好、社会主义好、解放军好。

我没有忘记，在我被提升为总医院副政委之后，我照顾的一位白发老人找到我，说我当官了，就不要再给她洗脚、搞卫生了，怕有损我的形象。我对老人说，"我已叫了您8年娘，再大的官也不能忘了自己的娘，当不好人民的儿子就没有资格当官"。老人感动得落泪了，夸我是"全天下最好的儿子"。这是人民群众对我最高的奖励，和中央首长、部队首长表扬我一样光荣。

3. 用大爱谱写人生的乐章，我努力做一个纯粹的共产党人

我没有忘记，一位85岁的老八路，他住院的时候，我帮他洗澡，他抱着我呼喊："雷锋没有离开我们。"有一名女教师因患剥脱性皮炎生命垂危，住院期间我带3名护士为她陪床服务，有一次我们发现她床头底下有一堆脏衣服，我亲手把衣服洗干净还给她，她感动得大哭。她出院回家活了4年，去世前，把雷锋的相片和我送她的两支钢笔放在梳妆台前，让她妈妈永远保存下去，说这是对我最好的感念。

我没有忘记，河北一位农民的6岁女儿患上依赖性糖尿病，并发双侧腮下化脓性淋巴结炎高烧不退。因无钱看病，她的家人把家里东西卖光了，到总医院住院时，我为她募捐了三万多元善款，每天给她送饭菜、牛奶，让孩子的父亲住到我的床上。孩子父亲说，他住在了一位纯粹的共产党人的床上，一个"活雷锋"的床上。20多年过去了，当初的女孩如今成家生子，一个穷苦不堪的家，现在走向了幸福，我觉得这是我最大的快乐。孩子父亲夸我是救星，说："孙茂芳把我女儿从鬼门关送到新娘殿堂。"我说："我只是一颗小星星。"

4. 用信仰积聚人生的力量，我努力做一个弘扬道德风尚的引路人

我没有忘记，有几位大学生来院里实习，开始的时候，他们认为只有在北京才能实现人生价值，在我引导下，他们积极学雷锋做好事，实习结束时，给我写报告申请，说他们要去西部奉献人生。

我没有忘记，有一位盲人丁翠萍，我照顾她10年，我每月发了工资先给她200元。2000年，她得知我退休，抱着我哭，说："你不当官了，我就失去了靠山。"我告诉她："官可以当完，兵可以当完，但共产党和老百姓的血肉情时时刻刻不会变。"

门头沟一位15岁女孩，父亲病故，母亲下岗，她每天走两个多小时到市里上学，我帮助她、支持她住校。姑娘很争气，高中毕业考上大学，成绩优秀，后来执意去当兵，当兵期间她把每月70多元的津贴费寄给我，让我去帮助特困学生。后来她复员，在电台工作，打电话告诉我说，她每月出一百到两百元济困帮贫。我的爱心起到了辐射作用，让一个模范变成了两个模范，这正是我的初衷。

我把家庭当成学雷锋的园地，让孩子成为学雷锋的接班人。我儿子从小跟我学雷锋，放学先到孤寡老人家里去扫地、倒炉灰，上班后多次评为"学雷锋先进个人"。前些

年我去老家扶贫修路,他把准备结婚用的一万元给我,要为农村建设献一份爱心。我女儿初中毕业的时候,考试成绩是第一名,我们把学校推荐她上重点高中的名额让给了贫困户的孩子,后来女儿考到了首都经贸大学,毕业后在亚运村银行上班,连续5个月的工资都交给我做家庭助困基金。现在我们全家已累计捐款80多万元。女儿发自内心地说:"付出就是幸福。"

2000年退休后,我把退休当作学雷锋的新起点,到全国各省市去开展"雷锋精神万里行"活动,走进全国高校去当"道德教授"、辅导员,宣讲雷锋精神。我已到过19个省、自治区、直辖市讲过道德课,还成立了200多支孙茂芳志愿服务队。我还在家乡浙江宁波象山县成立了孙茂芳道德学校、孙茂芳道德教育馆、孙茂芳救援队,建立了弘德坊,推动家乡文明建设。

有人对我的做法不理解,说我"窝囊没出息",说我是"光学雷锋不当官,光戴红花不长豆"。但我认为,让老百姓说"好"的人、老百姓敬仰的人才是最有出息的,活得才是最有价值的,越活越精彩。

也有人说我"傻"。但我认为,为别人的利益做点牺牲,让一个幸福变成两个幸福,让一家欢乐变成千家万户的欢乐,这才是真正的幸福和欢乐,这样的"傻子"值,我愿做一名这样的"傻子"。

有人说我"爱出名"。我认为,在现在,面对一些人为了利益出名的情况,应该出弘扬正气的"名",为雷锋精神"做广告",让爱心水滴变成大潮。

有人说我"活得累"。我确实累,但是我精神愉悦,累一点可以助人为乐做好事,帮困难人得到幸福,可以带动更多人做好人。现在我依然是早出晚归,中午不睡,掏腰包做好事无怨无悔。

一个人学雷锋,仅能发挥一滴水的作用,动员全社会学雷锋,才能促进社会风气的转变。我作为一名老军人更要不忘初心,永远前进,带头宣传、带头传播、带头践行雷锋精神,让更多人成为身边的好人、身边的雷锋、道德模范。我希望雷锋精神能成为每一个中国人心里的道德丰碑。

(资料来源:"当代雷锋"孙茂芳:希望雷锋精神成为每个中国人心里的道德丰碑[J/OL]. 中国文明网,2018[2020-04-23]. http://www.wenming.cn/sbhr_pd/xs/201807/t20180726_4774151.shtml.)

二、"文明冲突论"难掩霸权思维

1993年,哈佛大学政治学者亨廷顿在美国《外交》杂志夏季号抛出"文明冲突论",其核心观点是,"后冷战的世界中人们之间最重要的区别不是意识形态的、政治的或经济的,而是文化的区别","在这个世界里,最普遍的、最重要的和最危险的冲突,不是社会阶级之间、富人和穷人之间,或其他以经济来划分的集团之间的冲突,而是属于不同文化实体的人民之间的冲突"。亨廷顿断言,未来世界性的冲突将在西方文明与非西方文明之间展开,文明的冲突是战争的根源,并预言中华文明、伊斯兰文明将与西方文明出现大规模冲突甚至是"断层线"战争。

"文明冲突论"自提出以来就饱受争议,中外学术界早已将其驳斥得体无完肤,就连美国主流学界也多对其持批判立场。1993年《外交》杂志秋季号即刊载了7篇批驳文章,之后的美国历届政府也出于政治正确考量,拒不承认"文明冲突论"对其实际政策的影响。事实上，对于"文明冲突论"的理论不自洽和结论不严谨，亨廷顿自己也并非不明白。在其1996年出版的更为系统地阐释该论的著作《文明的冲突和世界秩序的重建》前言中，他明确指出："这本书不是也不打算成为一本社会科学著作，而是要对冷战之后全球政治的演变作出解释。它渴望提出一个对于学者有意义的和对于决策者有用的看待全球政治的框架或范式。"可以看出，亨廷顿提出"文明冲突论"并非出于该论有什么学术价值，其真正目的是为美国后冷战时期的霸权主义外交政策张目，为各种霸凌争端制造合理化的借口。

然而，在世界倡导和践行不同文明相互尊重、交流互鉴的今天，美国一些人却又祭出"文明冲突论"的大旗。不久前，美国国务院政策规划事务主任斯金纳妄言，中国对美国构成长期威胁，一定程度上是因为两国文化差异太大，中美竞争代表着一种巨大的"文明的冲突"。斯金纳的言论表明，这样一个经不起实践验证、早已破产、自提出后历届美国总统都要遮遮掩掩的理论，恰恰被美国外交政策制定者奉为圭臬。

不可否认，美国是冷战后乃至当今世界唯一的超级大国，经济、科技、军事硬实力首屈一指。按照美国的逻辑，要维持住世界老大的地位，必须首先当好"世界警察"，维护好由其主导的国际秩序。"文明冲突论"恰好呼应了美国的这一需求。在此论的解释框架下，美国和与其文明传统、价值理念相悖的国家或地区爆发冲突是理所应当的。于是，美国将其在伊斯兰国家的寻衅滋事合理化了，由于"文明的冲突"，伊拉克、利比亚、叙利亚等伊斯兰国家就该"挨打"；美国将其在幕后操纵的颜色革命合理化了，由于"文明的冲突"，委内瑞拉、古巴等美国眼里的制度另类理应被以美国为首的西方阵营搞得经济低迷，就该"挨饿"；美国将其鼓吹的"中国威胁论""中国崩溃论"等歪理邪说合理化了，由于"文明的冲突""一带一路"、人类命运共同体理念等就该被污蔑抹黑，就该"挨骂"。

"文明冲突论"错误地延续了冷战时期非敌即友的战略判断。美国把冷战时期的"我们"和"他们"的对立置换成"西方文明"和"非西方文明"的对立，并把意识形态的划分置换成"文明的差异"。然而，历经数千年形成的人类文明的各部分千姿百态、色彩纷呈，远比意识形态的差异更为复杂。但在"文明冲突论"视角下，差异就意味着冲突，冲突就意味着不可避免的战争。如此单向度的思维，赤裸裸地站在西方文化中心主义的立场，硬邦邦地将文明与战争捆绑在一起，如果不是出于满足美国战略的需求，又能有什么更合理的解释？

"文明冲突论"错误地归结了导致国际冲突的根源性因素。20多年来，各国有识之士从不同侧面批判"文明冲突论"，基本形成了共识："文明冲突论"混淆颠倒了导致冲突的利益因素和精神因素，其制造并鼓吹文化差异、文明差异等精神因素的负面作用，目的在于掩饰西方主要大国维护强权利益的真正意图。在文化心理层面，"文明冲突论"反映出西方社会对其文明开始走向衰落的忧虑和不甘。主观上，他们有着西方中心论的政治偏见和西方文化中心主义的文化自负；客观上，他们有着巩固西方文化的强势地位，继续扩大西方文化传播力和影响力的现实需求。因为只有维护住西方文化的霸权地位，才能继续稳固由此带来的政治、经济、意识形态等各方面的地位，进而继续收割政治强权、经济霸权、意识形态话语权带来的现实利益。马克思早就指出,历史发展的规律不应当在思想领域中去寻找,而应当在"尘世的粗糙的物质生产中"去寻找,即在经济发展本身中去寻找。"文明冲突论"无限夸大文化差异、文明差异的影响,却对不公平的政治经济秩序下国与国之间的利益不均衡、发展不均衡等问题视而不见,因此是根本站不住脚的。

"文明冲突论"错误地固守了"要对抗不要合作"的思维模式。文明因多样而交流,因交流而互鉴,因互鉴而发展。人类文明大潮正在交流互鉴中以不可阻挡之势滚滚向前。美国一些人却逆流而动,"文明冲突论"老调重弹。我们提倡不同文明相互尊重、平等相待,"文明冲突论"却认为西方文明高人一等,执意改造甚至取代其他文明;我们提倡不同文明美人之美、美美与共,"文明冲突论"却罔顾其他文明的独特价值,认为只有西方才能创造出最丰富的物质文明、最普世的精神文明、最先进的制度文明,其他文明只有"走近"西方才算开化,只有"走进"西方才算文明;我们提倡不同文明开放包容、互学互鉴,"文明冲突论"却以西方文明中那个摧毁巴别塔的上帝的视角,认为既然基于民族语言不同形成的文明隔阂和文化交往壁垒来自上帝的旨意,那么文明间的交流互鉴就在违背这一旨意,因而文明的差异和隔阂不仅是必然的,而且是永远的;我们提倡不同文明与时俱进、创新发展,"文明冲突论"却认为西方文明不仅因优越而强势,还将因强势而永远优越,其他文明只有学习西方的政治制度、经济制度、文化制度等文明成果,才能最大程度降低冲突风险和战争危险。习近平总书记指出:"各种文明本没有冲突,只是要有欣赏所有文明之美的眼睛。"受"文明冲突论"左右的美国战略界和决策层的一些人,缺少的正是这样一双眼睛,固守"要对抗不要合作"的思维模式,就必然不能认清世界文明发展大势,必然"在认识上是愚蠢的,在做法上是灾难性的",到头来只会搬起石头砸自己的脚。

(资料来源:姜卫平,蒋岩桦."文明冲突论"难掩霸权思维[N].光明日报,2019-6-12(11).)

第三节　主题教育活动方案设计

一、追寻"中国文明"之光

1. 活动背景

中国是耀眼的"四大文明古国"之一,而且是世界上为数不多的、文明绵延五千多年没有中断的国家之一,正在朝着富强、民主、文明、和谐的目标前进。中国的传统文化,是在儒学基础上发展起来的,对中华文明产生了深刻影响;中华民族是由多个民族在长期的共同生活中融合而成的民族;中华文化是多元一体的文化,博大精深、异彩纷呈;中华文明不仅滋养着中华民族生生不息、发展壮大,而且对世界文明作出了重大贡献。

习近平总书记曾强调,"文化自信,是更基础、更广泛、更深厚的自信"。文化自信归根结底是核心价值观自信,核心价值观是"最持久、最深层的力量"。习近平总书记在党的十九大报告中阐述新时代坚持和发展中国特色社会主义的十四条基本方略时,强调"坚持社会主义核心价值体系"。全党必须培育和践行社会主义核心价值观,不断增强意识形态领域主导权和话语权,推动中华优秀传统文化实现创造性转化、创新性发展,不忘本来、吸收外来、面向未来,更好地构筑中国精神、中国价值、中国力量,为人民提供精神指引。

2. 活动目的

(1)学生通过选择自己感兴趣的"中国文明"样本进行研究性考察,领悟优秀传统文化精华、感受优秀传统文化魅力、接受优秀传统文化洗礼。

(2)引导大学生在深入了解博大精深的中华文明中提升民族自信,振奋民族精神。

(3)通过组队开展社会实践活动,培养学生的团队合作精神。

3. 活动准备

(1)学生3~4人自由组队。

(2)申报追寻"中国文明"之光社会实践活动选题。

(3)辅导员或班主任从可行性、安全性等多方面对学生的选题进行评审与指导。

(4)修改确定分组和选题。

4. 活动过程

(1)根据分组和选题,学生利用周末或寒暑假,对选定的"中国文明"样本开展实地考察、遗迹参观、非物质文化遗产学习体验等社会实践活动。

(2)结合社会实践活动,形成可展示的活动成果,可以是活动视频、实物样品、文艺表演等。

(3)集中展示交流。在图书馆、学生活动中心、教室,或易班、院校公众号等线上,开展社会实践活动成果集中展示交流。条件成熟的,集中展示交流活动可以向全校同学开放。

5. 活动小结

通过沉浸式、体验式实践活动,帮助同学们深入了解了博大精深的中国传统文化,真正领略了"中国文明"之光的魅力,增强了民族自信心和自豪感,坚定了建设文明中国的信心和决心。

二、主题班会:文明校园,你我同行

1. 活动背景

大学生是知识文化程度较高的群体,但在高校内不文明行为还是时有发生,比如随地吐痰、课桌椅上乱涂乱画、乱扔垃圾、损坏绿植等。许多高校都开展了创建文明校园、文明班级、文明宿舍活动,目的就是引导大学生养成良好的文明行为习惯,做文明人。

2. 活动目的

(1)通过让学生去观察校园内的不文明言行,警醒学生要做校园文明人。

（2）通过讨论交流，帮助同学们认识到建设文明校园、文明班级、文明宿舍的重要意义。

（3）引导同学们养成文明行为和习惯。

3. 活动准备

（1）在辅导员或班主任的指导下班委讨论制定主题班会活动方案，并明确任务分工。

（2）同学们自主观察校园不文明行为和现象，录制短视频（VCR）或拍照（视频或照片中有同学肖像的应进行适当的模糊处理，避免侵犯学生的肖像权）。

（3）对校园不文明行为进行分类总结，准备合理化建议。

4. 活动过程

（1）主持人简要介绍"文明"价值观的基本内涵，引入班会主题。

（2）展示校园不和谐的音符环节。同学们在前期观察的基础上，通过视频或照片展示校园内身边不文明的言行。

（3）进行讨论交流。同学们结合自身经历和视频内容进行交流讨论，分析不文明行为发生的原因。

（4）进行文明校园你我同行环节。主持人介绍学校申报创建全国文明校园的基本情况，同学们就积极参与文明校园创建提建议、出点子、想办法，就创建文明班级形成共识。

（5）向全校同学发出《文明校园，你我同行》倡议书。

5. 活动小结

文明无小事，从身边点滴做起。在宿舍、教室、校园各个地方都需要文明，如文明上网、文明交友、文明用语、文明用餐、文明出行。希望同学们在今后的学习、工作、生活中践行文明行为、弘扬文明风尚，争做校园文明先锋。

第四章 和 谐

第一节 世间万物演进的基本规律

和谐价值观是处理人与自然、人与他人、人与社会以及人与自身关系的价值标尺，具有强大的生命力。在社会主义核心价值观二十四字的内容构成中，"和谐"是从国家建设层面提出的要求，但"和谐"价值观实际上是贯穿于国家、社会和公民三个层面的共同诉求。和谐价值观既是新时代中国特色社会主义实践的价值目标，又是解决新时代主要矛盾、实现人的全面发展和共同富裕的必由之路。

一、和谐的基本内涵

"和谐"是中国传统文化中极为重要的思想范畴。早在三千多年前，中国的甲骨文和金文，就有了"和"字。西周太史伯提出"夫和实生物，同则不继"①的观点，意思是指和谐、融合才能产生、发展万物。其实，在中华传统文化中，有关和谐的思想可以追溯到更远。"和谐"一词早已有之，它原指乐律的调和。据《书·舜典》记载，舜曾要求其乐官做到："诗言志，歌永言，声依永，律和声，八音克谐，无相夺伦，神人以和。"②在这里，"和谐"不仅是音律的本质，而且应当是自觉追求的境界。对和谐的推崇在《周易》中也有所体现。《周易·乾·象》云："乾道变化，各正性命，保合大和，乃利贞。"③春秋战国时期，诸子百家更是常用"和"的概念来阐发他们的哲学思想和文化理念。《尚书·尧典》中就明确提出"百姓昭明，协和万邦"的观点，指出和谐是治家理国的根本原则。和谐思想自《尚书》以来就被广泛地运用到环境、经济、政治、社会及教育等各个领域，用来化解社会环境中的各种问题和矛盾，以此使社会达到最终和谐的状态。《国语·郑语》中"夫和实生物，同则不继……若以同裨同，尽乃弃矣"的意思是阴阳和而万物生，完全相同的东西则无所生。可见，"和谐"中包含了不同事物的差异、矛盾多样性的统一；只有"和"，才能"万物生"，才能发展。中国传统的"和谐"理念，主要指"和而不同"、事物的对立统一，即不同事物的结合、统一、共存。

和谐是对立事物之间在一定条件下具体、动态、相对、辩证的统一，是不同事物之间相同相成、相辅相成、相反相成、互助合作、互利互惠、互促互补、共同发展的关系。这

---

① (春秋)左丘明. 国语[M]. 李德山，注评. 南京：凤凰出版社，2009.

② 江灏. 今古文尚书全释[M]. 钱宗武，译注. 贵阳：贵州人民出版社，2009.

③ 靳极苍. 周易 [M]. 太原：山西古籍出版社，2003.

是辩证唯物主义和谐观的基本观点。马克思、恩格斯的和谐思想,最早体现在《德意志意识形态》里关于社会关系的研究和处理人与自然、与社会、与人的关系的基本思路中。在《德意志意识形态》中,作者具体解析了人的现实的社会关系,并揭示了人的和谐实践、和谐生产劳动或和谐共同体本质。而在《共产党宣言》中,马克思、恩格斯直接提到"社会和谐"的概念,并阐述了和谐社会的最高境界是"自由人的联合体"的思想。进入21世纪,中国共产党提出构建"和谐社会"的战略任务。概括地讲,和谐社会的核心问题就是以人为本,以满足人的基本需求为本,尊重人的个体生命,承认人权是人民利益的基础,让百姓安居乐业、享受人生。

将"和谐"作为社会主义核心价值观的范畴,既是基于中国文化传统,也是社会主义现代化建设的要求。孔子曰"和为贵""君子和而不同,小人同而不和"。《左传》曰:"如乐之和,无所不谐。"《礼记》载"讲信修睦""天下为公"。这些都是中国古代先贤的美好愿望和期盼。由此可见,和谐既是中国传统文化的基本理念,也是社会主义现代化国家在社会建设领域的价值诉求,是经济社会持续健康发展的重要保证。如今,和谐已经成为中国人民的共同理想,成为中国共产党直面时代的执政自觉,成为中华民族走向复兴的战略布局。

二、中国特色社会主义的"和谐"价值观

1. 和谐是社会主义社会的价值诉求

在西方文化中,"和谐"作为一个哲学概念最早是由古希腊哲人毕达哥拉斯提出的。他认为适当的数的比例构成了事物的和谐。赫拉克利特则从动态的视角提出了"对立和谐论"。柏拉图认为和谐是一个人灵魂的最优状态,而要做到这一点,就必须使人的理性占据主导地位,并统率激情、抑制欲望。进入近代,以黑格尔为代表的德国古典哲学深入系统地阐述了和谐理念,对两千多年以来西方和谐思想的发展做了全面的概括。19世纪初,随着社会生产力的不断发展,社会两极分化逐渐加剧,阶级矛盾日益激化,以圣西门、傅立叶和欧文为代表的空想社会主义者对资本主义制度进行了无情的批判,并分别提出了"实业制度""和谐社会"和"共产主义实验"等有关未来理想社会的新畅想。马克思、恩格斯在批判地继承前人思想的基础上,全面而深刻地提出了关于和谐社会的一系列重要理论观点。马克思主义经典作家认为,未来理想社会是社会生产力高度发达和人的精神生活高度发展的社会,是人与人和谐相处、人与自然和谐共生的社会。资本主义异化劳动使人丧失了自由自觉活动的本质,使人的活动或生产劳动都成为与人对抗的异化活动,使人成为异化的人,所以要进行社会革命,消除异化劳动,建立自由自觉活动,即自由和谐的社会主义和共产主义社会。马克思主义强调的和谐价值观,是通过扬弃私有制并把和谐理想的实现落实为发展生产力、变革不合理生产关系的现实运动。

2. 和谐是中国特色社会主义的本质属性

社会和谐是中国特色社会主义的本质属性。在中国,社会和谐是中国共产党人在长期的革命、建设、实践中不懈追求的目标。社会主义和谐社会既不同于我国历史上一

些思想家所憧憬的"大同世界",也不同于空想社会主义者所描绘的"乌托邦",而是马克思主义关于社会和谐的思想同当代中国实际相结合的产物。中国共产党从中国实际出发,结合中国国情,在进行革命、建设、改革过程中形成了以马克思主义理论为核心,在社会目标、社会主体原则与价值指向等方面,集中了最广大人民群众的根本利益、愿望与追求的价值观。尤其是改革开放以来,提出了从建设和谐社会到积极培育和践行包括和谐价值观在内的社会主义核心价值观的重要论断。党的十六届四中全会《关于加强党的执政能力建设的决定》更加明确地提出:"要适应我国社会的深刻变化,把和谐社会建设摆在重要位置,注重激发社会活力,促进社会公平和正义,增强全社会的法律意识和诚信意识,维护社会安定团结。"并要求不断提高构建社会主义和谐社会的能力。2006年10月,党的十六届六中全会通过的《中共中央关于构建社会主义和谐社会若干重大问题的决定》作出构建社会主义和谐社会的重大决定,标志着构建社会主义和谐社会从理论创新转向实践创新,构建社会主义和谐社会成为当代中国的重要目标。

社会和谐是我们党不懈奋斗的目标,也是我国各族人民共同的价值理想。社会主义和谐社会是民主法治、公平正义、诚信友爱、充满活力、安定有序、人与自然和谐相处的社会,是经济建设、政治建设、文化建设、社会建设、生态文明建设协调发展的社会,是人与人、人与社会、人与自然整体和谐的社会。胡锦涛同志指出:"现时代中国强调的以人为本、与时俱进、社会和谐、和平发展,既有着中华文明的深厚根基,又体现了时代发展的进步精神。"①

贯彻"和谐"这一社会主义核心价值观的要求,就要坚持科学发展,坚持以人为本,做好"五个统筹",更好地协调人与自然、人与人、人与社会的关系,促进人与自然、人与人、人与社会和谐共处,促进经济、政治、文化、社会、生态的协调发展,实现民主法治、公平正义、诚信友爱、安定有序而又充满生机活力的人与自然和谐相处的社会。这既是社会主义和谐社会的基本特征,同时也是建设社会主义和谐社会的目标方向。要以解决人民群众最关心、最直接、最现实的利益问题为重点,着力发展社会事业,促进社会公平正义,建设和谐文化,完善社会管理,增强社会创造活力,走共同富裕的道路,推动社会建设与经济建设、政治建设、文化建设、生态文明建设协调发展。②

三、大学生践行"和谐"价值观的基本路径

1. 协调自我身心

马克思说,人的本质是一切社会关系的总和。人自身和谐是社会和谐发展的基本前提,同时又是自然与社会和谐的产物。人本身是一个复杂的统一体,如果我们的身体健康、心理健康,那么我们就会达到一种愉悦和谐的状态,否则就会产生疾病和其他一系列的问题。人自我身心不和谐,国家也就谈不上强大。我们要在中国特色社会主义道路上越走越宽广,就需要着力构建和谐社会,造就和谐个人。协调自我身心,就是要使人有健康的体魄,有健全的人格,有正确的世界观、人生观和价值观,能正确地处理

---

①胡锦涛. 在美国耶鲁大学的演讲[N]. 人民日报,2006-04-22.

②http://news.xinhuanet.com/politics/2006-10/18/content-5218639.htm.

好人与人的关系、人与社会的关系、人与自然的关系，做到人与自然、社会融洽相处、相互促进。

首先，要身体和谐。人体就像一台复杂精妙的机器，如果能均衡摄入各种营养元素，身体各脏器之间和谐相处，那么人就神清气爽；反之，当某些器官产生病变、不能正常工作了，人往往也就精神萎靡、心理失衡，所谓"病来如山倒"。有人提出观点，人的健康是"1"，其他财富、家庭、事业等都是后面的"0"，如果健康常在，幸福就会在"1"后面不断累积增长；一旦健康不再，再多幸福也只能是"0"。

其次，要精神和谐。人自身要想和谐，精神和谐是关键。一个健康的人，不仅要有强壮的体魄，还要有良好的心理。对于世间万事万物要学会换位思考、将心比心，也许就会"柳暗花明又一村"而非"郁结于心"。古今中外这样的例子不胜枚举。同样是面对江水，苏东坡感慨高唱"大江东去，浪淘尽，千古风流人物"，李后主则悲观低吟"问君能有几多愁，恰似一江春水向东流"；同样是流亡国外，但丁叹"流亡生活就是苦难"，马克思却在异乡写下旷世巨著《资本论》。可见，只要树立正确的世界观、人生观、价值观，就能为我们的思想和行为提供指引，在逆境中找到办法，化阻力为动力，在积极进取中磨砺自己的意志品质，并产生悦纳自我的情感体验，从而提高心理素质，保持心理健康达到和谐。

最后，要内心和谐。人内心和谐，就是主观与客观、个人与集体、个人与社会、个人与国家都和谐。内心和谐的重要意义在于，它让我们找到了自我提升的方向，找到了完善与发展自我的接口。由此我们方能超越既定的自我，实现品质的升华，让生命更加完整，达到幸福的彼岸。

季羡林先生说要"内心和谐"。所谓内心和谐，就是古人说的"知足知不足，有为有不为，知足常乐"。对已经得到的充满感恩，又知道自己有所欠缺而能够努力工作。干应该干的，得应该得的，走应该走的路，坚守内心信念，悦纳自己也懂得与自己和解，如此才能够快乐和幸福。内心和谐的人往往都能够愉快地接纳自我，面对现实，欣赏美好的事物，善于控制自我的思想、情绪，坦诚地看待外部世界和自我内心世界，豁达平静地生活和接受人生的各种挑战。

2. 促进个人与他人和谐

孔子主张"以宽厚处事，和谐仁我"，无非是想让我们正确地处理人与人之间的关系、人自身和谐的问题。人是社会的人，任何人都不能脱离社会而过着"人"的生活，这是核心价值观"和谐"的内在要求。高尔基有句名言：个人如果单靠自己，如果置身于集体的关系之外，置身于任何团结民众的伟大思想的范围之外，就会变成怠惰的、保守的、与生活发展相敌对的人。人的本质是社会关系的总和，个体的生存发展也离不开"关系"。正所谓"孤掌难鸣""一个好汉三个帮"。促进个人与他人和谐，应坚持下列原则。

（1）平等原则。平等待人是促进个人与他人和谐的前提。与人交往应做到一视同仁，切记嫌贫爱富，不能因为家庭、地位、经历、特长、能力等方面的原因而对人另眼相看。同时，要把自尊和尊重他人有机结合起来。每个人都希望在交往过程中得到别人的尊重，但只有尊重他人才能赢得他人的尊重。平等待人就是要将心比心、换位思考，只有平等待人，才能换取别人对自己的平等相待。

（2）诚信原则。诚信是促进个人与他人和谐的保证。诚信包含着诚实和守信两方面的意思，"诚"是"信"的内在思想基础，"信"是"诚"的外在表现。诚信历来被视为处理个人与他人关系的基本准则。诚信要求在交往中，彼此应当抱着心诚意善的动机和态度，相互理解、接纳和信任，重信用、守信义。

（3）宽容原则。宽容是促进个人与他人和谐必不可少的条件。宽容就是心胸宽广、大度容人，对非原则性的问题不斤斤计较。在与他人交往中，由于性格、经历、文化和修养等差异的存在，因误会、不解和意见分歧而产生人际矛盾是不可避免的，这就要求遵循宽容的原则，严于律己、宽以待人、求同存异、相互包容。宽容对于协调个人与他人的关系具有重要意义，它有助于扩大交往空间，也有助于消除人际间的紧张和矛盾。当然，宽容不是怯懦，宽容不等于无原则地一味容忍退让，更不等于拿原则做交易。在实际交往的过程中，要善于把宽容与对坏人坏事的姑息迁就区别开来。

（4）中和均衡原则。凡事欲速则不达，过犹不及。中和均衡就是主张相互调和，即不可不及，也不可太过，反对偏激和极端。人生有得就会有失，有人过于追求事业和金钱，却忽略了家庭和亲情；有人工作太过刻苦，却失去了健康；有人投机钻营，却丧失了做人的原则。孔子推崇中庸之道，针对不同的年龄段开出三副药方："君子有三戒：少之时，血气未定，戒之在色；及其壮也，血气方刚，戒之在斗；及其老也，血气即衰，戒之在得。"古人说"人生最苦少年得志"。德行完美的人，总能保持平常心，行为举止与他人无异。我们倡导中和均衡，凡事以和为贵，遇事首先需要静思，要三问自己：是什么？为什么？怎么做？

3. 促进人与自然的和谐

习近平总书记在党的十九大报告中提出："人与自然是生命共同体，人类必须尊重自然、顺应自然、保护自然。我们要建设的现代化是人与自然和谐共生的现代化。"

人与自然是不可分割的生命共同体。习近平总书记指出："人因自然而生，人与自然是一种共生关系。生态是统一的自然系统，是各种自然要素相互依存而实现循环的自然链条。良好的生态环境是人类生存与健康的基础。""共生"就是共同生活或者共同生存，强调了人与自然之间形成的紧密互利、不可分割的关系。"生命共同体"强调了人与自然彼此之间相互依赖、相互影响的相互关系。习近平总书记指出："良好的生态环境是人和社会持续发展的基础。"人离不开自然，自然界为人类的生存提供了基本栖息地，为人类的物质生产活动提供了基本场所，为人类的发展提供了广阔的空间。同时，自然界离不开人的存在，自然是人的无机身体。人是自然界的一部分，人的实践活动使自在自然向自为自然转变，成为一种带有人类实践烙印的"人化自然"，成为一种具有实践性、历史性和社会性的自然。自然是人类活动的前提、要素和结果。

人与自然和谐是我国传统文化中一个非常重要的观念。《中庸》说:"致中和,天地位焉,万物育焉。"道家则把"道法自然"作为其学说的重要内容。老子说:"人法地、地法天、天法道,道法自然。"汉代大儒董仲舒更是主张"天人感应""天人和谐"。"天人合一""道法自然"等质朴睿智的自然观,至今仍给人们以深刻的警示和启迪。这些深刻的论述指明了人类对待自然的基本态度。自然规律是自然界及其发展过程中的普遍联系,我们虽然能够探索、认识和利用自然规律,改变其发生作用的形式,却不能违背、消除自然规律。在地球上,虽然只有人类才有改造自然的能力,但人与自然的关系并不是简单的改造与被改造的关系,人生于自然之中,是自然生态系统的组成部分。自然不是人的奴隶,人也不是自然的上帝。人必须理性对待自然,与自然形成一个和谐的统一体、共同体,相互交融、交互作用,共生共荣。习近平总书记强调,环境就是民生,青山就是美丽,蓝天也是幸福。要像保护眼睛一样保护生态环境,要像对待生命一样对待生态环境。我们要牢固树立尊重自然、顺应自然、保护自然的生态文明理念,坚持节约优先、保护优先、自然恢复为主的方针,把生态文明放在突出地位,不断提高生态环境的承载能力,更好地满足人类自身生存和发展的需要,实现中华民族的永续发展。

4. 促进人与社会的和谐

人生的内容是由复杂多样的社会关系和社会活动构成的。个人与社会不可分离,社会是个人生存和发展的基础,个人是构成社会的前提。正如马克思所说:"人是最名副其实的政治动物,不仅是一种合群的动物,而且是只有在社会中才能独立的动物。"[1]个人与社会既是对立的又是统一的。只有科学地把握个人与社会的辩证关系,促进个人与社会的和谐,才能为人生价值的实现创造良好的社会环境。

人存在于社会之中,个人的集合构成社会。社会一旦形成就会产生相对独立的社会意志,这种社会意志并不是个人意志的简单相加,而是可以反过来作用于人的意志。良好的社会关系能使人的发展朝着更加健康美好的方向迈进。这就要求我们最大程度地发挥个体的潜能,打破身份界限、人情关系,共同建立一种使组织和个人都能各尽其能的合理社会机制,使人的各种能力得到全面而合理的发挥,共同创建一个"老者安之,朋友信之,少者怀之"的和睦大家庭。

作为社会人,每个人必然在社会活动中发生着各种各样的关系,大的方面包括政治、经济、民族、宗教信仰、地区之间、国家之间等方面的关系;小的方面除了表现为亲属、朋友等亲情关系外,很大程度上还表现为各种经济、利益的分配关系,精神上的共同追求与理想。如征地拆迁、劳动争议、医疗卫生、交通事故、环境保护、安全生产、食品药品安全等领域发生的矛盾纠纷和群体性事件等。这些正是人与社会两者努力追求和谐的动力,我们要善于在社会的矛盾冲突中寻找和谐支点,构建和谐的社会家园。

和谐是中国特色社会主义的价值追求。我们每个人都要以高度的主人翁姿态,积极参与到中国特色社会主义事业和和谐社会的建设中,深入理解和自觉践行社会主义核心价值观,不断提高身体和心理的健康水平。和谐始自人的内心。培育和谐精神,用和谐的思想认识人生环境,用和谐的态度对待人生实践,使崇尚和谐、维护和谐内化为

---

① 中共中央马克思恩格斯列宁斯大林著作编译局. 马克思恩格斯选集(第二卷)[M]. 北京:人民出版社,2012:684.

自己的思想意识和行为习惯，才能促进个体的身心健康与和谐，推动人与人之间、人与社会之间融洽相处，实现人与自然之间友好共生。

第二节 典型案例

一、一个梦想造就美丽家园——香格里拉

20世纪三四十年代，在战火纷飞的年代，英国作家詹姆斯·希尔顿创作了长篇小说《消失的地平线》，为世人描绘了青藏高原东南地带神秘的世外桃源——香格里拉。美国好莱坞制片公司把小说描绘的这一秘境摄制成电影《桃源艳迹》，在世界各地上映，电影主题歌曲《这美丽的香格里拉》风靡一时，由此掀起了半个多世纪的寻找香格里拉热潮。

20世纪末，经过各方人士的不懈努力，这一秘境被准确定位为云南迪庆香格里拉。这是一个品牌创意与现实发展需求相结合的完美典范，是迪庆深厚地理历史文化积淀在新时代的绽放，是中西文化交流交融的结晶。凭借早已名声在外的影响力，迪庆迅速把香格里拉品牌与地方人文资源进行整合，充实丰富品牌内涵，把虚拟的香格里拉建设成为真实的人间天堂，以壮美的自然风光、浓郁的特色文化、崭新的精神形象，吸引了世人的目光，进而推动了迪庆经济社会全面、健康、快速发展。

1997年9月14日，通过一系列科考、评审，云南省人民政府向世界宣布香格里拉就在云南迪庆，揭开了《消失的地平线》所描绘的香格里拉这一"世纪之谜"的谜底。随着国内外媒体的争相报道，云南藏区成为旅游、探秘的热点，蜂拥而至的游客对迪庆的神奇自然景观和人文风情赞叹不已。

1. 优化发展思路，守护蓝天白云青山绿水

对香格里拉的寻访和发现，成为迪庆历史发展的重要节点。为了进一步做实这一品牌，迪庆重新深度认识州的实际情况，紧紧抓住中央和省委、省政府大力支持藏区发展的有利时机，进一步理清发展思路，积极培育旅游、生物、水电、矿产等产业，明确提出实施"生态立州、文化兴州、产业强州、和谐安州"战略，全力建设全国藏区跨越发展和长治久安示范区，着力构建各族人民共有的"绿色家园、精神家园、小康家园、幸福家园"，推动迪庆走上科学发展、和谐发展、跨越发展之路，走出一条具有中国特色、迪庆香格里拉特点的发展之路。

良好的生态环境是香格里拉的灵魂所系和实现迪庆跨越发展的根本之基，是迪庆最美的名片和最大的财富。在香格里拉品牌的打造过程中，砍伐树林、破坏生态的产业停下来了，全州转产实施天然林保护、滇西北生物多样性保护等工程。2001年开始，迪庆向"白色污染"宣战，深入实施"生态环境整治行动""七彩云南香格里拉保护行动"，大力整治突出环境问题。

党的十八大以来，迪庆全州坚定践行习近平生态文明思想和习近平总书记考察云南重要讲话精神，树立和践行"绿水青山就是金山银山"理念，全面贯彻落实省委、省政

府提出的"把云南建设成为中国最美丽省份"决策部署,制定把迪庆建成全国最美藏区的实施意见,坚定不移实施"生态立州"战略,严守生态保护红线、环境质量底线和资源利用上线,有力推进"蓝天行动、青山行动、绿水行动、净土行动",推动美丽迪庆绿色发展,生态环境质量持续改善。全州森林覆盖率由1996年的40.66%提高到2005年的66.8%,再上升到2018年的75.11%,绿色成为山川大地的主色调,"绿色家园"建设让迪庆天更蓝、水更清、山更绿。

2. 舞动旅游龙头,推进产业大发展

通过对香格里拉的寻访和发现,迪庆旅游业从无到有,并逐渐做大。迪庆按照全域旅游发展思路,以生态为主线,以"旅游+"为切入点,完善交通、景区、藏民家访等基础设施功能,着力打造普达措、虎跳峡、梅里雪山、巴拉格宗、滇金丝猴等景区,促进旅游业快速转型升级。

迪庆州委、州政府大力调整农业产业结构,积极发展高原特色农业,农业基础不断巩固,农村经济实现平稳较快发展。生物产业整体实力和竞争力不断增强,呈现出增长速度快、发展势头好的局面。完成了以第一产业为主导的"一二三"结构向具有服务业为主导特征的"三二一"经济结构转变。经济社会发展取得了令人鼓舞的成就,经济指标名列全国10个藏族自治州前列。

迪庆紧紧抓住"西电东送"的历史机遇,大力推进水电开发,使生活在雪山峡谷中的各族群众告别了松明子照明的时代,从城市到农村,处处灯火闪亮。

3. 破解交通制约难题,迅速与外界联通接轨

在没有高等级公路、没有铁路的情况下,迪庆超前构建空中走廊,于1998年1月4日开工建设香格里拉机场,1999年4月30日建成通航。20多年来,累计运输旅客600多万人次,飞机起降7万架次。迪庆还先后开通了香格里拉至昆明、成都、拉萨、广州、深圳、贵阳、上海、西双版纳、重庆、杭州、长沙、芒市、西安等多条航线,预计2020年开通国际航线,将与更多的国内重要城市及国际接轨,并向中国藏区第二大空港的目标迈进。

同时,迪庆抢抓机遇,加快交通、水利、通信、能源、教育、农业等基础设施建设。全州29个乡镇实现了通油路、通客运、通邮递,189个行政村实现了交通通畅。雪山峡谷之间的各族群众告别了人背马驮的历史,现代综合交通体系基本形成,全州公路通车里程达6885.48公里。丽香铁路、丽香高速公路将于2020年建成通车,香格里拉到四川西昌的香西高速公路、香格里拉到昌都的滇藏铁路和滇藏高速公路等重大项目正在有序推进。

4. 内引外联,共享人间美丽画卷

香格里拉品牌的成功推出是迪庆人民的一个创举。20多年来,迪庆主动与周边区域广泛合作,共创品牌、共享品牌,大力提升香格里拉影响力。2002年5月,四川、云南、西藏三省区提出,将三省区交界处的9个地州打造成"中国香格里拉生态旅游区"。2010年9月,云南迪庆、西藏昌都、四川甘孜和青海玉树四地州旅游局签订合作协议,进一步打破壁垒、深化合作。

1994年起,云南迪庆、四川甘孜、青海玉树和西藏昌都共同协商定期举办"康巴艺术节",至今已举办10届。

2015年11月16日,在国家旅游局的指导下,四川省、云南省、西藏自治区旅游发展委员会共同发起并成立"中国大香格里拉旅游推广联盟",合作范围涵盖9个地州市、82个县(区)。2017年9月16日,中国大香格里拉旅游推广联盟联席会推出香格里拉大环线——稻城亚丁、梅里雪山、香格里拉、泸沽湖经典13日自驾游等20条精品线路。

2019年4月16日,云南省委、省政府研究提出,加快建设"德钦—香格里拉—丽江—大理—保山—瑞丽—腾冲—泸水—贡山—德钦"大滇西旅游环线。迪庆以独特的区位、自然、文化等资源和"香格里拉""三江并流"两个世界级品牌优势融入"大滇西旅游环线",发挥文化旅游带动作用。2019年7月5日,香格里拉上榜《人民日报(海外版)》推介的中国避暑十大凉城,这是对大美迪庆的一种肯定。

同时,迪庆紧紧抓住国家深入实施"一带一路"和"长江经济带"建设的重大战略机遇,充分发挥迪庆作为国家及云南省重大战略总体布局中的连接交汇点的区位优势,深入推进开放型经济发展,努力打造成为滇川藏大香格里拉区域增长极。

站在新时代新起点,迪庆各族干部群众深入学习贯彻习近平新时代中国特色社会主义思想,正豪情满怀地以"五位一体"总体布局和"四个全面"战略布局为引领,积极推进"全国藏区民族团结示范区、全国藏区生态文明建设排头兵、东部藏区辐射中心"建设,奋勇争先、砥砺奋进,不断建设、创造和发展好现实版的香格里拉,努力绘就"安居乐业、保障有力、家园秀美、民族团结、文明和谐"的香格里拉大美画卷。

(资料来源:施晓琳. 一个梦想造就美的家园——香格里拉[OB/OL].(2019-07-30)[2020-04-23]. http://www.thepaper.cn/newsDetail_forward_4041417.)

二、人类命运共同体思想的辩证统一性

习近平主席提出的人类命运共同体思想,超越了中国传统外交思想和传统国际关系理论,蕴含着丰富的中国智慧,包含多重辩证统一关系。

1. 国家利益与人类共同利益的辩证统一

共同利益是国家间交往合作的基础。在当今世界,主权国家依然是国际政治的主要行为体,国家利益是国家对外交往的出发点和落脚点,维护国家利益仍是主权国家的合法权利。随着全球化发展,各种全球性问题挑战亦日益凸显,在应对共同威胁和挑战时,各国具有越来越多的共同利益。

习近平主席倡导、推动构建人类命运共同体思想,摒弃狭隘的民族主义,是对国家主义的创新性超越,对国家主权观念的继承性创新,蕴含着维护国家利益与人类共同利益的辩证统一。要构建人类利益共同体,国际社会应积极平衡协调各方利益,在谋求自身利益的同时兼顾他国利益乃至全人类的共同利益;在维护自身安全的同时与地区、国家安全融合起来,不以牺牲别国安全来谋求自身所谓的绝对安全;在促进自身发展的同时积极带动其他各国共同发展。

2. 经济社会发展与生态环境保护的辩证统一

人类命运共同体理念不仅涉及政治、经济、安全、文化等领域,也包含生态领域。人

类命运共同体亦是"生态共同体",人与自然的"生态共同体"不仅关系中华民族发展大计,还关乎全球生态安全,是构建人类命运共同体的重要基础。构建人类命运共同体必须遵循经济社会发展与生态环境保护的辩证统一。

习近平主席关于生态环境保护与生态文明建设的重要论述,蕴含着经济发展与生态环境保护的辩证统一。这不仅是中国国家治理战略的重要组成,也是全球治理中国方案的绿色亮点,指出了建设人类生态共同体的必由之路。

3. 全球治理话语权与大国责任担当的辩证统一

随着国际力量对比发生深刻变化,全球性挑战日益凸显和多样化,全球治理赤字问题亟待解决,推动全球治理体系变革、增强全球治理的公正性和有效性成为国际社会的广泛共识。目前,新兴市场国家和发展中国家实现群体性崛起,世界多极化和国际关系民主化势头难以逆转,以西方国家为主导的全球治理体系出现变革迹象,但争夺全球治理和国际规则制定主导权的较量十分激烈。全球治理话语权及其分配虽随着国际力量对比变化而调整,但由于权力与责任一体两面,全球治理话语权的行使也意味着相应的全球治理责任的担当。因此,全球治理的基本原则应是治理话语权与治理责任的辩证统一,各国的权力行使和责任担当应随着国际力量对比变化而作相应调整。

作为负责任的大国,中国在维护世界和平稳定、促进全球发展繁荣方面肩负重任。随着自身实力增长和国际地位提升,中国积极全面参与以联合国多边外交为主要平台的全球经济、安全、环境治理,坚决履行应尽的国际义务和国际责任,践行了人类命运共同体思想中全球治理话语权与大国责任担当的辩证统一。

4. 维护国际法基本原则与完善国际规范规则的辩证统一

中国倡导构建人类命运共同体,不是要对现有国际秩序推倒重来,搞颠覆性替代,而是在维护国际法基本原则基础上,对现行国际规范中不公正、不合理甚至违背时代进步潮流、无法回应时代新需求的部分加以改进和补充,其核心是各国平等相待、相互尊重与合作共赢,其本质是重塑和谐发展的国际秩序。

人类命运共同体思想蕴含着维护国际法基本原则与完善国际规范规则的辩证统一,既遵循现有国际法基本原则,又引领时代进步潮流,有利于促进国际秩序公正合理化。一方面,习近平主席反复强调,坚决维护以《联合国宪章》宗旨和原则为核心的国际秩序,捍卫世界和平与稳定,促进人类共同发展与繁荣。另一方面,习近平主席强调"引导国际社会共同塑造更加公正合理的国际新秩序"。他主张通过补充、完善现行国际规范规则,推动现行国际秩序向更加公正合理化方向发展,多次在国际场合表示中国愿与各国一道,促进国际秩序更趋公正合理化,推动建设相互尊重、公平正义、合作共赢的新型国际关系,推动构建人类命运共同体。

5. 中国价值理念与人类共同价值观的辩证统一

为推动构建相互尊重、平等相待、公平正义、合作共赢的新型国际关系,建设持久和平、普遍安全、共同繁荣、开放包容、清洁美丽的世界,习近平从中华"和合"文化中汲取了丰富智慧,将马克思的"自由人联合体"思想与当今国际发展大势相结合,创造性地提出了可供各国共享的价值理念,所包含的"和平、发展、和谐、共生、亲诚、信义、开放、包容、普惠、平衡、合作、共赢"等价值理念具有鲜明的中国特色,与联合国倡导的"和平、发展、公平、正义、民主、自由"等人类共同价值追求高度契合。饱含东方智慧、体现世间至道的中国"和合"价值理念与人类共同价值观相辅相成,实际上已成为人类共同价值观的重要智慧之源。作为中国价值理念时代化的集中体现,新时代中国特色社会主义核心价值观包含的"民主、自由、平等、公正"与人类共同价值观在终极意义上是一致的,中国的和平发展理念与人类共同追求也高度一致。在构建人类命运共同体的全球伟业中,人类共同价值观的培育离不开中国价值理念的弘扬与融入。

人类利益共同体、生态共同体、责任共同体、规范共同体、价值共同体构成有机完整的人类命运共同体,彼此相互依存、相辅相成,缺一不可。人类命运共同体思想从利益协调、人与自然的关系、权责平衡、原则规范、价值理念等向度,科学回答了当今互相高度依存又纷乱不安、充满机遇和挑战的世界应向何处去的时代之问,这不仅是中国特色大国外交的根本遵循,对其他国家的外交同样具有指导和借鉴意义。

(资料来源:郑保国.人类命运共同体思想的辩证同一性[N].国际问题研究,2018-11-22.)

第三节　主题教育活动方案设计

一、环保志愿服务活动

1. 活动背景

和谐畅想,古已有之。《左传》曰:如乐之和,无所不谐。《礼记》载"讲信修睦""天下为公"。这些都是先人心中美好的理想。2004年党的十六届四中全会首次明确提出"和谐社会"。改革开放以来,我国社会变革日新月异,同时,我们面临着多重考验:城乡、贫富、区域差距拉大,物质丰富遭遇道德建设之惑、利益多元带来群众诉求之杂……构建社会主义和谐社会尤为重要。和谐是社会主义核心价值观中国家层面的一项重要内容,因为它是人类的美好夙愿,是全面建成小康社会的现实需求。作为新时代公民的大学生,要从自己做起、从现在做起,积极融入构建和谐社会的实践中,逐步实现人自身和谐、人际关系和谐、人与社会关系和谐、人与自然之间和谐。

新时代公民的大学生,不仅是和谐的见证者,更是和谐之声的参与者、发展者。随着"绿水青山就是金山银山"等理念深入人心,蓝天保卫战的开展……2019年两会聚焦环保,环保问题逐渐升温。

2. 活动目的

(1)通过环保志愿服务活动,帮助同学们在实践中加深对生态文明建设的理解,懂得人与自然和谐相处。

(2)通过亲身体验、实地参观、研究小探查等方式,引导大学生在日常生活与学习中,自觉做环保的宣传者、践行者、维护者,形成环保人人有责、人人参与的良好氛围。

(3)通过共同组队开展社会实践活动,培养学生的志愿服务精神。

3. 活动准备

充分利用当地的、校内的资源,如云南昆明的滇池及其环保、云南大理的洱海及其环保,有的高校有自然博物馆,如昆明学院昆明滇池(湖泊)污染防治合作研究中心的校内博物馆,没有条件现场参观的,可以就近联系学校所在地区的类似展览馆进行参观,或者通过校内外志愿活动开展参观、实践。

(1)辅导员或党支部或班主任制定环保志愿服务方案,特别是分主题开展不同类型的环保志愿服务,可以是短期的、临时的环保志愿服务,可以是文明单位建设、动植物保护、污染防治等长期制度化环保志愿活动。

(2)辅导员或党支部或班主任联系相关展览馆、博物馆,确定参观时间、讲解员。

(3)辅导员或党支部或班主任联系确定交通工具(校内则不需要),或者与校外活动方对接出行,并做好学生参观、志愿服务的宣传与组织工作。

(4)学生分组与工具准备。8~10人为一组,准备参观、志愿服务,特别是实地做环保志愿服务,需要备好垃圾袋、宣传单等工具。

4. 活动过程

(1)根据分组、主题、任务,学生利用周末或党支部活动日或环保日或文明校园文明单位创建日,到目的地或校园等地参观,实地做志愿服务等社会实践活动。

(2)结合志愿服务,形成可展示的活动成果,如环保宣传小册子与短视频(VCR)、环保调查报告、心得体会等,或者开展志愿服务交流分享会。

(3)做好环保志愿服务的教育引导、拓展延伸、总结提升。如环保与创新相结合,实施智慧环保计划,利用大学生创新创业竞赛、科技节等,引导学生在志愿服务中做好观察、调研,尝试做环保小创新、小发明,助推环保更上一层楼。又如环保与科技相结合,实施科技环保计划,通过主题班会、学先进等方式,走近国家科学技术等实力派明星,激发学生通过科技巩固与创新环保的热情和兴趣。

5. 活动小结

人类对自然的利用要取之有度、用之有节。天育物有时,地生财有限,而人之欲无极。生态环境没有替代品,用之不觉、失之难存。人类必须尊重自然、顺应自然、保护自然。建设生态文明,首先要从改变自然、征服自然转向调整人的行为、纠正人的错误行为。要做到人与自然和谐,天人合一,不要试图征服自然。作为当代青年大学生,要有节制地、合理地利用和消费自然资源,从爱惜每滴水、节约每粒粮食做起,身体力行地推动资源节约型、环境友好型社会建设,推动人与自然的和谐发展。我们每个人都要清醒认识保护生态环境、治理环境污染的紧迫性和艰巨性,清醒认识加强生态文明建设的重要性和必要性,用自己的实际行动,营造爱护生态环境的良好风气,努力建设美丽中国。

二、主题班会:和谐人际关系

1. 活动背景

孟子提出"天时不如地利,地利不如人和"。孟子把"人和"放到了"天时、地利"的位置之上,足见对人与人之间和谐关系的高度重视。人际关系在大学生群体中具有特殊性,如何处理好人际关系是门艺术。同学之间的相处,同学与老师的相处,都是必修课。在大学生人际关系中,尤其以宿舍关系的处理较难,其在各类报道中也是最多的。近年来,大学生之间"友谊的小船说翻就翻"火遍朋友圈,同学之间经常戏谑地开玩笑道"感谢室友的不杀之恩",大学生宿舍关系的问题可见一斑。

2. 活动目的

(1)通过学习讨论,明白和谐人际关系对大学生成长发展的重要意义。

(2)通过分享交流,提高同学之间和谐相处的能力和保持和谐相处的方法。

3. 活动准备

(1)制定方案。根据本次主题教育活动的总体要求,结合大学生的学习和生活实际,制定重点突出、针对性强的主题教育方案。

(2)准备大学生人际关系的正反面案例2则。

(3)每位学生在班会前提前观察、反思在同学相处中的问题,特别是人际矛盾较为集中的宿舍。

4. 活动过程

(1)主持人介绍本次主题班会的主要内容,并对"和谐"的内涵进行简要阐述。

(2)案例分析与思考。主持人展示事前准备的两个大学生人际关系案例,一则是近年发生在高校中因人际关系引发的惨案,一则是学校或者身边的案例。请同学们小组讨论,分析案例中问题的根源,引导大学生思考解决的办法。或者现身说法。邀请学校保卫处或者学生处老师或者学院负责宿舍管理的辅导员,讲述大学生人际关系的案例、教训以及破解之法。

(3)团体心理辅导游戏。

(4)结合案例、团体心理辅导游戏、个人日常生活,同学们分享自己的感悟和体会,探讨解决问题的办法、人与人的相处之道。

(5)根据现场情况判断,如有必要,可以开展写小纸条、面对面道歉与和解,以及写给某人的一封信等活动。帮助同学们化解与人相处的龃龉。

(6)主持人进行简要总结,鼓励同学们珍惜相聚之缘,与舍友、同学融洽相处;鼓励同学们持宽容之心,多一份理解、包容,与人友善、和谐相处。

5. 活动小结

通过此次班会,同学们对"和谐"有了更深刻的理解。在社会生活中,我们应怀有一颗包容之心,与他人相处时,尊重差异、互相理解、互相包容,尽量做到和谐相处;在学习生活中,也应该学会统筹规划,做到各个学科和谐发展,全面进步;在与自然相处过程中,应从小事做起,保护环境,保护大自然母亲,并积极倡导与影响他人,共同寻找和谐之美。

根据同学们的分享和讨论,我们可以总结出一些构建和谐人际关系的方法和技巧,供同学们参考。

第五章 自 由

第一节 社会主义的价值理想

"自由"作为社会主义核心价值观的基本内容,不仅是社会层面首要的价值要求,也是中国特色社会主义理论创新的突出成果。自由是人类共同的理想追求,但在不同民族、不同时代、不同社会及不同文化传统中,人们对自由的理解以及实践自由的方式、道路必然存在差异。社会主义自由价值观是在积极扬弃资本主义自由观的基础上,倡导一种更彻底、更广泛、更全面的自由,它总体上指引了人类通向自由解放的正确方向,实际上也开辟了人类自由发展的新道路和新境界。

党的十八大报告中,关于社会主义核心价值观的"三个倡导"中,"自由"这个词第一次与"平等、公正、法治"一起作为社会主义核心价值观社会层面的基本要求写入执政纲领中。把自由作为社会主义核心价值观的基本内容,既高度体现了中国特色社会主义核心价值观积极承接人类文明发展的这一共同成果和人类社会的这一共同价值追求,又高度体现了现实目标与理想目标的有机统一,同时也说明自由是社会主义核心价值观的本质要求。

马克思主义以实现人的自由与全面发展为最高目标。在当前新的历史时期,将自由作为社会主义核心价值观的一个重要内容加以弘扬与践行,这不仅是中国特色社会主义的发展需要,更体现了未来与现阶段目标和手段的辩证统一。

一、自由的基本内涵

一般来说"自由"指的是人们在社会生活中能够根据自己的需要、利益与意志,自主选择自己的生活、表达自己的思想、实现自己意愿的能力与行为。社会主义所主张的自由是指人类通过实践活动把自己从自然、社会及自身的束缚中解放出来,其最切近的理想所指的是,在保存资本主义已取得的文明成果基础上,从以资本统治人与社会的发展和充满奴役剥削压迫的资本主义社会中解放出来。

自由在传统意义上分为三类,即个性自由、主体自由、社会自由。个性自由是主体内在发展的根本要求,是实现个人价值的基础条件。主体自由主要是强调个人本身具备能够获取自身利益的权利资格和行为能力。社会自由的重心则放置在对于个体的社会属性的考虑,从整体社会的利益角度来斟酌确定自由的度量。

　　"自由"作为一个政治哲学概念，是指在现有条件下人类可以自我支配，凭借自由意志而行动，并为自身的行为负责。作为法律范畴的"自由"，指的是公民在法律许可和规定的范围内，其流动不受限制的权利。在认识论领域，所谓"自由"，是指人对自然、社会的认识和改造。在社会生活中，所谓"自由"，表现为人与人之间独立自主的平等关系。自由对民族而言指国家独立、民族自主，对个人而言指个性获得发展。由此看来，那种把自由理解为不受任何外在限制的看法，是违背自由的本义的。在马克思主义看来，"自由"的含义具有广泛性和全面性，它不是指单一地发展人的身心的某一种能力，而是指人的身心的各种能力都得到全面而自由的发展，真正成为社会和自身的主人，从而达到自由的境地。

二、中国特色社会主义的"自由"价值观

1. 马克思主义自由观

　　马克思主义自由观的本质内涵包括三个方面：一是实践是自由的基础；二是自由是与客观规律辩证地结合在一起的；三是实现人的自由全面发展。

　　就实践是自由的基础而言，马克思认为，人类只有在现实的改造世界的物质活动中才能够实现真正的自由。作为中国特色社会主义核心价值观之一的自由，一直立足于实践的基础之上。关于真理标准的大讨论，人们经历了思想领域的一场革命，实践的观点被牢牢确立并深入人心。改革开放以来，社会生产力的发展和市场经济的不断完善，为我国人民实现更大的自由奠定了物质基础。而人们在进行经济建设或者物质生产的实践活动的过程中，本身就在实践自身的自由，经济建设是人们实践自由的重要方式。随着改革的纵深发展、产业的转型升级，越来越多的劳动者不再从事低层次的、自由程度较低的纯体力劳动，而是越来越多地从事自由度相对较高的工作，这也无形中要求劳动者本身不断提高自身受教育水平和其他方面的素质，积极发挥自身的各种潜能，从而推进个体的自由。

　　马克思主义自由观的本质内涵的第二个方面是将自由与客观规律辩证地结合起来。对必然性的认识包括对自然规律的认识，更包括对社会历史必然性的认识。真正的自由是要建立在合乎客观世界的本质和规律基础之上，否则，非但不能实现自由，反而会受到"必然"的惩罚。当前我国的社会主义现代化建设事业既没有前人的经验可供借鉴，也没有现成的模式可以仿效，只有在具体的实践过程中通过不断地摸索才能找到我国社会主义建设的规律；只有遵循这些客观的发展规律，中国社会主义建设才有可能少走弯路。因此，作为社会主义核心价值观的自由，也只有在切实遵循社会主义发展的客观规律基础上才有可能从理想变为现实。

　　实现人的自由全面发展，是马克思主义自由观的第三个本质内涵，也是非常重要的内涵，是自由的最终依归，也是人类社会发展的最终阶段。人的自由而全面的发展是共产主义社会的基本原则，实现人的自由全面发展的社会形式就是共产主义社会。习近平总书记反复强调科学社会主义基本原则不能丢，中国特色社会主义是社会主义，而不是其他主义，因而其根本的价值理念就是以人的自由全面发展为核心价值的共产主义。我国当前阶段提出社会主义的自由价值观，就其内涵而言，与实现人的自由全面发展这

一马克思主义自由观可谓一脉相承。有所不同的是,我们在思考社会主义核心价值观的自由概念时,要正确认识和回归到我国目前所处的社会主义初级阶段和人民的现实需求上来,既不能从低于当前阶段的水平来思考,也不能以一种超越当前现实状况的眼光来理解。

社会主义自由在不同领域、不同层次还有不同的内涵,具体表现为经济领域中的自由、作为政治权利的自由以及伦理与道德自由等。

在当前社会主义初级阶段,经济自由本质上是指不断解放和发展生产力,充分发挥市场在资源配置中的决定性作用,更好地发挥政府的作用,实现"劳动自主",消灭剥削,实现共同富裕。改革开放过程中,从事经济活动的人的主体精神被唤醒,社会主义市场经济确立,使人获得了相当多的独立和自由,培养了理性与自主选择精神,强化了人的理性能力,人与人之间的关系变得越来越平等,人的创造性也得到了极大的促进和发展,这些都是人的自由在经济领域的生动体现。

政治在现代的社会生活中占据着重要地位,政治自由是由法律和宪法赋予的,并通过宪法和法律保障每个公民的政治自由不受他人侵犯,保障参与政治的主体在政治生活中不受他人的影响,自主地行使自由的权利。我国宪法和法律保障公民享有一系列基本的政治权利,如言论、出版、集会、结社、游行等政治自由。不仅如此,为了保障我国各族人民享有充分的政治自由,并能切实地运用这些自由权利,我国建立了一系列民主制度,保障各族人民在参与国家和公共事务管理的过程中自主而充分地表达自己的政治意愿和诉求,坚持法治与自由的统一。

伦理与道德自由是指人们具有自觉选择符合需要的社会行为规范,并将其转化为内在的道德信念与准则,以调整自身与社会关系的能力与行为。社会主义道德自由强调道德的自主,同时也强调每个人都要肩负起自我道德抉择的责任,强调道德自由与责任、义务的有机统一。

2. 中国特色社会主义自由观的基本内容

(1)实现自由的基础:巩固和发展公有制经济。马克思认为,生产关系是一个具有多层次内容的复杂系统。在这个系统中,生产资料所有制起着决定性作用,是整个生产关系的基础。谁占有生产资料,谁在生产过程中就占有优势,他可以利用占有的生产资料,无偿地占有丧失生产资料的人的剩余劳动创造的产品。只有在生产资料面前,谁都不能凭借生产资料获得收入,才为消灭剥削、消除奴役、消除精神屈辱和政治依附奠定基础,从而为人的自由的实现提供社会保障。在我国,宪法明确规定社会主义制度的经济基础是公有制,必须毫不动摇地巩固和发展公有制经济。非公有制经济是社会主义初级阶段特有的现象,我国生产力落后,发展不平衡,生产资料公有制所需要的具有社会主义性质的生产力在许多地区、部门还不具备。因此,不能实行单一公有制,还需要有非公有制经济作为社会主义经济的补充。可见,非公有制经济的存在是社会主义初级阶段的特点,并不是社会主义的一般特征。

(2)实现自由的途径:解放生产力和发展生产力。社会主义的自由,归根到底要靠不断解放和发展生产力,创造出比资本主义更高的劳动生产率(社会必要劳动缩减到最低限度)才能得以实现。要解放和发展生产力,必须实行和坚持改革开放。要全面深化改革,继续扫除生产关系、上层建筑中不适应生产力发展的环节与障碍,激发全社会的创造力和发展活力,实现更高质量、更有效率、更加公平、更加持续的发展。中国社会生产力的发展,离不开世界,要推动形成全面开放新格局,要通过"一带一路"倡议,构建人类命运共同体,加强同各国各地区的合作,吸收和借鉴人类社会包括资本主义制度创造的一切有用的成果,为建设富强、民主、文明、和谐、美丽的社会主义现代化强国服务。

(3)实现自由的保障:坚持人民当家作主。社会主义国家的一切权利属于人民,社会主义国家不是少数人的私器,而是真正代表人民利益的共同体。国家实施有效制度,保证人民广泛参与国家治理和社会治理,尊重人民主体地位,保证人民当家作主,体现人民意志、保障人民权益、激发人民创造活力,积极稳妥推进政治体制改革,推进社会主义民主政治制度化、规范化、程序化,保证人民依法通过各种途径和形式管理国家事务,管理经济文化事业,管理社会事务,巩固和发展生动活泼、安定团结的政治局面。以支持和保证人民通过人民代表大会制度行使国家权力,来使人民当家作主制度得以保障。以发挥社会主义协商民主的重要作用,来推进人民民主向纵深发展。

3. 社会主义自由观的中国化发展

毛泽东是马克思主义中国化的伟大开拓者,毛泽东思想以其独创性理论丰富发展了马克思列宁主义。其自由观也是第一次系统地对马克思主义自由观的中国化阐发,是社会主义核心价值观倡导和践行的理论源泉。

毛泽东的自由观有其丰富的内容,具体包括下述基本思想:第一,对于国家和民族而言,自由就是要独立自主,各民族平等往来,不遭受侵略压迫。第二,对革命政党而言,既要做自由的促进派,又要遵守革命纪律,杜绝自由主义。这里的自由主义,毛泽东在《反对自由主义》这篇文章中指出:自由主义的来源"在于小资产阶级的自私自利性,以个人利益放在第一位,革命利益放在第二位"。第三,就人类而言,自由境界是由必然王国进入自由王国,要通过对自然和社会历史规律的把握以及对世界的改造才能实现。第四,就个体而言,自由既是权利也是义务,个体应积极发挥自由个性,成全自我。

实践无止境,理论创新无止境,社会主义自由观的中国化也是无止境的。作为中国特色社会主义建设事业的开创者和总设计师,邓小平开创了中国特色社会主义自由理论。其内容包括如下方面:第一,从解放思想破题,以实践为判断真理的唯一标准,将人们从僵化迷信中解放出来,以此恢复和促进思想解放。第二,从完善民主法治着手,以四项基本原则为指导,确保安定团结的政治局面以巩固自由的政治基础。第三,从防止和平演变着眼,以"三个有利于"为准则,用改革开放实绩来夯实自由价值的物质和精神文明基础。

"三个代表"重要思想中的自由价值观包括如下核心思想:第一,以把握好改革、发展、稳定的关系为切入点,坚持依法治国和以德治国相结合,充分保障人权,保持社会主义自由价值观与时俱进的品质。第二,以把握最高纲领和最低纲领的统一为支撑,将推进人的全面发展同推进经济、文化的发展和改善人民物质文化生活结合起来,不断兑现社会主义自由价值观的先进性。第三,以从严治党为抓手,置社会主义自由建设与发展于"立党为公、执政为民"的实践中,抓住社会主义自由观建设的本质和关键。

科学发展观中社会主义自由观的中国特色和时代特色主要体现为:第一,把发展作为第一要义,将社会主义自由从思想意识形态领域深化到经济社会的全面发展中加以建设,贯彻到社会和谐的基础上加以推进。第二,把"以人为本"作为深入贯彻落实科学发展观的核心立场,将社会主义自由观纳入全社会的价值共识,使人的自由与全面发展成为改革开放的政策导向和科学发展的根本价值目标。第三,以全面协调可持续发展为基本要求,以统筹兼顾为根本方法,从根本上理顺理想和现实、价值追求和国情实际之间的关系,使得社会主义自由更具中国特色和时代特色。

在新的历史条件下,结合新的实际,习近平总书记运用马克思主义立场、观点和方法,科学地分析了当代中国积极发展社会主义自由的道路和方式。我们认为,他有关"中国梦"的论述可以看作当代中国共产党人倡导与致力践行自由理念的最新版本,是对社会主义自由价值观的生动阐述。第一,强调"中国梦"是"每个人的梦",是自主、自由的个人或个人自由发展的充分肯定,鲜明地突出了在中国特色社会主义的发展中人民的自由主体地位。第二,深入揭示社会主义自由的本质内涵和发展方向。习近平总书记关于"中国梦"的论述创造性地运用与发展了经典的社会主义自由观,进一步揭示了社会主义自由本质上是机会与过程的统一。第三,突出显示了社会主义自由价值观的集体主义价值导向,表明个人自由与他人、与社会共同体、与人民是不可分割的,个人理想的实现与社会共同理想、与国家和民族的命运是紧紧联系在一起的。

习近平新时代中国特色社会主义思想贯穿的自由精神,内蕴的自由逻辑,揭示的自由真谛,阐发的自由之道,既忠实地体现了马克思主义一以贯之的对人的自由全面发展的根本价值追求,更是社会主义自由价值观中国化发展的最新科学成果,是我们在新的时代背景下科学认识自由、推进自由的基本前提。

三、大学生践行"自由"价值观的基本路径

1. 要全面理解和把握社会主义自由观的科学内涵

作为社会主义核心价值观的有机组成部分,社会主义自由是中国共产党在新的历史条件下对马克思主义自由观的继承和发展。社会主义制度的创立,使我们摆脱了剥削阶级的统治,获得了当家作主的民主权利,这是根本性的社会自由和人权自由。实行改革开放和发展社会主义市场经济,为我国社会主义经济、政治和整个社会的建设与发展、实现伟大的中国梦开辟了广阔的道路,人们也因此获得自由选择和发展的空间。一般说来,在当代中国社会,一个人如果不能自由选择和获得发展的机遇,就不应当怨天尤人,而要反思自己是否理解和把握了属于自己的自由。不过,也应看到,我国的社会主义社会是在半殖民地半封建社会的废墟上建立的,阻碍自由实现的旧社会消极因素依然存在,改革开放和现代化建设进程中也会出现影响自由实现的新问题,这将会是一个长期的过程。在这个过程中,实现社会主义自由需要花大力气增强公民的法制意识,提升公民的道德素质。社会主义自由,作为社会主义核心价值观的有机组成部分,与社会主义核心价值观体系中的其他标准是一个不可分割的整体。所以实现社会主义自

由，不能就自由讲自由，而要与实现其他核心价值观联系起来，特别是要与社会主义民主和法制贯通起来。

2. 要正确处理自由与民主、自由与法治的关系

社会主义自由与民主是密不可分的。邓小平曾明确指出："没有民主就没有社会主义，就没有社会主义的现代化。"党的十八大报告充分肯定了自由的地位，强调"保证人民依法享有广泛权利和自由"是一项重要任务。关于自由与法治的关系，就是自由必须以法律许可为限度。这是当今世界任何文明国度都实行的自由原则，也是每个公民必须遵循的自由观。我国《宪法》第五十一条明文规定："中华人民共和国公民在行使自由和权利的时候，不得损害国家的、社会的、集体的利益和其他公民的合法的自由和权利。"同时《宪法》从第三十五条至第四十七条还具体规定了我国公民享有十种自由权（即言论、出版、集会、结社、游行、示威、信仰、人身、通信和文化活动自由）。我们要发展自由，绝非提倡人们可以随心所欲、为所欲为。

3. 要正确认清西方社会鼓吹的自由主义

西方自由主义是来源于十七八世纪的一种资产阶级思想流派，其核心观念是强调以理性为基础的个人自由，主张国家的政治生活、经济生活和社会生活都要以维护个人自由为目的。这种自由主义理论曾于20世纪初传入我国，在反对封建专制斗争中发挥过可贵的积极作用，但同时也表现出与马克思主义和社会主义对立的政治立场和价值倾向。20世纪90年代以来，西方自由主义加紧对我国思想领域的渗透，经济上反对国家对经济的任何必要的干预和调控，价值观上鼓吹"人的本性是自私的"、公有制违背人的自私本性；政治上主张实行西方宪政民主，如多党竞选、轮流执政、三权分立、互相制衡、司法独立、军队中立化等。与此同时，西方自由主义还宣扬超越时空、超越国家、超越阶级的人权和"普世价值"。西方自由主义思潮给中国特色社会主义现代化建设造成的危害，需要引起我们的警觉。

4. 要坚持自由与纪律、自由权利与义务的统一

中国特色社会主义的自由，是有纪律、有义务的自由，是自由与纪律、自由与义务的结合和统一。自由与纪律不是对立的，而是等同存在的。纪律不是对自由的约束，而是保证。纪律是自由的限度，也是自由的基础和根据。只有遵纪守法，认识纪律的必然，人才会获得更大的自由。

孟德斯鸠曾说，"政治自由并不是愿意做什么就做什么……在一个有法律的社会里，自由仅仅是一个人能够做他应该做的事情……自由是做法律所允许的一切事情的权利；如果一个公民能够做法律所禁止的事情，他就不再自由了，因为其他的人也同样会有这个权利"。过分自由就是放纵，犯罪的人进行犯罪，对犯人自己来说是享受自由的行为，但对别人来说是一种伤害他人自由的行为。而纪律恰是通过约束一部分人的自由而使更多的人获得自由。

任何公民都是自由权利的主体，同时也是自由义务的主体。权利的实现需要义务的履行，义务的履行确保权利的实现。所以，它们是相统一的。换句话说，只有承担了社会责任，个人的权利和自由才有保证，才能得以实现。不要纪律的自由必然会陷入无政府主义,人民就将是一盘散沙,自由必然落空。我们每一个人既要有享受自由的权利,同时也要承担必须承担的义务,自由本身就是负责任的行为。我国宪法规定中华人民共和国公民有言论、集会、结社、游行、示威的自由,但集会、结社、示威也是有条件的。一是要遵循中华人民共和国集会游行示威法的要求,向主管机关提出申请并获得许可;二是集会游行示威时不得违背宪法确定的基本原则,不得危害国家统一主权和领土完整、不得煽动民族分裂。可见,自由权利的实现,是有相应的纪律要求的,这既是对自由权利的约束,也是对自由权利的保障。

以我国的宗教信仰自由为例,宗教信仰自由是权利与义务相统一的完整体系。宗教信仰自由是我国宪法赋予公民的一项基本权利。它主要包括两个内容:一是个人思想信仰绝对自由;二是表现在实践层面上的宗教活动相对自由。公民在享有宗教信仰自由权利的同时,也要履行法律所规定的义务。比如,信仰宗教的公民与不信仰宗教的公民、信仰不同宗教的公民应当相互尊重、和睦相处;任何人不得利用宗教进行破坏社会秩序、损害公民身体健康、妨碍国家教育制度的活动。宗教团体、宗教活动场所和信仰宗教的公民应当遵守法律、法规和规章,维护国家统一、民族团结和社会稳定。宗教活动应在宪法和法律规定的范围内进行。对利用宗教进行的危害国家安全、公共安全等违法犯罪活动,要依法予以制止。

要坚决反对破坏社会主义法制、扭曲社会主义民主的“自由主义”。当代中国社会生活中的“自由主义”,主要特性和现实表现为无视中国共产党的执政权威、国家法律的威严和社会道德的实践理性。它是受到中西方非理性自由观复杂影响的结果。如中新网2014年4月17日根据央视消息报道,网络推手秦志晖(网名:秦火火)涉嫌诽谤、寻衅滋事一案,17日上午在北京市朝阳区人民法院第三法庭公开宣判。法院判处被告人合并执行有期徒刑3年。公诉机关指控,秦志晖于2012年12月至2013年8月间,使用“淮上秦火火”“炎黄秦火火”“东土秦火火”等新浪微博账户捏造损害杨澜、张海迪、罗援等人名誉,在信息网络上散布不实言论,引发大量网民转发和进行负面评论。公诉机关还指控,2011年8月20日,秦志晖为了自我炒作、引起网络舆论关注、提升个人知名度,使用名为“中国秦火火-f92”的新浪微博账户编布虚假信息攻击原铁道部(造谣2011年7月23日“温州动车事故外籍乘客获赔3000万欧元”),引发大量网民转发和进行负面评论。社会主义社会的自由是有序的自由,而不是无序的自由,公共的自由不是为所欲为的、狭隘的自由。坚决打击这类无视社会和他人的自由权利的所谓“自由”,是大多数人自由的保证,是实现社会主义自由的题中之义。

第二节 典型案例

一、“微博第一案”——言论自由是有边界的

2013年8月25日,当被公众称为“微博第一案”的二审判决生效之时,微博言论自由的边界,也同时被加以确认,并以判例的形式,首次出现在司法实践中。

1. 案情回顾

2010年5月25日至27日间,360安全中心董事长周鸿祎分别在新浪微博、搜狐微博及网易微博,连发数十条直指金山的微博。除了360安全卫士与金山网盾的兼容问题,周鸿祎在微博中还指责金山安全公司在"微点案"中扮演不光彩角色。随后,金山安全公司以侵犯名誉权为由将周鸿祎告上法庭,控诉其所发微博中有40余条"严重侵害了原告的名誉权和商业信誉",请求法院判令周鸿祎停止侵权,撤回相关微博文章,在指定媒体公开致歉。对于经济损失,金山安全公司主张周鸿伟要承担股价损失6亿元的赔偿责任,合计1200万元。而被告周鸿祎则辩称,他这是"履行公民监督、批评指责义务的正当行为,不构成对原告名誉权的侵害,更未给原告造成任何经济损失",故请求法院驳回原告的诉讼请求。

2011年3月,北京市海淀区人民法院下达了一审判决书,支持原告的部分诉讼请求,周鸿祎应当删除20条微博,并公开致歉,承担包括公证费在内的经济损失8万元。一审判决后,双方均提起上诉。

二审期间,法院认为,通观周鸿祎微博的前后文,确实读不出周鸿祎主观上的恶意,但有两条微博用语具有明显的侮辱性质。对此,周鸿祎应当通过删除的方式实现金山安全公司停止侵权的诉讼请求,并通过发表致歉声明等方式以赔礼道歉,消除影响。而其他博文内容"尚未达到构成侵犯名誉权的程度"。法院还认为金山安全公司提出赔偿的根据是周鸿祎的言论导致股票大跌,由于没有证据表明两者之间的因果关系,故法院不予支持1200万元的损害赔偿,法院酌判赔偿5万元。

一审法院的判决中提到,个人微博是分享自我的感性平台,而非追求理性公正的官方媒体。因此,相比正式场合的言论,微博上的言论随意性更强,主观色彩更加浓厚,相应对其言论自由的把握尺度也更宽。但不可否认,言论自由是相对的,其行使以不得侵犯其他人的合法权利为限。作为公民权利在现实社会中的投影和延伸,微博中的言论自由也并非没有限制。

二审法院提出,个人微博作为一个自由发表言论的空间,可以以个人的视角,通过只言片语,表达对人、对事的所感所想,为实现我国宪法所保障的言论自由提供了一个平台。特别是涉及批评的内容,微博还往往起到了舆论监督的积极作用,鉴于微博对丰富人们的精神生活具有一定的积极意义,每个网民都应该维护它,避免借助微博发表言论攻击对方,避免微博成为相互谩骂的空间,否则人人都有可能被他人的博文所侵害。

2. 案例分析

伴随着互联网技术的发展,网络日益成为人们生活中的信息承载和言论传播平台。作为一种新兴的网络传播媒介,微博强大的转发功能使每个人都成了信息源头,为公民实现言论自由提供了极好的表达途径。虽然网络技术的发展意味着对民众自由的保护与认同,但是虚拟世界中的自由却是一把双刃剑,它既是社会主义自由价值观的体现,又暗藏许多与社会主义核心价值观相左的部分。文中以微博时代言论自由与私权保护的矛盾为例,论证了搭建法律意义上自由之"界"的迫切性与重要性,也为价值观意义上自由之"度"的思考提供了方向。案例中法院在界定侵权责任的边界时并未对其过分苛责，甚至表现出比官方媒体更为宽松的态度。但这不意味着网络是找寻自由边界的真空地带，正如判决书中表述的："言论自由是相对的，其行使以不得侵犯其他人的合法权利为限。作为公民现实社会的投影和延伸，微博中的言论自由也并非没有限制的。"

从法律层面来看，言论自由既是公民的一项基本权利，也是社会主义宪法的一条基本原则。但言论自由是相对的，宪法所赋予公民的政治权利与政治自由，是制约于一定范围之内的。历史也已无数次证明，只有将"自由"限制于"不自由"中，自由才能真正发挥它的价值。一个人言论自由的对立面往往就是其他人的人格权利。理想状态的言论自由应人人自律，遵循公共伦理，尊重私权，理性表达自己的观点。但在网络这种非现实性的环境下，参与者往往很难以客观公正的态度参与其中，表达个人观点。上述案例作为一个典型，也为所有人敲响了警钟：自由、民主的基本点就是每一个人的人权的半径是相同的，超越法律的界限行使言论自由权利，侵犯他人的合法权利，需要承担相应的法律后果。

从价值观层面来看，改革开放以来市场经济的发展极大地扩大了中国人与社会的自由，为人与社会的自由发展创造了雄厚的物质基础，改变了长期以来民众对于自由的漠视与曲解，让人们重新审视"自由"的概念。自由不是极端的束缚，更不是极端的放纵。想要真正领会社会主义自由价值观的内涵，首先便要认同"自律是自由的第一步"这一重要前提，将自由作为一种价值观来接受并坚信。案例中所提的言论自由，是当前历史时期下社会主义自由观的状态，它历经了思想自由、行为自由、学术自由等历史阶段，在当代表现为对言论自由边际的大讨论。公民自由的每一步发展都意味着对公民主体独立思考精神的培养，而独立思考之精神是实践社会主义自由价值观的必要条件，也是保障社会主义现代文明建设的必备前提。毫无疑问，如何践行自律或者法律规定下的自由，是社会主义自由价值观发展所要面对的重大课题。

二、网络语言暴力不是言论自由

埃塞俄比亚空难，包括8名中国乘客在内的157人不幸遇难，闻者无不扼腕。然而，本是哀悼逝者、抚慰生者的时刻，一些网民却在一位遇难女大学生的微博下面冷嘲热讽、恶语相向，甚至还有不少营销号借机消费死者、收割流量。语言之粗俗污秽、腔调之乖戾恶毒，让无数观者愤怒。

1. 案例回顾

2019年3月10日，埃塞俄比亚航空公司的一架飞机坠毁，包括8名中国乘客在内的157人全部遇难。就在人们悲痛万分之时，这次事故中不幸遇难的浙江女大学生却突然上了微博热搜。所谓的报道，满篇都是"富家女""这次是和男朋友一起去玩""独生子女"等带节奏、偏离事故本身、刻意煽情的句子。更可恶的是，女孩遇难一天不到，就有不良媒体扒出她的私人微博、朋友圈截图、身边同学等，将女孩生前翻了个底朝天，冷漠之处令人发指，让无数观者愤怒。翻开女孩的微博和一些媒体报道的留言区，更是一些令人毛骨悚然、非常过激的评论："家里有钱你满世界地炫耀啥啊，这下好了吧，下辈子注意点儿！""这么丑也叫好看？算了，人都走了就给你说句好话吧，死了就别回来了。"

2. 案例分析

近年来,网络暴力随着互联网的发展逐渐进入公众视野,它主要表现为语言暴力和敌意行为,其背后所指涉的对象都是基于某一事件或某个人所引发的连串性或暂时性的公共讨论。

网络暴力的滋生,很大程度上源于网络空间的匿名性。不少人穿上"马甲",有了"扩音器",就任由心中魔鬼肆意妄为,一言不合就开喷,不为求真只为求胜;动辄贴标签、扣帽子,意见相左就是一顿冷嘲热讽;还有的将"枪口"对准弱者,在别人的痛苦中寻找"快意"。他们自以为发表意见是"言论自由",实则是披着外衣的"语言专制"。信息不过滤、心中无主见,理性就会被情绪裹挟。当一些人只顾自己逞口舌之快,乌合之众的"集体非理性"便会挑战道德、触犯法规。

网络不是超脱于现实的"虚拟社会","键盘侠"必须为自己的言论承担后果。此前,广东一位网友就因发动人肉搜索,被以侮辱罪判处有期徒刑一年。2019 年全国两会上,一位人大代表也提出,"从司法的角度,对网络暴力给予重拳打击"。细化相关法规、加大惩戒力度,只有让网络暴力的参与者得到深刻教训,才能破除法不责众的思想。在完善法治的同时,我们也呼唤道德文明在网络层面上的回归。比如,韩国民间发起的"善意回帖"运动,已经让越来越多的青少年树立起友善的网络观念。当文明交流、理性发言成为网上共识,恻隐之心、同情之心成为人人遵循的道德律令时,我们的网络环境才会进一步净化,网络暴力才能失去植根的土壤。

良善友好的网络,是广大网民之福;戾气横行的网络,是广大网民之祸。我们应及时勒紧"网络暴力"的缰绳,让"消音的手枪"不再成为伤害他人的工具。

第三节　主题教育活动方案设计

一、关于"自由"主题的班级辩论赛

1. 活动背景

匈牙利爱国诗人裴多菲说:"生命诚可贵,爱情价更高,若为自由故,两者皆可抛!"人生而追求自由,尤其是当代的青年大学生,都认为自由是最不可侵犯的权利。可是,同学们中有多少人懂得什么是真正的自由?"想怎么来就怎么来"真能建设一个好社会吗?不仅不能够,而且还导致现代人精神的粗鄙化。他们有随地吐痰的自由,有说脏话的自由,有公开表达歧视的自由,有在网上谩骂的自由,有发表观点的自由……可偏偏没有尊重他人、尊重规则的自由。这样的自由,如果任其泛滥,就会给社会文明带来无法挽回的伤害。

2. 活动目的

(1)通过查找资料、辩论,引导学生主动探究自由的本质和内涵。

（2）通过参与辩论或观看同学辩论，使同学们加深对"自由"的理解，懂得规则与自由的辩证关系以及如何在规则的约束下正确行使自由权利。

（3）通过共同准备辩论赛，培养学生的团队合作精神。

3. 活动准备

（1）辅导员或班主任指导班委研究制定班级辩论赛活动方案。

（2）咨询专家、老师确定关于"自由"的辩题，比如，尊重规则比尊重自由更重要和尊重自由比尊重规则更重要；生命比自由重要和自由比生命重要。

（3）学生报名组队，抽签分组，准备比赛。

（4）邀请评委。

4. 活动过程

（1）辩论赛开始，宣布辩题。

（2）介绍参赛代表队及所持立场，介绍参赛队员。

（3）介绍评委及点评嘉宾。

（4）按比赛规则开展辩论。

（5）观众自由提问时间。

（6）评委及点评嘉宾退席评议。

（7）评委入席，点评嘉宾评析发言。

（8）宣布比赛结果，辩论赛就结束。

5. 活动小结

真理越辩越明，道理越讲越清。通过正反双方的激烈辩论，让同学们对自由这样一个抽象的概念有了更深入的理解，帮助我们厘清了社会主义自由价值观与资本主义自由价值观的本质区别。当新冠病毒肆虐全球时，一些西方国家民众还上街抗议"封城"禁令，要求自由，还照常进行聚会，这也许正是欧美国家成为新冠肺炎疫情最严重地区的重要原因吧。自由真的比生命都重要吗？在今后的学习、工作、生活中如何正确行使自由权利，相信同学们都有了自己的答案。

二、主题班会：自由与规则

1. 活动背景

规则，一般指由群众共同制定和公认或由代表人统一制定并通过的，由群体里的所有成员一起遵守的条例和章程。规则具有普遍性。另外，规则也指大自然的变化规律。自然法学家认为，制定规则是为了避免人类在相互争夺中自我毁灭。规则是自由的保障。

随着社会文明的进步，人人都向往自由、追求自由，在所谓"尊重人权"思想影响下成长起来的年轻人普遍过于注重"自我"，注重个人利益而忽视公共责任，甚至有人无视法律，做出触犯法律的事情。鉴于此类现象，针对大学生举行"自由在规则中拥有"主题班会，指导同学们客观、理性地认识及理解"绝对自由"与"相对自由"的关系，使同学们明白只有全社会人人都遵守规则、尊重法律才能达到真正意义上的"自由"。

2. 活动目的

(1)通过活动使同学们深刻领悟社会主义核心价值观中"自由"的内涵。

(2)让同学们了解社会生活离不开规则,懂得自由要在规则中获得的道理;使同学们树立良好的规则意识,在规则许可的范围内自由活动。

(3)让同学们懂得要从平时的一点一滴做起,争做文明守纪好学生,用实际行动来践行社会主义核心价值观。

3. 活动准备

(1)在辅导员或班主任的指导下班委讨论制定主题班会活动方案,并明确任务分工。

(2)学生查找有关自由与规则的资料,了解自己身边的故事。

(3)准备游戏道具和有关自由与规则的资料。

4. 活动过程

(1)逃生游戏,初步感知规则的重要。

主持人:班会开始前,我们来玩个游戏。游戏的名字叫:逃得快。游戏规则是:大家都要把瓶里的小球从瓶里提出来,速度越快越好。(请若干个同学参与)

主持人:大家都想把球以最快的速度拉出来,可是却把瓶口堵住,反而一个都出不来。那我们想个办法,制定一个规则,按次序来拉怎样?

主持人:看来,要想获得成功,获得自由,必须要有规则来帮助,规则是多么重要啊!

(2)案例讨论。

案例一:一个风筝在高高的天上自由自在地飘着,脸上显现出的是轻松得意的神情。忽然,它低头一看:"哎呀,我再怎么自由、潇洒,也都还是被那根线牵制着的呢,还要受地上的那位小孩控制呢!这怎么行?对了,如果我不再受那小孩的控制又会如何呢?哈哈……那样的话,我一定会获得更多的自由!"

想到这儿,风筝趁着一阵大风,使劲挣脱了线的牵制——失去了线牵引的它本以为会获得更大的自由,但没想到,竟摇摇晃晃地往下降,最后一头扎到了地上!

通过这个故事,让大家谈一谈自己的想法。

主持人:约束和自由是矛盾的,它们对立又统一,我们不能抛弃约束讲自由,就像不能让列车脱离轨道飞驰一样。风筝得有根线牵住才能飞得又高又远。我们也一样,只有在我们身上系上一根纪律的线才能让我们得到真正的自由。

案例二:上海有一家外资企业高薪招聘应届大学毕业生,对学历、外语的要求都很高。应聘的大学生过五关斩六将,到了最后一关——总经理面试。一见面,总经理说:"很抱歉,年轻人,我有点急事,要出去10分钟,你们能不能等我?"这仅剩的几位大学生们都说:"没问题,您去吧,我们等您。"经理走了,大学生们闲着没事,围着经理的大写字台看,只见上面文件一叠,信一叠,资料一叠。都是些什么呢?他们你看这一叠,我看这一叠,看完了还交换:哎哟,这个好看,哎哟,那个好看。

10分钟后,总经理回来了,他说:"面试已经结束,你们全都没有被录用。"大学生们个个瞪大了眼睛,"这是怎么回事,面试还没开始呢?"总经理说:"我不在的这一段时间,你们的表现就是面试。很遗憾,本公司从来不录用那些乱翻别人东西的人。"

请同学围绕这个故事展开讨论,我们在日常生活中要怎样才能养成守规则的意识和习惯?

(3)榜样启示,明白自由在规则中获得。

主持人:班会前,我们请同学们收集了许多关于伟人遵守规则的小故事,下面请同学们在小组里分享故事。然后每组推选代表给我们讲述。(请四位同学分享)

主持人:听了这些故事,你有什么感想?(请两至四位同学谈感想)。

(4)讨论交流,了解生活中的自由与规则。

主持人:在学校里,我们遵守校规校纪,我们也享受到了自由的快乐。规则与自由相辅相成才能相得益彰。下面请同学们进行小组讨论,并完成表5-1。

表5-1   在不同的地点要遵守的规则和拥有的自由

地 点	身 份	要遵守的规则	拥有的自由
学校里			
大街上			
火车上			
旅游景点			
图书馆			

主持人:讨论结束后,请各小组派代表交流讨论成果。

主持人:在生活中,如果大家不把规则看作是一个紧箍咒,规则也就不会束缚了大家的自由;相反,规则给了大家更好的自由,引导大家真正成为一个文明人。

5. 活动小结

规则是人类社会有效运作的保障,纪律意识越高,社会将会越文明,所以我们要遵规守纪。我们的自由是受法律约束的,受约束不是不自由,而自由的根本就是法律圈定的。其实我们生活在一个有"力"的世界中,重力让我们不飞到地球之外,而阻力不让我们走得太快,但重力让我们能自由呼吸,没有阻力我们恐怕连一步也跨不出去。真正的自由是相对的,这世界根本就不存在绝对的自由,我们的自由也只有在以纪律作基础时才能真正得到体现。从班级的角度看,如果大家都能够认真遵守规则,就是在对集体尽一份责任,同学们就会更加团结,同学关系就能更加和谐,班级凝聚力自然会增强。从国家和社会的角度看,大家都是国家未来的栋梁之才,要利用好学校这样一个环境,培养自己的规则意识,在规则许可的范围内自由地学习、生活和成长,将来才能促进我们国家向更文明的方向发展。

第六章 平 等

第一节 人类永恒追求的权利

平等是社会主义的本质要求，在中国特色社会主义进程中具有特殊的价值和意义。社会主义制度为实现平等奠定了制度基础，提供了有利条件；社会主义社会将平等作为自己的价值目标和价值追求。平等是人的最基本权利，是处理一切社会关系的最基本准则，更是人类追求的一种理想社会状态。平等不是一蹴而就的，平等理念的宣扬、平等规则的完善、平等行为的规范、平等目标的实现，需要一个很长的历史过程。平等是人类诞生以来人们一直追求的社会目标，尽管人与人之间在个体上还存在差异，但是人们在人格上都是平等的，只有实现了平等相待、相互尊重，人与人之间的交往才能顺畅，国家与国家之间的沟通合作才能共赢。社会主义所倡导的平等，既不是绝对平均主义，也不是照搬西方资本主义社会的平等观，而是要创造与中国特色社会主义伟大事业相适应、有利于调动广大社会成员积极性、能给广大人民带来更多机会与利益的平等价值观。

一、平等的基本内涵

《辞海》中对"平等"的解释为"平等是人们在社会上处于同等地位，在政治、经济、文化等方面享有同等的权利"。平等通常是指人们在社会、政治、经济、法律等方面享有相等待遇，也泛指地位平等、不受歧视。平等就是消除歧视，同等对待他人；平等就是所有人都享有同等的基本权利；平等就是要反对特权，真正实现人人平等。法国著名启蒙思想家卢梭在《社会契约论》中认为，人是生而自由的，但却无不在枷锁之中。这里说的自由，是指一种平等，即平等地享有自由，一个人不可以比另一个人享有更多的特权。人们从多个层面上

使用这个词来表达一种价值取向，如人格平等、权利平等、机会平等、资源平等……现代社会中，人们一般会探讨三类平等：本性上的平等，即人生而平等，人是平等的动物；分

配上的平等，人与人之间在人格、财产、社会机会和政治权力的分配上的平等；实质上的平等，即每个人都能得到平等的待遇。

总体来看，中华民族传统文化中对于平等有着很多极为有价值的讨论，对于社会不平等所引发的冲突有着深刻的认识。就儒家而言，他们的方法是消解物质利益上的差异。这种做法集中体现在"安贫乐道"的观念上，人们对权利平等与平等发展的诉求消解在道德境界的追求上。儒家没有忽视世俗生活的物质层面，同时也没有限制人们追求现实利益的平等与富有。《论语·颜渊》中的"己所不欲，勿施于人"，昭示着深刻的平等思想。墨家的平等观主要体现在他的"兼爱"学说之中，这其中体现了不分血缘亲疏和身份贵贱，普遍平等地相爱互助的思想。

平等不是等同、相同，也不是平均。对平等和公平概念最大的误解还是将其解读为平均。所谓"平均"，简单而言就是"一刀切""要有大家都有，要没有大家都没有"。很明显，这是忽视了人与人因为先天禀赋和后天贡献不同而带来的工作成果的大小以及工作完成质量高低的差别。这样的平均只会使更有能力、更积极、更有德行的人感到沮丧，丧失积极性。滥竽之所以能充数，就是因为齐宣王采取的是集体演奏平均分配的方式，以致"廪食以数百人"。齐湣王采用了差别原则，结果那位南郭先生只好狼狈而逃。当公平以平均甚至以平均主义的形式出现的时候，社会发展总是处于"超稳定"的状态，革故鼎新也是最艰难的时期。这种思想倘若存在于极个别人身上，还未见得有多少危害，可是一旦全社会的流行观念都是平均主义，那么，社会的发展与进步将变得寸步难行。今天各类"人均……"往往不能反映一些真实情况。因为大量存在的事实是，很多人都在这个平均数以下，所以他们会因为这个平均值而感到自己的落后与不及。也就是说，他们是"被平均"的结果，如平均工资、平均住房面积等。中国历史上多次出现以农民起义为导火索的改朝换代。这些起义的动机何在？秦末陈胜、吴广的口号是"王侯将相，宁有种乎"。唐末黄巢的口号是"天补均平"。北宋王小波、李顺的口号是"吾疾贫富不均，今为汝均之"。清代太平天国运动的纲领是"有田同耕，有饭同食，有钱同使，无处不均匀，无人不保暖"。他们都看到了土地兼并、贫富不均，因而提出了改变这种状况的种种主张，应该说具有革命的、积极的意义，但是他们这些口号中带有浓厚的平均主义思想，否认了任何正常而合理的差别，因而就得不到社会中上阶层和知识分子的一致拥护，反倒容易被他们利用。资产阶级革命团体同盟会的口号是"驱除鞑虏，恢复中华，建立民国，平均地权"。在这里，平均首次在权利意义上被提出，因而显得弥足珍贵，但遗憾的是，建立现代国家的主张又窒息在"驱除鞑虏"这样错误的认识上。纵观历史，无论是中国历次农民革命运动，还是法国大革命，抑或是现代中国的新民主主义革命，都包含着平等的价值诉求，都把平等作为重要的目标。

二、中国特色社会主义的"平等"价值观

1. 马克思主义的平等观

平等是人类社会的理想价值，在社会发展与变革中，平等往往发挥重要的价值导向作用。平等反映的是人与人之间的一种社会关系，是处理人与人之间关系的基本准则。在原始社会氏族公社制度下，人们共同劳动、共同消费、彼此协作，人与人之间是平等

的。当私有制、阶级和国家出现之后,基于对不平等社会现象的思考,人们才开始产生平等观念,进而追求平等。平等始终是社会主义的一面旗帜,追求平等是社会主义的一个基本标识。马克思、恩格斯指出,平等是现实的、具体的、历史的、相对的。平等应当不仅是表面的,不仅在国家的领域中实行,还应当是实际的,还应当在社会、经济领域中实行。人类社会要进入到一个实质上平等的社会形态,必须消灭私有制,实行社会主义制度才有可能,马克思、恩格斯的平等思想为通向真正的社会主义平等奠定了思想基础。

2. 平等是社会主义的本质要求

平等一直是人类孜孜以求的价值理想,是支撑人们生活下去的坚定信念。著名政治哲学家柯亨认为社会主义之所以优于资本主义,根本原因在于社会主义更注重平等。我国作为社会主义国家的代表,始终把弘扬马克思主义作为自己的责任,高举马克思主义旗帜,坚定不移地站在马克思主义的立场。邓小平曾指出,"社会主义的优越性归根到底要体现在它的生产力比资本主义发展得更快一些、更高一些,并且在发展生产力的基础上不断改善人民的物质文化生活"。社会主义市场经济会一定程度地导致人们收入差距拉大,由此产生一些思想上的混乱。正是在这样的背景下,1992年邓小平在南方谈话中指出,社会主义本质是解放生产力,发展生产力,消灭剥削,消除两极分化,最终达到共同富裕。实现共同富裕是社会主义平等观的本质体现。

平等作为一种社会价值,其内涵根据社会发展而有所差异。社会主义核心价值观所倡导的平等是社会主义的平等,不同于资本主义的平等,两者在平等的起点、内涵、形式和实现路径等方面都存在本质的差异。资本主义平等源于反对封建专制、消灭封建特权和等级制度的资产阶级革命,目的是使资产阶级掌握国家政治权利,获得统治地位,巩固和发展资本主义的经济基础。社会主义平等则是在无产阶级反对资产阶级的革命中产生的,目的是要实现无产阶级掌握国家政权和人民当家作主。在社会主义社会,由于消灭了剥削阶级和剥削制度,全体人民当家作主,共同享有对生产资料的所有权和支配权,共同管理国家和社会事务,所以可以实现实质上的平等。

平等有着非常复杂的表现形态。一般来说,可以分为形式平等和实质平等。形式平等是指在程序和规则方面所有的人一律平等,在权利和义务上给予相同的对待,禁止有差别待遇的歧视性对待。形式平等也是机会平等、起点平等,典型表现就是人们常说的法律面前人人平等。实质平等是指国家对形式上的平等可能导致的事实上的不平等,针对具体情况和实际需要,对特定的人群在经济、社会、文化等方面采取补偿性措施,从而在实质上为公民提供平等发展的条件。实质平等也是结果平等,它的典型表现就是现代社会通行的社会保障、福利补贴、政策优惠等,如我国宪法第四条在确认民族平等权的同时规定:"国家保障各少数民族的合法的权利和利益,维护和发展各民族的平等、团结、互助关系。"这一条款就是实质平等的体现,是国家对强调"各民族一律平等"可能导致的事实不平等所采取的补偿性措施。中国有句古话,叫作"物极必反"。仅仅强调事物的某一方面,必定会导致事物的自反,从而使得最终的结果和预期的目标截然相反。平等内在地分为形式和实质两个方面,单纯强调任何一个方面都是片面的、狭隘的,都有可能走向平等的反面。这就提醒一味沉浸在形式平等理念中的人们,不要再盲目崇拜形式平等,形式平等只能保证人们在起点上实现平等,但是在过程中、在结果上所发生的变数有可能完全抵消起点上的平等效果,致使不同的人之间常常出现难以预料的不平等的差距,而这些差距的不合理又很容易被形式平等所掩盖,所以在现实生活中,我们既要追求形式平等,也要追求实质平等。

3. 马克思主义平等观的中国化发展

平等是近现代资产阶级的政治理论和价值追求。马克思主义唯物史观告诉我们,平等是历史的、具体的,不同时代具有不同的内涵。在中国社会主义现代化建设的历史进程中,中国共产党以马克思主义平等观为指导,与中国国情相结合,形成了中国特色社会主义平等观。社会主义的平等是建立在共同富裕基础之上的,坚持共同富裕就是追求平等。党的十八大把平等作为社会主义核心价值观社会层面的基本范畴,推动中国特色社会主义向平等的价值目标不断迈进。习近平总书记号召人们为实现"中国梦"而努力奋斗。生活在我们伟大祖国和伟大时代的中国人民,共同享有人生出彩的机会,共同享有梦想成真的机会,共同享有同祖国和时代一起成长和进步的机会。这实际上包含着一种机会平等的理念。不论是空想社会主义还是科学社会主义,不论是马克思、恩格斯的平等思想还是中国特色社会主义的平等观,不论是讲发展才是硬道理还是谈深化改革开放,平等一直是社会主义的本质体现和内在要求。社会主义的独特之处就是对平等的不懈追求。

新中国成立以来,特别是改革开放以来,学术界对社会主义的平等观提出了各种观点,不断丰富了社会主义核心价值观中平等的内涵。伴随着中国特色社会主义事业的蓬勃发展,人民群众的平等意识在不断增强。自党的十八大以来,习近平总书记提出了一系列关于平等的重要思想,丰富了中国特色社会主义平等价值观的时代内涵,使新时代中国化的马克思主义平等观,为解决中国现实生活中所面临的各种问题和困难提供了重要的思想保障。习近平总书记的平等观主要包含五个层次。

一是政治上,平等体现在由宪法确认的公民基本权利平等。在生产资料社会主义公有制条件下,全体公民在生产资料的关系上处于同等的地位,享有利用公共的生产资料、公共的土地,在公共的工厂等运行劳动的同等权利。简言之,就是公有制占主体,走共同富裕的发展道路。在党内政治生活方面,面对当前党情、国情、世情的变化,特别是面对党内腐败和脱离群众的问题,习近平强调要"密切党群关系、干群关系,保持同人民群众的血肉联系",强调党员干部与人民群众处于平等地位,不存在任何特权。这充分体现了习近平在构建平等党群关系、干群关系的主张,强调了人民群众的主体地位。

二是经济上,平等体现在机会平等、规则平等和形式平等。习近平在党的十八届三中全会上提出公有制和非公有制成分的发展平等权不受侵犯,要进一步激发非公有制经济的活力和创造力,推动非公有制经济健康发展,让不同性质的企业在平等的环境中公平竞争。习近平强调我国经济的发展要坚持政策待遇平等,要有严格统一的市场准入制度,鼓励有条件的私营企业建立现代企业制度,努力实现各类企业依法平等使用生产要素,公平参与市场竞争的目标。区域平等上,习近平主张通过"一带一路"倡议坚持共享发展和平等发展,让中国融入世界经济发展的潮流,使中国与世界各国构成紧密的命运共同体。习近平提出了"新型城镇化"的理念,强调要走中国特色新型城镇化道路。新型城镇化规划的实施,体现了党和政府重视城乡、工农业协调平等发展。

三是生态文明上的平等。2013年9月7日,习近平在哈萨克斯坦发表演讲时说"我们既要绿水青山,也要金山银山……绝不能以牺牲生态环境为代价换取经济的一时发展",强调经济发展要顺应自然,与生态环境相协调,要平等发展,不能为了发展经济而牺牲资源和环境。代际平等是习近平平等观的一个主要特色。倡导绿色发展理念,加强生态文明建设,保障人口、资源和环境可持续发展,给下一代人留下绿水青山,保障下一代人的生存发展权利,这是代际平等的主要内涵。代际平等也是社会主义核心价值观的主要内容之一,习近平提出,绿水青山就是金山银山,要把生态文明建设融入经济、政治、文化和社会建设的全过程。一方面,要保护环境和修复生态,经济增长不能再以大量消耗资源和破坏环境为代价,要引导生态驱动型、生态友好型产业的发展。另一方面,我们要推动产权制度改革,实施水权、矿权、林权、渔权等自然资源产权的有偿使用和交易制度,实施生态权、排污权等环境资源产权的有偿使用和交易制度等。生态文明是人类文明发展的一个新的阶段,超越了西方构建的工业文明。生态文明主张人类与自然是辩证统一的关系,人类应该遵循自然发展规律,实现人与自然、人与社会的和谐发展。

四是文化上的平等。习近平主张"萝卜青菜各有所爱",不同文化都有其存在的理由和现实条件,要尊重文化的多样性,求同存异,做到文化平等。文化的差异不是固化或强化这种差异,而是在文化包容中实现传承、发展和升华。只有保证多样性,才能保证文化的活力,使得各个民族和国家能互相尊重和欣赏各自的文化,在相互学习中实现自身文化的发展。习近平强调要实现中华文化的伟大复兴,就要坚决反对教条主义和历史虚无主义,要辩证地继承中华传统文化,创造性地转化和发展中华传统文化。要平等地对待不同民族、不同区域以及中西方文化,通过科学的继承和借鉴,使传统文化和国外优秀文化能够为我所用。习近平的文化平等思想的核心是强调人民是文化的创造者,也是接受和创造甚至是欣赏文化的主体,坚持文化为人民服务,为推进人民的健康与和谐发展服务。

五是男女平等。当今时代,平等和发展已成为全球性的共同话题,然而不平等现象仍然存在,男女不平等是社会不平等问题的一个重要方面。习近平总书记指出,我们党始终把实现妇女解放和发展、实现男女平等写在自己奋斗的旗帜上。我国现阶段,男女不平等的问题主要表现在以下几个方面:第一,在政治领域中,女性参政状况不容乐观。第二,在就业领域中,女性就业歧视的现象依然存在。第三,在家庭领域中,女性的活动范围主要局限在家庭,处于从属位置。众多女性受到家暴是家庭关系中男女严重不平等的集中体现。要解决妇女受歧视等不平等的问题,最大程度地真正实现男女平等,必须深入贯彻社会主义核心价值观,这是一个长期艰苦的努力过程。践行平等价值观念的前提是培育平等价值观念。长期以来,错误的思想观念是导致男女不平等的主要原因,封建社会形成的"三纲五常"等价值观念使男尊女卑的思想观念延续至今。男女存在的经济和身体条件的差异,导致男性在当代社会往往在意志力、判断力及交往能力上都远远超出女性,女性的价值和地位被严重低估。从女性自身的角度来说,要树立起平等的价值观念,提高自身的道德素质和科学文化素质,做自强、自信、自立的新时代女性。

总之,社会主义平等的本质要求,就是要同时解决好发展生产力和防止两极分化,处理好平等和自由、平等和效率、形式平等和实质平等的关系,为实现人类自由和全面发展奠定坚实的基础。

三、大学生践行"平等"价值观的基本路径

纵观历史,在追求平等的历程中,人们发现了这样一个悖论:平等的动机往往会带来一些意想不到的后果,比如专制、动荡和倒退。这使得一些大学生朋友对平等的价值提出了质疑:虽然追求平等的初衷很好,但现实中很难实现绝对的平等。培育和践行平等价值观,需要适应形势发展的变化,切合群众的心理特点,广泛且深入地开展宣传教育活动,把平等价值观渗透到大学生生活的各个领域,促使平等价值观真正内化于心,外化于行。那么作为新时代的大学生,我们到底应该如何追求平等价值观呢?

1. 追求平等历史实践的启示

在我国历史上,对平等的追求往往表现为对实质平等的追求,而忽略了对形式平等的关注,例如,在多次农民革命中提出的"等贵贱、均贫富"口号,虽然表达了对等级的天然厌恶和对平等的朴素要求,但是却在实践中破坏了社会生产力,阻碍着平等的真正实现。因此,现代社会中的人们往往对实质平等保持着警惕和怀疑,而对形式平等持有一种热烈的期待和依恋。一些大学生常常把"法律至上""程序正义高于实体正义"挂在嘴上,还有大学生对影视剧中常出现的一句台词"你有权保持沉默,但你所说的一切都将成为呈堂证供"津津乐道。这些实际都是在强调形式的平等。形式平等具有一种难得的公平性、稳定性和预期性,它不会随着具体当事人的变化而发生变化,因此迅速获得了现代社会的普遍青睐,比如现代社会的法律、市场、权利、教育、医疗健康、就业等领域所贯彻的主导原则,这些领域的进步往往也是向着追求形式平等目标迈进。

在现实生活中,你们一定会时常遇到这样的问题:班级同学家庭境况差异很大,有的富裕有的贫困;各个同学思维水平、人际交往能力、学习能力等差别很大;学校评奖学金结果令人困惑,有个别投机取巧的人竟然拿到了奖学金。这些事在你们看来是不是都存在着不平等呢? 奥斯卡著名获奖电影《简·爱》中简和罗切斯特经典对白中的一句话"我们的精神是平等的",也许让你感到震撼。因为这些感受都牵涉一种价值诉求,即平等。卢梭在《论人类不平等的起源和基础》中对不平等加以分析。他认为在人类中有两种不平等:一种叫作自然的或生理上的不平等,因为它是基于自然,由年龄、健康、体力以及智慧或心灵的性质不同而产生的;另一种可以称为精神上的或政治上的不平等,因为它是起因于一种协议,通过人们的同意而设定的,或者至少是它的存在为大家所认可。自然的不平等而构成的差别,更应当看成是一种价值,而不是一方歧视另一方的根据。例如,骆驼和羊有不同的自然禀赋,蕴含着高大的价值或小巧的价值差异。这种看上去的"不等",恰恰是一种"造化"之功,也恰恰是价值差别的绝妙分配。正所谓高大有高大之长处,小巧有小巧之优点。虽然个体条件、家庭背景不同,但这不

影响一个人平等地追求他的精彩人生,同时在追求的历程上他也有权利要求被平等地对待。古往今来的思想者都在殚精竭虑地构想着一种社会,力图令每一个人都在结果上尽可能平等,至少要缩小"人为的"差距。当代大学生在追求平等价值中绝不应该忽视先哲们的思考以及历史中的具体实践。

2. 积极促进社会主义平等向更高质量发展

平等是社会价值判断,是不同的个人对客观现实所作的主观评价,因此不可避免地带有"主观感觉""心理平衡"等问题。实际上,一个社会"平等"与否,还得以"客观现实"为根本基础和评价标准。从政治哲学或社会学的意义上来理解,所谓平等或社会平等,就是指人与人之间的一种"相称"或平衡的关系。就目前我们对平等的研究状况和资料来看,社会主义的平等包括三个层次的内涵:第一是国家社会制度、规则的平等和公正;第二是社会收入分配制度的平等和公正,即个人向市场提供的生产要素(劳动、资本、土地、技术等)的多少,要与获得的报酬相适应;第三是社会个人收入补偿制度的平等与合理,即政府要对个人收入进行合理的调节和矫正。平等是社会主义基本的价值追求。新中国成立初期确立的基本制度框架奠定了社会主义平等的制度基础。我党在新时代坚持以社会主义核心价值观引领社会全面进步,实现共建共享,促进社会主义平等向更高质量发展;把平等纳入社会主义核心价值观,以宪法和法律保障人民参与和发展的权利平等。在社会主义制度下,人民群众普遍、直接地参与管理,人民主权真正地由概念转化为实际生活,这些都体现了社会主义制度的优越性、民主性、人民性。此外,社会主义平等还表现在民族平等、男女平等以及国家之间的地位和权利平等。男女平等作为一项国策,结束了过去男尊女卑的封建传统。公民不分性别,具有同等的社会地位和政治权利,实行同工同酬,是社会主义平等观的重要体现。党的十八大以来,我国在推进民族平等、性别平等等方面都取得了较好成绩。习近平曾在全球妇女峰会上强调,男女共有一个世界,妇女参与政治经济活动在法律上已经没有障碍,妇女接受教育、婚姻自由、职业自由等已成为社会共识,全球143个国家已通过立法明确规定男女平等。

改革开放以来,我国实行社会主义市场经济,为积累社会主义平等的物质基础提供了有效途径。社会主义平等,不仅包括社会地位平等、权利平等、机会平等,还包括在大力发展生产力的基础上人民共同享有发展成果的经济平等和保障平等。以净化经济和政治生态来保障人民共同享有人生出彩的机会平等。机会平等要求形成良好的社会环境,克服因自然禀赋上的差异而影响人们把握发展的机会,保障每一个社会成员平等地发展和奉献于社会的机会。习近平指出:"生活在我们伟大祖国和伟大时代的中国人民,共同享有人生出彩的机会,共同享有梦想成真的机会,共同享有同祖国和时代一起成长与进步的机会。"

在国家范围内,为了促进平等,必须重视法律和政策的制定。经济领域是我国平等水平提高的关键,是实现我国平等的基础。在经济领域中,要想实现平等,就必须把握好两个问题:一个是在生产过程中,生产资料的占用;另一个是在分配财富中,坚持走社会主义道路,使人民过上幸福美满的生活,共同走向富裕之路。在法律领域中,完善相关法律的制定,提高我国的法治水平,尽可能地消除腐败现象,促进国家法律平等。在政治领域,政府应制定有效的相关政策,打击挑战社会公平的不法分子的嚣张气焰,维护人民的根本利益,确保每个人都相对平等。

在社会范围内,促进平等,改善社会治理与服务的同时,还要注重培养好的社会风尚。在文化建设方面,传播方式要予以改进,将平等与人民喜爱的文化产品结合在一起,使大众易于接受。在舆论领域中,要拓宽平等观念的传播途径,为平等观念的传播提供更多的渠道。在公共服务方面,必须提高社会治理的水平,相对公平地分配公共资源,通过一系列的改革措施,使社会制度更加公平,公民享有自己该有的平等权利。

从个人的角度出发,为促进平等,必须注重人的文化素质和思维方式的培养。在现实生活中,要丰富人民的精神生活,倡导全民学习,多读书多看报,开阔人们的知识面,使人们的思想不再落后,经常向大众宣传平等的思想,使其深入人心,从而提高人民的文化素质,使人民在精神上更加充实。

第二节 典型案例

一、维护平等的就业权利

1. 案情回顾

在一场招聘会上,某劳务公司发布招聘信息,标题为"招聘某职员三千加提成",任职资格:限男生。邓某某仍在线投递简历申请该职位,并于2017年7月25日到某公司进行了面试。邓某某主张其面试后在某公司分部试用一个月。邓某某称,根据试用结论,双方达成于9月8日签约的意向,某公司分部主任戴某要求其先做入职体检,于是花费体检费120元。邓某某就此提交了2017年8月3日其与戴某的谈话录音以及体检报告予以佐证。邓某某表示因9月8日未能签约,故其于9月16日给某公司人事专员打电话询问戴某的联系方式,而后戴某让其联系李某。9月19日邓某某给李某打电话询问不能签合同的原因,李某称因为邓某某是女性所以公司不批准签合同。邓某某就此提交2017年9月19日其与李某电话通话录像复制件予以证明(诉讼中,邓某某申请对该录像中画面是否经过剪辑修改、录音是否经过剪辑修改进行鉴定,邓某某交纳鉴定费6450元)。2018年1月31日,邓某某向北京市长安公证处申请保全某公司在其官网上发布招聘单位职位及条件的网页,花费公证费1000元。邓某某称其应聘的公司职位并不属于不适合妇女的工种或岗位,但某公司仅因为邓某某是女性就表示不予考虑,导致邓某某受到了就业性别歧视。邓某某自从被拒后一直没有找到一份满意的工作,情绪低落、沮丧、失眠,邓某某感到受歧视、遭排挤的心理阴影难以消除。综上所述,邓某某请求判令:某公司向邓某某以书面形式赔礼道歉,连带赔偿邓某某入职体检费用人民币120元、公证费用人民币1000元、精神损害抚慰金人民币50000元、鉴定费6450元。

某公司则认为：①我方不存在歧视邓某某就业的客观条件，也无歧视邓某某就业的实际行为。广告不是我方发布的，我方也从未委托某公司发布此类广告。如果该广告存在就业性别歧视，应当由发布招聘广告的公司承担责任。假设邓某某提供的证据都是真实的，但我方的员工没有一句话是对女性就业的歧视。②该职位是法律法规中禁止女性从事的劳动。关于女职工的劳动保护，我国法律法规中也有规定，包括《中华人民共和国劳动法》《女职工劳动保护特别规定》《女职工禁忌从事的劳动范围》《邮电女职工劳动保护规定实施细则》中均有规定。

发布广告的劳务公司认为，本公司与某公司签订了《劳务派遣协议》，由本公司为某公司提供劳务派遣服务。关于某网站登载的广告，系本劳务公司自行发布的，未向某公司通报。如广告有违法情况，本公司愿承担全部法律责任。

2. 法院判决

北京市顺义区人民法院生效裁判认为：戴某作为某公司分部主任，在招录人员上显然能够代表某公司。邓某某在某公司面试后，戴某已经代表某公司表明其有意愿聘用邓某某，虽然聘用形式是直接聘用还是劳务派遣在2017年8月3日的谈话中并未明确，但能够肯定的是某公司给予邓某某获得在某公司任职的机会。在邓某某未能如期签约的情形下，戴某告知邓某某联系李某，且李某在电话中亦表明邓某某的应聘资料在其处，故法院认定李某能够代表某公司。某公司在答辩意见中所援引的相关规定并不能证明该职位属于国家规定的不适合妇女的工种或者岗位。对于邓某某询问丧失应聘机会的原因是否因其为女性时，李某作了肯定的答复，能够证明某公司拒绝聘用邓某某的原因在于其为女性，侵犯了邓某某平等就业的权利。某公司对其侵权行为给邓某某造成的合理损失应予以赔偿。

某劳务公司虽然在其网站上及在某同城网站上发布的涉诉岗位的招聘信息均表明任职资格为男性，但某劳务公司并未因邓某某系女性而拒绝提供就业机会，仍通知邓某某进行面试。本案中，邓某某并未举证证明某劳务公司对其实施了就业性别歧视的行为，故邓某某要求某劳务公司承担责任，法院不予支持。邓某某主张赔偿公证费用，缺乏依据，法院不予支持。

某公司不认可邓某某提交的体检报告部分内容的真实性，但未提交反驳证据，法院对其真实性予以采信。邓某某虽未提交体检费票据，但体检系应某公司的要求，且邓某某提交了体检报告，邓某某主张的入职体检费用符合一般市场行情，法院予以支持。鉴定费系邓某某为维权产生的合理费用，应由某公司予以赔偿。

某公司对邓某某存在就业歧视，给邓某某造成了一定的精神损害，故法院结合某公司在此过程中的过错程度及给邓某某造成的损害后果酌情支持邓某某精神损害抚慰金2000元。邓某某所提某公司书面赔礼道歉的请求，依据不足，不予支持。

法院于2018年5月30日作出民事判决："一、某公司于本判决生效之日起七日内赔偿邓某某入职体检费用120元、精神损害抚慰金2000元、鉴定费6450元；二、驳回邓某某的其他诉讼请求。"宣判后，邓某某及某公司向北京市第三中级人民法院提起上诉，北京市第三中级人民法院于2018年8月23日作出判决：驳回上诉，维持原判。

3. 典型意义

实行男女平等是国家的基本国策。《中华人民共和国宪法》《中华人民共和国妇女权益保障法》均规定妇女在政治、经济、文化、社会和家庭生活等各方面享有同男子平等的权利，而《中华人民共和国劳动法》《中华人民共和国就业促进法》进一步具体规定了劳动者就业，不因民族、种族、性别、宗教信仰不同而受歧视，妇女享有与男子平等的就业权利；在录用职工时，除国家规定的不适合妇女的工种或者岗位外，不得以性别为由拒绝录用妇女或者提高对妇女的录用标准。但现实生活中，考虑到女性特殊的生理性原因，妇女需要生育、哺乳以及有生理期等，招聘单位往往以较为隐蔽的方式（如只接收简历不通知面试或以专业不对口等非性别原因掩盖核心的性别原因）拒绝录用女性，使女性在就业时因性别而遭受歧视。由于应聘者和招聘单位地位不对等、信息不对称，应聘者很难获取招聘单位实施就业性别歧视的证据，即便掌握了相关证据，出于诉讼成本及效益等方面的考虑，应聘者未必会拿起法律武器维护自己的权益。

本案中，应聘者通过搜集证据形成证据链，能够证明某公司在已表明愿为其提供该岗位机会并签约的情形下，又予以反悔，拒绝录用应聘者，构成就业性别歧视。当招聘单位仅仅以性别原因拒绝录用应聘者时，招聘单位就构成了侵权，对由此而给应聘者造成的直接经济损失应予以赔偿，同时招聘单位的拒录行为客观上也给应聘者造成了一定的精神损害，对于应聘者主张的精神损害抚慰金可根据招聘单位的过错程度以及对应聘者造成的损害后果酌情确定。对实施就业性别歧视的单位通过判决使其承担民事责任，不仅是对全体劳动者的保护，营造平等、和谐的就业环境，更是对企图实施就业性别歧视的单位予以威慑，让平等就业的法律法规落到实处，起到规范、引导的良好作用。

二、大学生享有平等受教育权

1. 案情回顾

杭焱是南京理工大学机械学院机械设计及制造专业2000届的一名本科毕业生，于2001年9月考取南京理工大学硕士研究生，并于当年9月入学。2002年5月6日，南京理工大学作出"关于取消杭焱硕士研究生入学资格"的决定，主要原因为：在对2001级硕士研究生政审复查中，发现杭焱隐瞒在本科阶段与曹某谈恋爱期间的违纪及越轨行为，不符合军工专业硕士研究生入学条件，根据《南京理工大学研究生学籍管理规定实施细则》的有关规定，取消杭焱的研究生入学资格。在得知南京理工大学作出上述决定后，杭焱于2002年10月8日向南京市玄武区法院提起行政诉讼。

2. 法院判决

根据审理，依据法律法规，本案被诉的南京理工大学取消杭焱硕士研究生入学资格的决定是一种可诉的行政行为，本案属于行政诉讼的受案范围。被告南京理工大学没有在法定期限内提供其据以作出被诉具体行政行为的证据和依据，也没有提出延期提供证据、依据的书面申请，本案被诉的具体行政行为没有证据、依据。最后以原告杭焱胜诉为结局。

3. 典型意义

本案是涉及大学生平等受教育权受到侵犯的案件。当前,大学生平等受教育权已经成为社会问题。从该案例来看,这起事件加深了我们对保护平等受教育权的理解,丰富了行政诉讼的内容,为进一步修正行政诉讼法提供了最切实的参考,为教育行政法填补了多彩的一章,从而推动了法制建设。同时,我们也看到在教育受公权力左右的大环境下,公民普遍不明白也不懂得从教育权这一基本权利角度看问题而是"从众心理",再加之缺乏足够和完善的立法来保护这一权利,更无法监督各级政府的职责,这是造成公民受教育权不断受侵犯的制度原因。可喜的是,随着法制的完善,教育法制完善的跟进,全民教育法律意识的提高,受教育权得到很好保护已不是难以企及。这样的氛围下也为修正相关法律法规提供了良好的立法背景。

第三节 主题教育活动方案设计

一、助残志愿服务活动:帮助每个人平等享有幸福生活

1. 活动背景

党的十八大以来,中央高度重视培育和践行社会主义核心价值观。倡导社会各界利用各种时机在各种场合,形成有利于培育和弘扬社会主义核心价值观的生活情景和社会氛围,使核心价值观的影响像空气一样无所不在、无时不有。志愿服务活动贴近实际、贴近生活,广泛普及志愿理念,弘扬志愿精神,使更多的大学生成为志愿者,倡导良好的社会风尚,给予广大残疾人以切实的帮助,改善残疾人的生存状况,促进残疾人实现平等、参与、共享,对于大学生培养和践行"平等"价值观具有重要意义。

2. 活动目的

(1)通过此次助残公益活动,使社会主义核心价值观平中平等的含义更加生动、形象地展示出来。

(2)通过积极参加实践活动,使同学们更好地了解残疾人的日常生活,体验残疾人生活的不易,更加理解、尊重、关心和帮助残疾人。

(3)通过此次体验活动,让同学们能够感受到新时代社会主义核心价值观中平等的真正内涵,外化为同学们践行社会主义核心价值观的自觉行为。

3. 活动准备

(1)宣传动员。通过微信群、QQ群、班会等形式进行宣传动员,结合同学们的课外时间情况,召集更多的志愿者参与此次公益活动。

(2)联系社会福利院等相关单位。联系一家社会福利院,作为志愿者活动的地点。

(3)活动准备。制作活动横幅及相关资料。

4. 活动过程

（1）志愿者集中到达联系好的福利院。

（2）了解福利院残疾人的生活状况。

（3）欣赏残疾人的书画作品、手工艺作品，体会残疾人风采。

（4）通过现场购买残疾人的书画作品、特色手工艺品，或者通过网络宣传残疾人的特色作品，为他们进行义卖，所得收入归残疾人所有，传达残疾人和正常人一样可以有一份有尊严的公正，通过自己的劳动获得收入的理念。

（5）现场体验残疾人的生活（如盲人、肢体残疾、聋人手语等），通过体验，了解如何更好地帮助残疾人。

（6）集中返回学校。

5. 活动小结

本次活动，弘扬了志愿精神，对需要帮助的社会弱势群体给予了帮助，传递了爱的心声，使他们感受到更多的关怀，使他们以更健康积极乐观的心态去看待生活，勇敢面对人生的挫折。同学们体验了残疾人的真实生活状态，积极踊跃投身志愿助残服务，帮助残疾人提高生活品质和幸福指数。在大学生中积极普及志愿助残知识，大力宣传志愿助残感人事迹，为改善残疾人平等参与社会生活的社会环境和气氛贡献自己的一份力量。

二、主题班会：人人讲平等

1. 活动背景

平等是社会主义核心价值观中社会层面的一项重要内容，因为它是人类文明进步的价值追求，是社会主义本质的内在要求，是全面建成小康社会的现实需求。作为新时代的大学生，在追求平等权利的同时，也要更好地理解和践行社会主义价值观社会层面上的平等。

2. 活动目的

（1）深入学习贯彻习近平新时代中国特色社会主义思想，围绕"平等"这一基本内容，在大学生中进行宣传教育。

（2）引导大学生深化对"平等"价值观内涵的认识，做到人人皆知，入脑入心，更好地践行社会主义核心价值观。

3. 活动准备

（1）制定方案。按照此次教育活动的总体要求，结合大学生的学习和生活实际，由班委成员制定突出重点、针对性强的社会主义核心价值观平等主题教育活动方案。

（2）班委成员发挥主观能动性，收集和整理相关资料，为同学们进行相关知识的引导和教育，营造积极的学习氛围。

（3）宣传准备。运用班级微信群、QQ群等平台广泛宣传"社会主义核心价值观社会层面平等"的内容及内涵,让班级同学提前准备自己要分享的典型案例。

（4）准备践行"社会主义核心价值观中平等"的情景剧。

4. 活动过程

（1）主持人引言,宣布主题班会正式开始。

（2）环节一:精彩瞬间引"平等"。

①出示奥运会和残奥会的照片,学生欣赏。

主持人:同学们,让我们从欣赏两组震撼人心的照片中拉开今天班会的序幕吧!你们发现了什么?

②同学们发表自己的见解。

③主持人引导:虽然是不同的人生,却拥有平等的社会地位。因为人与人之间是平等的。(引出主题:人人平等)

主持人:这次班会让我们一起来探讨社会主义核心价值观中的平等。

主持人:一起来学习一下24字核心价值观。

主持人:请同学们说说对"平等"的理解。

学生根据提前查找的资料,自由发言。

（3）环节二:慧眼识"平等"。

①引入:不同的人对平等有不同的理解。课前请大家调查和寻找身边的平等事例,现在就请用自己独特的感悟来表达吧。让我们进入"我的慧眼识'平等'"环节。

②以小组为代表准备和交流。

③小组代表交流,引导大家感受来自校园、家庭、社会的平等。

（4）平等节目展示。

节目一:

主持人:课前我们了解到有的小组还用表演的形式来展示他们寻找到的平等,下面我们就来欣赏一下情景剧《校园里的平等权》(受教育权)。

①同学们观看后谈感受。

②主持人小结:残疾大学生带母入学的故事告诉我们人人都享有受教育的权利。

节目二:

主持人:播放视频《老板请环卫工人吃饭》。

①请大家欣赏一个平等的视频。

②你看懂了吗?

③主持人小结:这暖心的一幕幕平等事例告诉我们平等就是来自大家庭的关爱,平等不分贵贱。(播放大屏幕字幕)

（5）同学们根据准备的材料主动发言,畅谈个人见解,分享自己对社会主义核心价值观中平等的理解,通过身边的事例来帮助同学们更好地理解社会主义核心价值观。（5~6人）

（6）主持人总结。这次主题班会通过交流和观看典型事例，使同学们更加深刻地理解了社会主义核心价值观中平等的内涵和实质。同学们通过激烈讨论、案例分享等从身边的日常生活中了解了平等的现实意义。社会主义核心价值观对于我们当代大学生来说是必不可少的一门课程。我们一定要不断学习，更好地践行社会主义核心价值观，树立正确的人生观、价值观，为社会主义建设贡献自己的微薄之力。

5. 活动小结

同学们在这次班会之前都做了充分的准备，对"平等"的理解都比较深刻，能够从身边所发生的案例中解读"平等"的内涵和实质。讨论过程中，我发现同学们也非常积极主动，有同学谈到"平等"和"公正"是不是一样的，这个问题想要讲清楚或理解透彻，还需要大家多收集资料，多学习。如果大家对这个问题感兴趣，我们可以另外安排时间，开个班会学习和讨论。通过此次主题班会，同学们更加深刻地理解了社会主义核心价值观中平等的内涵和实质，为同学们在现实生活中更好地践行社会主义核心价值观提供了有力的帮助。

第七章 公 正

第一节 合理社会秩序的首要原则

公正是人类始终追求的价值理想。中国古代以儒家公正思想为主要理念,融合道、法各家公正思想,开启了对"大同理想"的执着探索。在西方,从柏拉图"理想国"的憧憬到以自由、平等、权利为主题的呼吁,进而转化为对社会体制制度公正的研究。马克思主义公正观认为,公正是历史的、相对的、具体的,是人类社会发展的终极目标,从本质上说,就是使每个人都获得自由全面发展的权利。

总之,社会主义核心价值观中的"公正"内涵丰富,它吸收了中国古代和西方公正思想的精髓,坚持以马克思主义为指导,并结合了中国现当代的实际发展状况,是具有中国特色的社会主义公正,呈现了人类发展史上的优秀思想成果,反映了中国特色社会主义的本质要求。

一、公正的基本内涵

公正是公平和正义的合称。公正是权利(利益)的平等交换,其核心要求是不偏不倚、一视同仁,在同一标准规则下的相同对待。公平一般是指对于以利益分配对称为核心的人与人之间的社会关系作出的价值评判,合理划分利益是公平的深层本质。正义的基本内涵是人们各守其位、各司其职、各取所值,做当做之事,得当得之物,其核心意旨是权利和义务、获取和付出、权力和责任之间达到基本的平衡。除非特别需要将公正区分为公平和正义,一般而言,人们都是在将两者包含起来的意义上使用公正这个概念。

现代公正的基本问题是现代社会中人与人之间各种利益关系的结构问题,以马克思主义为指导,汲取公正经典定义的一般内涵,现代公正的内涵应包括以下三个方面。

一是体现了自由、平等、法治的原则和精神。自由的原则和精神主要表现为保护人的个体自主性、尊重个体本身合理的差异性;公正的同时必须体现平等原则和精神,平等原则和精神首先肯定了人的基本贡献和种属尊严,这是公正的本质内涵;公正还必须体现法治原则与精神,法治是公正的题中应有之义,是公正的本质所在,也是公正实现的最重要的制度化平台。

二是体现了权利与义务相统一。在政治领域,公正是一种政治原则,叫"政治公正"。数千年的私有制社会之所以是不公正的,是因为"它几乎把一切权利赋予一个阶级,另一方面却几乎把一切义务推给另一个阶级"。公民的权利与义务是一个不可分割的统一整体。有权利就有义务,有义务就有权利,它们是相互关联、对立统一的。公正的制度和法规必须保护公民的人身权利、民主权利和合法的经济权益,免受任何人、任何机关的非法侵犯。公正体现权利和义务的一致性,还表现为权利与义务的彼此促进和相互制约。

三是体现了成本担当与利益分享相一致。现代经济社会发展的过程,就是追求利益最大化的各个主体,在一定的约束条件下寻求发展成本最小的最优路径问题。而各种各样的利益博弈和成本考量是社会关系的一个重要表现形式,由此导致成本分担与成果共享的对应,不仅是必要的,而且是合理的。当利益分配需要在"多数"与"少数"之间作出取舍时,一个公正的社会制度应当具有给付出代价的一方进行合理补偿的完善机制。要通过合理的利益补偿标准、有效率的利益补偿方式,使得社会收益率与个人收益率的差额部分由社会受益人群来承担,促进发展成本的合理分担、发展成果的平等分享,使成本担当与利益分享真正相一致。

社会主义核心价值观中的公正可以分为两部分:程序公正和社会公正。

程序公正即形式公正,追求权利对所有人和所有组织机构的平等、追求机会的平等和规则的平等,即要求权利、机会和规则对所有人都一视同仁,所以程序公正可以分为权利公正、机会公正和规则公正。权利公正是指肯定人之为人的基本尊严,基于个人组成社会的贡献来保障每个公民基本的权利,包括生存权、就业权、受教育权及社会保障权等,涉及政治、经济、文化和社会等各个领域。机会公正用于保障拥有了平等权利的公民在市场经济的自由竞争中站在同一起跑线上,这是构建程序公正的一个重要方面。规则公正是构建程序公正的关键,是权利公正和机会公正的基础,实质是全面依法治国战略的贯彻落实。

社会公正即实质公正,是程序公正实际运用后对所创造的社会财富的合理、公平分配,可以分为分配公正和调剂公正。分配公正是指对社会财富等资源按照贡献比例进行分配,直接体现了公正的兑现程度,因此古今中外许多思想家都将分配公正作为社会公正的基础,同时分配公正也是马克思公正观的核心。调剂公正是指立足于社会的整体利益,对一次分配后的利益格局进行一些必要的调整,使社会成员普遍地不断得到由发展所带来的收益,进而使社会发展的质量不断提高。

总之,"公正"是古往今来人民追求的社会理想,也是社会主义法治的内在要求和生命线。从"王侯将相,宁有种乎"到"铲除特权""天下为公";从"各尽其职就是正义"到"正义是一种主观的价值判断"等,这些都充分体现了人类对公正的认识和追求。公正,即公平、正义,公平主要指权利公平、机会公平、规则公平以及分配公平等;正义主要指制度正义、形式正义以及程序正义等。社会主义核心价值观所倡导的公正,是加快建立以权利公正、机会公正、规则公正为主要内容的社会公平正义保障体系,努力营造公平正义的社会环境,从而在更加公平正义的基点上造福全体人民。

二、中国特色社会主义的"公正"价值观

1. 马克思主义公正观的基本特征

一些资产阶级思想家认为，存在着一种永恒、普世、抽象的公正观。马克思主义在批判资产阶级这种形而上学观念的过程中明确指出，公正是一个历史的、相对的、具体的范畴。这就用辩证唯物主义和历史唯物主义的观点解释了公正的本质特征。根据马克思主义的理论，我们认为公正的本质特征在于其历史性、相对性和具体性。

（1）公正的历史性。公正是一个历史性范畴，它反映不同时代、不同社会的经济、政治和文化，并体现不同利益主体的价值诉求。因此，它以一定的生产方式为前提，又随着生产方式的改变而使自己的内容发生变化。所以，既不存在某种先验公正，也不存在超越历史的永恒公正。

首先，公正是以一定历史阶段的生产方式为前提的。从社会制度的角度来讲，不同的生产方式决定了不同的社会制度，不同的社会制度内在的政治制度、经济制度和文化制度等决定了公正的内涵和标准。公正的历史性不仅表现为不同公正标准演变的历史性，而且更主要地表现为公正标准本身就依据于历史性。马克思说得极为明白："希腊人和罗马人的公平观认为奴隶制度是公平的；1789年资产者阶级的公平规则要求废除被宣布为不公平的封建制度……关于永恒公平的观点不仅因时因地而变，甚至也因人而异……"比如，在古希腊，奴隶社会是由统治者、武士、生产者三个等级构成的社会关系格局。柏拉图认为，这三个等级分别担负三种"天赋"的职能，为保持这样的等级格局的稳定，必须正确处理互相的地位关系——互相合作，在其所在的地位上尽自己的义务，做与其本性相符合的事情，这才是公正的。封建社会的公正观是一种尊卑贵贱等级制的公正观。资产阶级公正观是建立在资本主义私有制的社会关系基础上的，资产阶级祈求和实施的公正只是形式上的公正，而不是实质上的公正，比如"按效率分配""按资本分配"。这种形式上的公正之于封建等级制度下的公正是一种历史的进步，但它却可能带来更为严重的两极分化和社会不公。

其次，公正随着生产方式的发展而不断变化。公正不是恒定不变的标尺，也没有恒定不变的公正标尺，不同的历史时期、不同的发展阶段，有着不同的公正尺度、不同的公正内涵。今天我们认为的"不公正"现象，历史上可能就曾以"公正"的面貌出现过，今天我们认为"公正"的事情，随着历史的发展就有可能逐渐演变成"不公正"。比如，"等贵贱，均贫富"的平均主义公正观曾是封建社会和小农经济生产方式下广大农民反抗剥削和压迫的革命理念，凝聚着一代又一代农民追求平等、向往大同、企盼美好幸福生活的愿望，是反对以特权、等级、门第、宗法血缘为核心的封建主义公正观的一面进步旗帜。毫无疑问，这种"等贵贱，均贫富"的平均主义公正观，在以市场化、工业化为标志的现代生产方式下已经不合时宜，是必须要抛弃的。再比如，资产阶级打着形式公正的旗号走上历史舞台，相对于封建社会的维护等级特权、宗法血缘关系的公正来说，是一种进步。然而由于以生产资料私有制为基础的资本主义生产方式的存在，对于广大劳动者来说，公正是有限的，所以，当以消灭阶级、消灭剥削为特征的社会主义生产方式建立之后，形式公正将会逐渐走向事实公正，真正的社会公正才能实现。这就要求

我们以发展的眼光看问题,将公正视为伴随生产力进步而不断进步的动态历史过程。

（2）公正的相对性。公正是一个相对性范畴,也就是说绝对的、终极的、永恒不变的公正是从来没有的,或者说,这种公正只存在于观念和幻想之中。

从不同时空看,任何时代的公正都要受到这一时代特定的经济、政治和文化发展的制约,要达到理想状态的绝对公正,不可能是一蹴而就的,而只能是相对公正。历史只能提出和解决它能够解决的问题。社会经济、政治和文化的发展程度如何,公正问题解决和实现的程度也就如何,这不取决于人们的意志和意愿。例如,我国现阶段,在经济领域,我们只能实行以按劳分配为主、多种生产要素参与分配的分配制度和与之相适应的公正观,而不能搞按需分配的公正观。从同一时空看,权利平等的制度、法律、政策规定是确定的,但落实到千差万别的个体上,实现程度却不一样。从公正问题产生的根源看,公正也只能是相对的。从根本上说,公平问题产生的根源有三:其一是稀缺性;其二是每个人的能力、资源有差异;其三是人的欲求总是大于实际。正因为如此,利益的博弈是一种常态。从个体来说,每个个体都寻求更多的利益,但在分配中,利益是有限的,不可能完全满足每个个体的需求,所以公正是所有个体利益博弈中相互妥协的产物。在此过程中,个体总是希望争取更多的利益,但是,绝大多数人所获得的最终结果一般是低于预期的。这样,实际的公正效果与期望的公正程度形成了差异,于是构成了相对公正。

（3）公正的具体性。公正是一个具体性的范畴,没有抽象意义的普遍公正。马克思主义一贯主张,不应该从抽象的永恒正义的观念和原则出发看待公正。相反,从外部因素看,公正永远是具体的经济社会条件下的公正;从内在因素看,任何公正又都有其具体的自身因素的规定性。

公正的具体性首先表现为,任何公正都是有条件的,都是一定的经济社会关系的产物。超出特定的经济社会关系,原先称之为公正的观念、制度和做法,可能就是不公正。建立在奴隶社会的经济社会关系基础上的公正,到了封建社会被视为不公正,而建立在封建社会关系上的公正,也为资本主义社会所不齿。资产阶级的公正是对封建社会公正的超越,但是,由于资产阶级的公正是建立在资本主义剥削的基础之上,是为资产阶级的利益服务的,虽以普遍的自由、人权、平等的面目出现,但实质是资本剥削劳动者的自由和权利。因此,马克思不是从一般的意义上批判资产阶级的公正,而是批判资本主义社会中脱离现实经济关系的抽象的公正。马克思尖锐地指出,资产阶级学者脱离现实的经济关系大谈公正,使建立在现实经济关系上的公正变成了抽象的概念,成为为资本主义制度用来合法辩护的意识形态工具。

公正的具体性同时表现为,任何公正的制度、法规、政策和行为都有其内在的规定性。不同领域的公正,其内在的规定性是不一样的,不存在适用于任何领域的公正。比如,经济领域、政治领域、文化领域、社会领域公正的具体内涵是不一样的。在当代中国,经济领域的公正,体现为保障平等的、自由竞争的市场环境,提倡"效率优先、兼顾公平",实行按劳分配为主的按要素分配原则。政治领域的公正则在于推进民主化进程,保障公民的知情权、参与权、表达权、监督权,实现社会成员的权利平等。同时,推进科学立法、严格执法、公正司法、全民守法,坚持法律面前人人平等。坚持用制度管权、管事、管人,把权力关进制度笼子,让权力在阳光下运行。文化领域的公正,首先表现为人人有平等接受教育的权利,有平等参与各种文化活动和享受各种文化生活的权利等。社会领域的公正,表现为就业、分配、教育、住房、医疗、扶贫、社会保障、社会治理等必须坚持平等的原则。这就体现了各个领域中公正的具体性。

公正的具体性还表现为,同一公正原则。由于实现的条件有差异,实现的程度也是有差异的。例如,公正是让所有社会成员共享社会发展成果,包括经济、政治、文化和教育等各方面的利益的合理分配以及各种义务的合理承担,但具体到每个区域和领域的分配制度和标准,又存在着具体的差异。再具体到不同的社会群体,甚至细化到家族成员,具体的公正规则和程序也各不相同。

2. 中国特色社会主义公正观的基本内容

马克思主义公正观首次将人类社会对于公正的向往运用科学的理论展示出来,基本内容包括经济公正、政治公正和社会公正,体现了人们对于公正的具象化追求。同时,马克思主义公正观提出了实现社会公正的有效方法,为当前我国社会公正的实现提供了理论指导。

(1)实现经济公正,需不断缩小贫富差距。马克思、恩格斯在探讨社会公正的过程中,始终强调社会公正有赖于高度发达的社会生产力下丰厚的物质条件。面对当前我国贫富差距不断加大,社会成员对于贫富差距强烈不满的现实情况,必须要理性解读"按劳分配"的原则,要深刻认识到我国正面临激烈的国际竞争局面,要全面认识到中国要想在激烈的国际竞争中脱颖而出,更好地落实最广大人民群众的切身利益,就必须要大力发展生产力,进一步为社会公正的实现创造稳固的物质财富基础。主抓经济的可持续发展是当前我国转型阶段的核心议题。目前来看,我国的社会生产力还需进一步提高,社会财富还需进一步扩充,我国社会尚离"按需分配"的共产主义距离遥远,因此,必须要结合基本国情、社情与民情,尽可能地缩小生产分配的差距,通过发展社会经济来提高全民的生活水平,最大程度地避免由于贫富差距所导致的极端行为。此外,对于当前社会中与马克思社会公正思想相背离的现象,则要充分发挥社会治理的调解功能,有效抑制和扭转不良行为和价值取向的产生,从而确保共同富裕目标的实现。

(2)实现政治公正,需不断完善和发展社会主义民主政治。马克思主义政党自成立之日起,便将实现政治的公正作为奋斗的重要目标。对于我国的社会主义建设事业而言,政治公正是确保社会和谐与稳定的基本条件。因此,首先必须要进一步完善发展社会主义民主政治。马克思主义民主思想认为,社会主义社会中的民主是服务于多数人而非少数人的,因此,就要以完善和优化上层权力结构为切入点,充分发挥人民代表大会制度的优越性,进一步加大农民、工人等群体在人大代表中的比例,使每一个社会阶层的成员都能够在政治舞台上发声。马克思主义公正观告诉我们,人民的支持是社会建设的力量之源,只有大力发展社会主义民主,确保人民群众基本权利的实现,才能争取到人民群众的政治支持与赞同,才能永葆社会主义建设事业的活力与生机。其次,要进一步推进依法治国战略决策的贯彻和落实。《中共中央关于全面推进依法治国若干重大问题的决定》中重点强调:"坚持走中国特色社会主义法治道路,建设中国特色社会主义法治体系。"积极推进依法治国战略决策是维护政治公正的应然之举。只有实现了国家的法治,才能使社会问题得到公正的判决,人民群众对于公正的追求才能够得到法律的保护,才能确保社会各项事业的建设有条不紊地进行,从而更好地实现政治公正下的社会和谐。

(3)实现社会公正,需不断创新社会治理体制。社会公正需要以强大而完善的社会管理体系作为基本保障,在新时期的新形势发展下,必须要加快社会治理体制的创新,全面调动社会机构、组织以及社会成员参与到社会建设中来,实现多格局、多主体的多位一体的社会治理新局面,最大限度地保障人民群众参与社会管理的公正性。马克思认为社会治理应以社会的整体利益为出发点,强调全体社会成员都能够分享社会发展的成果,因此,必须进一步优化和完善社会保障体系,将更多的与医疗、住房以及就业等相关的惠民政策落实到位,使每一位社会成员都能够平等地享受基本福利保障。此外,还要坚持教育的优先发展原则,大力发展落后地区的教育事业,将高度集中的优质教育资源设计重组,使之能够惠及更多的受教育者,实现教育资源的公正享有,要把有限的教育资源进行动态性的科学再分配,使社会成员拥有平等地受教育的权利,从而从根本上提升我国整体的教育水平与公民素质,只有如此才能以完善的社会保障和平等的受教育机会有力推动社会公正的实现。总之,马克思主义公正观对于我国现阶段的社会建设有着极其宝贵的指导作用,在继承和发展马克思主义公正观的同时,将马克思主义公正观的理论思想转化为现实行动,从而真正运用先进的理论武器实现我国社会领域的公平与公正。

3. 马克思主义公正观的中国化发展

中国共产党以马克思主义为理论指导,将公正作为重要的执政理念和追求目标。新中国成立以来,历届中央领导都将马克思主义公正观和现实国情相结合,历经多年的实践探索和理论创新,在社会主义公正观的理论和实践上积累了许多宝贵的经验,推动了马克思主义公正观的丰富和发展。

新中国成立后,毛泽东在中国现实基础之上,深入探讨了社会公正问题,并形成当时中国所特有的公正观。经济平等是毛泽东公正思想的基础。伴随着社会主义改造的完成,我国初步建立了以集体所有制为主要特征的社会主义公有制;在分配方式上,从按劳分配转为人民公社式的供给制分配方式,而逐渐向按需分配过渡。政治平等是毛泽东公正思想的保障。为实现政治平等,我国不断发扬人民民主,扩大人民群众当家作主的范围,保证人民参与到国家事务,并保障人民行使监督国家机关的权利。毛泽东还主持制定了中华人民共和国第一部宪法,同时,在干群关系上,反对官僚主义等封建作风,主张干群平等。社会平等是毛泽东公正思想的目的。社会平等主张男女平等、妇女解放,促使妇女与男子一样,普遍享有平等、自由等基本权利;主张教育平等,普及大众教育,开展扫盲运动,使社会大众普遍享受教育权利。毛泽东的探索为中国社会主义公正观奠定了基础。

十一届三中全会以后,以邓小平同志为核心的党的第二代领导集体针对当时中国的特定历史阶段,对社会主义公正进行了开创性的探索,提出了"效率优先、兼顾公平"的公正观。"共同富裕"的价值取向是邓小平公正思想的主要内容,也是中国特色社会主义的价值追求。在社会主义基本原则中，第一是发展生产，第二是共同富裕。"共同富裕"中有两个关键，即"共同"和"富裕"，其本质是反对社会贫富悬殊，让全社会成员共享小康的生活；共同富裕不是同步富裕，也不是平均富裕。邓小平指出社会主义的本质是解放生产力和发展生产力，只有如此才能为社会主义正义公正提供坚实的物质基础，社会发展的最终目标是共同富裕。因此，实现社会主义公正的有效途径就是将社会主义制度和市场经济结合起来，初步建立社会主义市场经济体系，实行公有制为主体和多种所有制共同发展的基本经济制度，以按劳分配为主体多种分配方式并存的分配制度以及不同的区域经济政策。

十三届四中全会之后，以江泽民同志为核心的领导集体总结经验，立足于社会主义市场经济的实际继续探索，将生产力发展和社会进步作为公正的判定标准。江泽民坚持立足于广大人民群众的根本利益，提出"三个代表"重要思想。"三个代表"中"先进的生产力、先进的文化、最广大人民的根本利益"，都体现了马克思主义公正观的深刻内涵和实践要求。

党的十六大以来，以胡锦涛同志为总书记的领导集体继续坚持以马克思主义公正观为指导，指出"维护和实现社会公平和正义，涉及最广大人民的根本利益，是我党坚持立党为公、执政为民的必然要求，也是我国社会主义制度的本质要求"。针对经济社会发展中出现的新问题，胡锦涛于2005年2月明确提出要建立以"权利平等、机会平等、规则平等、分配平等"为主要内容的社会主义公正观，将公正作为社会主义和谐社会的基本特征和重要目标，这是党中央首次将公正作为党的建设的目标之一。"四个平等"指出了社会主义公正观的主要内涵，进一步深化了马克思主义公正观。

党的十八大以来，以习近平同志为核心的党中央着眼于全面建成小康社会和实现中华民族伟大复兴的奋斗目标，始终高度关注社会公平正义问题，采取了一系列举措推进中国特色社会主义公正观的探索与实践。习近平总书记特别指出了实现公平正义的总体方案，"实现社会公平正义是由多种因素决定的，最主要的还是经济社会发展水平。在不同发展水平上，在不同历史时期，不同思想认识的人，不同阶层的人，对社会公平正义的认识和诉求也会不同。我们讲促进社会公平正义，就要从最广大人民根本利益出发，多从社会发展水平、从社会大局、从全体人民的角度看待和处理这个问题。我国现阶段存在的有违公平正义的现象，许多是发展中的问题，是能够通过不断发展，通过制度安排、法律规范、政策支持加以解决的"。习近平总书记强调，实现公平正义需要的是整个社会的合力以及多种科学手段的有效运用。同时，他指出要推进国家治理体系和治理能力现代化，加强法治建设，通过创新制度安排，努力克服人为因素造成的不公正现象，保障人民平等参与、平等发展的权利。始终坚持人民立场，强调创新、协调、绿色、开放、共享的发展理念，积极为人民谋幸福。习近平总书记说："我们要随时随刻倾听人民呼声、回应人民期待，保证人民平等参与、平等发展权利，维护社会公平正义，在学有所教、劳有所得、病有所医、老有所养、住有所居上持续取得新进展，不断实现好、维护好、发展好最广大人民根本利益，使发展成果更多更公平惠及全体人民，在经济社会不断发展的基础上，朝着共同富裕方向稳步前进。"习近平总书记明确提出实现公平正义必须通过全体人民的共同努力,"幸福是奋斗出来的",只有这样才能将全体人民团结起来,共创公平正义的理想社会。同时,以广阔的国际视野与博大的国际胸怀积极推动一个开放、包容、普惠、平衡、共赢的新型经济全球化,秉承共商、共享、共建原则推进"一带一路"建设,构建人类命运共同体,关切国际和平与公正。新一届中央领导集体从马克思主义公正观出发,在社会主义公正观的探索上带有鲜明的时代性和中国特色,从而形成了新的科学的公正观。

三、大学生践行"公正"价值观的基本路径

1. 自觉学习社会主义公正观

大学生正确公正观的形成不仅要有自身对社会实践的切实体验,也必须要有深厚的公正理论基础作为支撑。只有通过自我教育,加强自我修养,学生才能将正确的公正价值观转化为自觉的行为,公正观教育的目的才能真正实现。首先,大学生要注重思想政治理论和思想道德修养课的自我学习,加强对马克思主义公正观和中国特色社会主义核心价值观等相关理论的学习,做到学思并重,提升理论修养,这不仅是一个理论知识的储备过程,也是一个推动公正价值观念外化为自身公正行为的过程。其次,要学会将理论联系实际,认识和分析社会公正现象,并且要做到省察克己,运用所学理论剖析自身行为,准确把握自身的价值观念是否符合社会的主流倡导、是否符合自我发展的需要,以达到自我约束、自我监督的目的。

2. 自觉树立社会主义公正观

马克思主义唯物辩证法告诉我们,任何事物都是由内因和外因共同作用而产生的,要用联系和发展的眼光看待问题、分析问题,才能更好地把握矛盾的普遍性和特殊性。大学生要发挥自身能动意识,提高自我教育和自我管理能力,学会辩证地看待网络环境中出现负面情绪和改革进程中伴随的发展不平衡不充分问题,这些问题会随着社会制度的逐步完善而得到解决。因此,大学生要自觉树立正确的公正观,科学地评价社会主义公正观;要把提升自身公正素养作为全面发展的内在要求,加强理论学习,提高自身的学习能力和理解能力,紧紧围绕自身理论学识素养、实践能力素养、道德素养三个方面去提升自己,培养自身公正素养;要将社会主义公正观与中国传统公正观、西方公正观作比较,树立大学生对社会主义公正的自信心;要正确看待自己的成长环境,深入理解我国国情,准确认识自我,积极发扬自身优点,树立理想目标、努力求学、踏实上进,从而实现自己的人生价值。

3. 自觉践行社会主义公正观

大学生必须认识到公正对于自身发展的重要性,要通过实践不断地将公正内化为自己的道德品质;理性看待社会中的各种不公正,努力成为社会公正的维护者和倡导者;从身边的小事做起,坚持公正原则,坚持依靠自身努力公平竞争,不走后门;看到不公正行为采取正确的方式加以劝阻。当他人遇到与自己相同的不公正待遇时,我们要及时伸出援助之手。我们要把公正观作为行动指南,把公正实践化为内在的修养,将其

注入信念,引导我们日常的行为实践,从点滴做起,深化自己的公正观念,自觉践行社会主义公正观。

同时,社会实践是帮助大学生养成公正观的重要途径,只有深入社会、了解社会,才能更好地服务社会,从而用正确的公正观指导自己的思想和行为。一方面,大学生要学会利用网络查找相关的社会公益活动组织,甄别信息的真假,实地考察和深入了解社区居民生活,也可以通过参与学校的社团组织或者社会实践挂职锻炼等活动,让自己保持积极上进的态度;另一方面,大学生在参与实践活动时,一定要问自己为什么要参加这个社会实践或者社团活动,活动的真正目的和意义是什么,活动能让自己哪方面得到提升。只有真正去思考,在实践活动中发现自己、提高自己、改变自己,才能不断完善自己。

第二节　典型案例

一、依法公正判处"杀人犯药家鑫"

1. 案情回顾

2010年10月20日23时许,西安音乐学院钢琴系大三学生药家鑫驾驶红色雪佛兰小轿车从西安外国语学院长安校区返回西安,当行驶至西北大学长安校区西围墙外时,撞上前方同向骑电动车的张妙,药家鑫下车查看,发现张妙倒地呻吟,因怕张妙看到其车牌号以后找麻烦,便从随身背包中取出一把尖刀,上前对倒地的被害人张妙连捅数刀,致张妙当场死亡。

杀人后,药家鑫驾车逃离现场,途中再次将两行人撞伤,后交警大队郭杜中队将肇事车辆暂扣待处理。2010年10月23日,药家鑫在其父母陪同下到公安机关投案自首。2011年1月11日,西安市人民检察院以故意杀人罪对药家鑫提起了公诉。3月23日,该案件在西安市中级人民法院开庭,4月22日宣判,一审被判处死刑,剥夺政治权利终身。药家鑫不服判决,提出上诉。5月20日,山西高院二审开庭,当庭裁定:驳回上诉,维持原判,并依法报请最高人民法院核准。6月7日,药家鑫被执行死刑。

2. 案例分析

原本是一起普通的交通肇事案,大学生药家鑫却用刺刀接连8次刺向了倒在地上的伤者,最终致其死亡。虽然药家鑫存在自首行为,且有父母陪同,但药家鑫的杀人行为属于临时起意而非预谋,即使死刑也罪有应得,但当罪犯是独生子女时,有些案件中,可以略微减轻罪犯的惩罚。药家鑫如果被判死缓也具有合法性,但该案最终审判结果是死刑,很好地体现了司法的独立和公正。

3. 典型意义

运用公证这一法律手段,依法公正地判定杀人犯,不仅可以有效地制止违法行为,依法保护被害人的合法权益,使杀人偿命在公正、公平、合法的前提条件下依法进行,而且还可以警示后人、宣传法律、维护社会的和谐稳定。

二、运用法律手段,维护公平正义

1. 案情回顾

在陕西,曾有100多位农民工兄弟16年都没能拿到工钱。欠钱者权康虎,1998年带着一百多位农民工,承揽了民营医院咸阳中医肿瘤医院的建设项目。工程结束后,医院拖欠工程款100多万元拒不支付。多次讨要未果,权康虎提起诉讼,2008年法院判决咸阳中医肿瘤医院支付工程款。而当地法院只执行了小部分款项,权康虎走投无路,只能躲到一处小院落看门度日。这又是一起欠薪事件。建筑行业中,发包方常在资金不足的情况下,让工程仓促上马,为解决资金缺口,往往要求包工头自行带资带人施工。而包工头为拿到项目,只得把风险再度转嫁给农民工。这就形成了全国普遍存在的三角债关系:发包方拖欠工程款,包工头继而欠薪。这次欠薪就是典型案例。

2. 案例分析

在多数此类案例中,农民工要不回血汗钱,是因为包工头和发包方确实都没有足够财产可供还款。这次却不一样,虽然包工头穷困潦倒,但发包方的财产经营状况却并非如此。据记者调查和医院网站显示,这家民营医院拥有八层门诊大楼、五层中试楼、专家公寓楼及医技楼,占地6000多平方米,总建筑面积12800平方米。同时,这些年,医院一直正常运转而且在不停地发展壮大。

法律对工程款本就有着特殊保护,合同法规定:除高速公路、政府办公楼等不宜拍卖的以外,承包人可以申请法院将涉案工程依法拍卖。工程款就拍卖款优先受偿。同时,该案也进入了民事执行程序,法院完全可以依职权对医院财产进行处理,甚至启动破产清算程序,化解这场三角债。不得不说,当地法院并没有履行好息诉解纷的职责。司法是公民权利的最后一道防线,法院不给力,正义不彰,弱势群体将陷入窘境。这起欠薪案,最终经由司法途径得到解决。

案件进入执行程序后,指派专人负责,全程跟进。经过深入调查,法院提取了欠薪单位拍卖款122.7万余元,用以支付100多名农民工工资。工人们拿到辛苦钱,案件全部实结。

3. 典型意义

这个案例中的"欠薪"问题,通过司法途径得以解决,这正是运用法治思维和法治方式维护群众利益、化解矛盾纠纷的具体实践。法院及司法部门有权让群众依法地理性表达诉求、依法有效保护群众的合法权益,为人民群众创建一个公正合理的生活环境,这充分体现了社会主义核心价值观中的公正。

第三节　主题教育活动方案设计

一、我用法律辩"公正"

1. 活动背景

公正是人类始终追求的价值理想,是社会主义核心价值观的重要内容。古人云:平出于公,公出于道。公正是公平正直、不偏私。培育和践行社会主义核心价值观,要注重宣传教育、示范引领、实践养成相统一,要积极推动社会主义核心价值观内化为大学生的价值观,外化为大学生的自觉行为,转化为大学生普遍遵循的规范准则,引导大学生形成修身律己、公平公正的道德风尚。

2. 活动目的

(1)通过此次活动,使同学们了解社会主义核心价值观中公正的具体内容,明确社会发展需要有正义感的人。

(2)通过参与用法律辩公正活动,使同学们能分清生活中的正义与非正义行为。

(3)通过此次体验活动,促进同学们进一步规范自己的行为,树立自觉遵守社会制度规则和程序的意识,自觉维护社会正义。

3. 活动准备

(1)班委在辅导员或班主任的指导下,制定本次活动方案。

(2)同学查阅相关文献资料,提前了解社会主义核心价值观中公正的基本内涵,准备公正的案例。

(3)班委组织同学准备道具及相关宣传资料。

4. 活动过程

(1)主持人从法律法规角度引入主题,宣布活动正式开始。

(2)主持人介绍活动规则。

(3)展示辨别题目。(出示案例)

(4)小组合作探究。(明辨是非)

运用了解到的公正权解释所给出案例的是非结果,并说出原因。探究不公正现象产生的原因。

(5)小组展示探究结果。

(6)主持人总结。

5. 活动小结

通过本次活动,同学们对社会主义核心价值观中的公正有了更深刻的理解,鲜活的案例进一步增强了同学们对社会的正义感,学会了从多角度出发思考问题并提出解决方案,学会了将理论联系实际,认识和分析社会公正现象,在案例的辨别过程中,逐步树立了正确的价值观,学会了判断自己的行为是否符合社会的价值诉求,是否符合自我发展的需要,达到自我约束、自我监督的目的。

二、主题班会:公平公正,共创和谐

1. 活动背景

公正是社会主义核心价值观中社会层面的一项重要内容,是社会主义本质的内在要求,是全面建成小康社会的现实需求。"公正"对大学生来说有一定的抽象性,通过学生相互之间的交流研讨,能使学生更好地理解社会主义"公正"价值观。

2. 活动目的

(1)深入学习贯彻习近平新时代中国特色社会主义思想,围绕"公正"这一基本内容,在大学生中进行宣传教育。

(2)帮助大学生深化对"公正"价值观内涵的认识和领会,使大学生树立正确的人生观、价值观。让学生在公正待人的交往中学会与他人更好地相处、快乐地成长。

3. 活动准备

(1)制定方案。结合大学生的学习和生活实际,制定重点突出、针对性强的主题班会活动方案。

(2)班委发挥主观能动性,收集和整理相关资料,引导和教育同学们学习相关知识,营造积极的学习氛围。

(3)宣传准备。运用班级微信群、QQ群等平台广泛宣传"社会主义核心价值观社会层面公正"的内容及内涵,班级同学提前准备自己要分享的对公正的认识和身边的公正案例。

4. 活动过程

主持人引言,宣布主题班会正式开始。

(1)故事导入,引发学生思考。

故事:A要上一辆载满乘客的班车,敲着门说:"我都敲这么久了,里面的人有点人道,让我上去好不好?"结果门开了,A终于如愿上了车,当车行驶到下一站的时候,同样有一个人B在敲门想上车,而刚才上车的A却说:"里面都这么挤了,你有点人道,不要上来了好不好?"旁边的C愤怒地瞪着A。

①主持人提出三个问题:

•听了这个故事,你有什么想说的?

•假如你是这个故事中的A,你会怎样做?(引出"公正"的两个行为标准"考虑他人感受"和"同样的标准待人",大屏幕显示。)

•假如你是故事中的C,你会怎样做?(引出"公正"的第三个行为标准"主持公道"。)

②同学们积极参与,发表自己的观点。促进大家从不同角度更好地理解公正的含义。

③主持人小结：每位同学都有自己的想法和观点，相信故事中的A和C换作你们的话，一定会考虑他人的感受，能用对待自己那样的标准对待他人；如果看到别人受到不公正待遇时，一定会为他们主持公道。具备这样的行为，说明大家身上有一种非常优秀的品格，这就是我们这次班会要一起探究和学习的"公正"品格。（大屏幕显示：公正）

（2）借助公正事例，学习公正行为。

①公正事例：

●同标准待人：屠格涅夫的事迹。

俄国著名作家屠格涅夫有一次在街上散步，一乞丐跪倒在地上求道："先生，给我一点食物吧？"屠格涅夫寻遍全身，无一点可充饥之物，只好说："兄弟啊，对不起！我没带吃的！"这时，那乞丐站起身，脸上挂着泪花，紧握作家的手说："谢谢你！我本已走投无路，打算讨点吃的就离开这个世界。您的一声'兄弟'让我感到这世间还有真情在，它给了我活下去的勇气。"

●为他人主持公道：出租车司机丁少林的故事。

石嘴山市惠农区一路口处，一个人的包被抢走了，出租车司机丁少林正驾车路过，听到有人喊"抢劫"后驾车追赶。追到惠通花园小区大门口时，抢包人拐入巷子，丁少林奋起直追，终于将抢包人抓获，并送到了民警手中。丁少林见义勇为、挺身而出，在他人财产安全受到侵害时，敢于同犯罪分子作斗争，现行抓获犯罪分子，表现出强烈的社会责任感和正义感。

②主持人问：

●屠格涅夫是公正的人吗？为什么？

●丁少林是公正的人吗？为什么？

思考：我们生活周围还有一些像环卫工人、农民工、残疾人、贫穷孩子等这样一些人（观看图片），他们没有像我们一样拥有漂亮的衣服、优越的物质条件，但却跟我们一样都在为学习、生活而努力奋斗，结合屠格涅夫的事迹，你有什么感想？

③小组讨论，找一找身边公正的同学。

④主持人：身边一定发现不少公正的同学，同学们小组内讨论一下，你认为谁是一个公正的人，请说出他的事迹。

（3）借助榜样的力量，寻找自身问题，做最好的自己。

①判断下列行为中的主人公是否是公正的人，如果不是，该怎样做呢？

●别人不借给我钢笔，我很生气，于是就去打他。

●我捡到一百元钱，同桌告诉我是他的，我心想，反正是我捡的，才不还给他呢。

●同学们在一起运动，不小心撞倒了我，连忙向我道歉，我被撞得很疼，不原谅他们。

●我借了别人的东西，别人问我要，但我一直没还。

●我对别人的东西很好奇，我只想看一眼，会再还给他的，于是没经过主人的允许，就随便拿来看。

②上面的行为，你身上存在吗？如果存在，你打算怎样改掉这些问题？请结合对公正品格的判断，在小组内讨论一下如何解决自己存在的问题。

（4）主持人总结。

同学们，通过以上公正事例和交流讨论，我们认识到公正是一种行为，需要我们做到：①考虑他人的感受；②同标准对待他人；③为他人主持公道；④具备公正的品格……简单一句话，就是要求我们要行为公正。

同学们，"公正"主题班会马上就要结束了，让我们一起来表达出自己的决心吧！全体起立！（播放大屏幕）

我宣誓——

我是×××，我一定做到：

品格公正，

行为公正，

从现在做起，做一个合格的社会主义接班人！

×××年××月××日

5. 活动小结

同学们在这次班会之前都做了充分的准备，对社会主义核心价值观社会层面上公正的理解都非常好，能够从身边所发生的案例中解读"公正"的实质内涵。讨论过程中，我发现同学们都积极主动地分享了自己的理解和感受。同学们畅所欲言，让大家对"公正"有了更深更广的认识，也希望同学们能在现实生活中更好地践行社会主义核心价值观。通过此次主题班会，同学们更加深刻地理解了社会主义核心价值观中公正的内涵和实质。此次主题班会为同学们在现实生活和学习中更好地践行社会主义核心价值观提供了有力的指导。

第八章　法　治

第一节　当代治国理政的坚实基石

法治，顾名思义，就是"法的统治"。"法治"作为人类思想史上的一个经典概念，古今中外的思想家一直在从不同角度与层面探讨和丰富其内涵。时至今日，法治已经成为现代社会政治文明的重要标志。十八大报告提出"三个倡导"，明确将"法治"纳入社会主义核心价值体系。这是 1997 年中央提出"依法治国"后，党和国家在法治建设理念上的重大转变。法律有其自身的内在正义价值，不单纯是一种社会调控手段或工具。党和国家在信访政策上的重大调整，也反映了这种理念转变向具体社会行动的快速迁移。从法治理念到国家具体制度层面的重大变化，都要求从社会主义核心价值观角度对"法治"作出全新阐释。社会主义核心价值观中的"法治"既是马克思主义同中国实际相结合的产物，是党的领导、人民当家作主和依法治国的有机统一，也是对中国传统思想文化的积极扬弃，是"依法治国"与"以德治国"的有机结合。特别值得注意的是，在当代中国，"法治"和"依法治国"这两个概念是根本一致的，依法治国实际就是法治的另一种表述，二者之间是一体两面的关系。

正确理解"法治"的内涵，对于培育和践行社会主义核心价值观，全面推进依法治国具有重要意义。

一、法治的基本内涵

"法治"一词很早就出现在中国古代典籍中，如《晏子春秋·谏上九》中有"昔者先君桓公之地狭于今，修法治，广政教，以霸诸侯"。《辞海》中对"法治"的解释有二：一是先秦时期法家的政治思想，主张以法为准则，统治人民，处理国事；二是指根据法律治理国家。《管子·明法》中说："威不两错，法不二门，以法治国，则举措而已。"从管仲最早提出"以法治国"的法治思想萌芽，到商鞅厉行变法"垂法而治"，直至韩非构建法、术、势相结合的法治思想体系，先秦法家法治思想不断发展，臻于成熟。法家主张"法者天下之至道也",法乃治国之根本;强调法律的普遍性和统一性,认为"君臣上下贵贱皆从法"(《管子·任法》),"法不阿贵,绳不挠曲,刑过不避大臣,赏善不遗匹夫"(《韩非子·有度》)。而且,应当"以法为教"并严格遵行,维护法律的权威性和稳定性。然而,无法挣脱君主专制工具命运的先秦法家法治思想,与强调公民权利的现代法治思想仍然有着本质的区别。但尽管如此,中国法家"守正不阿"的司法理想以及"君臣上下皆从法"的司法主张等,能够为我们提供一个"最低限度"的法治概念。

现代意义上的"法治"一词,与英文"rule of law"相对应,意为"法的统治"。一般认为,现代法治思想起源于古希腊的亚里士多德。他在实证分析古希腊城邦制度基础上提出,法治优于一人之治,法治代表理性统治并且内含着平等、自由、正义、善德等价值。他认为,"法治应包含两层意思:已成立的法律获得普遍的服从,而大家所服从的法律又应该本身是制定得良好的法律"。古希腊的法治思想在罗马人和诺曼人的法律实践中得到传承和发扬,并对西方法律文化产生深远影响。西方近代以来,最早提出并系统论述法治概念的是英国的戴雪。他在《英宪精义》中指出法治包括三层基本含义:第一,法律至高无上,并且排斥专制、特权乃至政府自由裁量权的存在;第二,所有人必须平等地服从普通法律和法院的管辖,任何人不得凌驾于法律之上;第三,个人权利是法律之来源而非法律之结果,宪法源于裁定特定案件里私人权利的司法判决。美国当代学者富勒把法律与道德联系起来,认为法治是法律内在之德的一部分,具备法治品德的法律制度应当具备八个要素:普遍性、公开性、可预期性、明确性、无内在矛盾、可循性、稳定性和同一性。纵观西方学者的论述,虽然他们在不同的政治制度和历史文化背景下,对法治的理解各有不同,但在法治的基本内涵上还是存在许多共识:即法治不仅仅是一种治国方略,也是一种价值理念;它强调法律至上,反对特权,尊重和保障公民权利,要求国家的一切权力来源于法,而且必须依法行使。

二、中国特色社会主义的"法治"价值观

1. 马克思主义经典作家关于法治的论述

马克思、恩格斯没有专门系统论述法治问题的著作。他们在批判继承前人法治思想的基础上,把法律这一社会现象放到整个人类社会系统中加以研究,开创性地运用辩证唯物主义和历史唯物主义,深刻分析法律的本质和作用,揭示法律的产生原因及其历史发展规律,阐释法律与社会经济条件的相互关系,第一次使得人们对于法律的认识真正建立在科学的世界观和方法论基础上。

(1)法律是历史发展的产物。马克思、恩格斯认为法律并不是天生就有的,也不是永恒存在的,它是人类历史发展到一定阶段,随着私有制、阶级、国家的出现而出现的。对法律的认识"既不能从它们本身来理解,也不能从所谓人类精神的一般发展来理解,相反,它们根源于物质的生活关系""占统治地位的个人除了必须以国家的形式组织自己的力量外,他们还必须给予他们自己的由这种特定关系所决定的意志以国家意志,即法律的一般表现形式"。因此,作为上层建筑的重要组成部分,法律的本质就是上升为国家意志的统治阶级意志,它取决于特定的社会物质生活条件,同时又对经济基础具有一定反作用。法律不仅是阶级统治的工具,同时也是维护社会稳定、保障人民生活的利

器。而且,随着阶级的消失、国家的消亡,依附于国家的法律也将不复存在,取而代之的是另一种规范形式。与以往所有法治思想不同,马克思、恩格斯以唯物史观为基础科学地揭示了法律的历史性、阶级性和物质决定性。他们用高瞻远瞩的学者眼光,让我们洞悉法律未来的发展走向。

(2)法治观念具有历史进步性。马克思、恩格斯在批判资产阶级脱离具体社会经济基础,鼓吹超历史、超阶级法治观的同时,也肯定了其法治思想的历史进步性,并汲取了其中一些精华。他们对"平等""自由"等观念给予高度认同,认为"平等要求的资产阶级方面是由卢梭首先明确地阐释的,但还是作为全人类要求来阐释的"。而且,"法律不是压制自由的措施……恰恰相反,法律是肯定的、明确的、普遍的规范,在这些规范中自由获得了一种与个人无关的、理论的、不取决于个别人的任性的存在。法典就是人民自由的圣经。"因此,区分真正的法律与形式上的法律,关键要看它是否保障了人的自由。只有当"自由的无意识的自然规律变成有意识的国家法律时",法律才成为真正的法律。

(3)列宁对社会主义法治的实践。列宁是第一个社会主义国家的缔造者,是国际无产阶级革命的伟大导师和精神领袖。他继承和发展了马克思、恩格斯的法治思想,成为社会主义法治实践的开拓者。列宁认为法律是无产阶级掌握和巩固政权的方法,必须依靠法律来治理国家。他说:"工人阶级夺取政权之后,像任何阶级一样,要通过改变同所有制的关系和实行新宪法来掌握和保持政权,巩固政权。"他明确指出宪法就是"一张写着人民权利的纸",必须"以法律(宪法)保证全体公民直接参加国家的管理,保证全体公民享有自由集会、自由讨论自己的事情和通过各种团体与报纸影响国家事务的权利"。而且,仅有法律是不够的,必须提高公民法律意识,加强法律监督,促进法律严格执行。他提出的以宪法保障人民权利、加强民主监督等思想为我国社会主义法治建设提供了借鉴。

2. 走中国特色社会主义法治道路

法治是政治文明发展到一定历史阶段的标志,为各国人民所向往和追求。一国的法治是由一国的具体国情和社会制度决定的。依法治国,建设社会主义法治国家,是中国人民的历史选择和实践总结。经过反思和总结历史经验教训,党的十一届三中全会提出:"为了保障人民民主,必须加强社会主义法制,使民主制度化、法律化,使这种制度和法律具有稳定性、连续性和极大的权威,做到有法可依,有法必依,执法必严,违法必究。"从此,"十六字方针"成为社会主义法制建设的重要指导思想。党的十五大报告在充分肯定社会主义法制建设所取得成就基础上,第一次把"依法治国,建设社会主义法治国家"确立为党领导人民治理国家的基本方略,并随之以宪法形式确定下来。从"法制"到"法治",绝不是简单的文字变化,而是与"人治"的彻底决裂;意味着"法制"将真正成为"法治"之下的法律制度,而不再是"人治"的工具;意味着中国已不再满足于形式上的法律制度设计,更呼唤实质意义上的法治价值追求。中国法治建设实践表明,依法治国是党领导人民治理国家的基本方略,是发展社会主义市场经济的客观需要,是社会文明进步的重要标志,是国家长治久安的重要保障。

党的十八大把"法治"提升到了社会主义核心价值观的高度上，说明党已经充分认识到法治不仅仅是一种治国方略，也是一套成熟的价值思想体系。法治不是简单的"工具"，而是有着自己明确价值判断的一种精神理念和价值目标。无论在东方还是西方，追求法治的过程必然是一个长期的、渐进的历史过程，不能脱离本国的政治、经济、历史和文化等具体国情。在追求法治的道路上，我们不能照搬西方模式，既要结合我国的实际情况不断摸索和总结，也要主动在我国传统文化中取其精华、去其糟粕，使法治植根于中国土壤，形成自己独特的价值内涵。社会主义核心价值观中的"法治"正是借此形成具有中国特色的社会主义法治。

社会主义核心价值观中的"法治"是马克思主义同中国实际相结合的产物，是党的领导、人民当家作主和依法治国的有机统一。十五大报告指出："依法治国，就是广大人民群众在党的领导下，依照宪法和法律规定，通过各种途径和形式管理国家事务，管理经济文化事业，管理社会事务。保证国家各项工作都依法进行，逐步实现社会主义民主的制度化、法律化，使这种制度和法律不因领导人的改变而改变，不因领导人看法和注意力的改变而改变。"因此，法治是党在新时期的一种执政方式，具体表现为依法执政，各级党组织和党员的执政活动都必须依据法律，严格按照法律程序进行，不允许有法外特权。同时，法治也是人民当家作主的制度化、法律化，是人民参政议政、实现民主的具体途径和形式。三者有机统一，其中党的领导是根本保证，人民当家作主是本质要求，依法治国是基本方略。

法治作为社会层面的社会主义核心价值观内容之一，与自由、平等、公正一起成为全社会共同的价值追求。它们既有各自独立的内涵，又是一个密切联系的统一体。其中，法治是实现自由、平等、公正的可靠保证。中国人民追寻法治的道路艰难曲折，我们深知法治的价值与意义。历经磨难的中国人民已经理性地选择法治作为未来社会的价值追求。然而，中国法治建设时间不长，依然还存在许多亟待解决的问题，必须全面推进科学立法、严格执法、公正司法、全民守法，坚持法律面前人人平等，保证有法可依，有法必依，执法必严，违法必究。中国的法治建设任重而道远。

中国特色社会主义法治道路，明确了建设社会主义法治国家的性质和方向，是社会主义法治建设成就和经验的集中体现，是中国特色社会主义道路在法治领域的具体体现，是建设社会主义法治国家的正确道路。走中国特色社会主义法治道路，必须坚持中国共产党的领导，坚持人民主体地位，坚持法律面前人人平等，坚持依法治国和以德治国相结合，坚持从中国实际出发。

3. 党的领导是社会主义法治最根本的保证

党的领导是中国特色社会主义最本质的特征,是社会主义法治最根本的保证。习近平总书记强调:"坚定不移走中国特色社会主义法治道路。"他在分析了当前形势后指出,当前我国正处于实现"两个一百年"奋斗目标的历史交汇期,坚持和发展中国特色社会主义更加需要依靠法治,更加需要加强党对全面依法治国的领导。社会主义法治必须坚持党的领导,党的领导必须依靠社会主义法治。法是党的主张和人民意愿的统一体现,党和法、党的领导和依法治国是高度统一的。全面依法治国,方向要正确,政治保证要坚强,不能把党的领导和依法治国二者对立起来。

坚持党的领导,是社会主义法治的根本要求,是全面依法治国的题中应有之义。要把党的领导贯彻到依法治国全过程和各方面,坚持党的领导、人民当家作主、依法治国有机统一。依法治国是我们党提出来的,把依法治国上升为党领导人民治理国家的基本方略也是我们党提出来的,而且党一直带领人民在实践中推进依法治国。只有在党的领导下依法治国、厉行法治,人民当家作主才能充分实现,国家和社会生活法治化才能有序推进。我国人民民主与西方所谓的"宪政"本质上是不同的。习近平指出:"我们讲依宪治国、依宪执政,不是要否定和放弃党的领导,而是强调党领导人民制定宪法和法律,党领导人民执行宪法和法律,党自身必须在宪法和法律范围内活动。"

坚持党的领导,不是一句空的口号,必须具体体现在党领导立法、保证执法、支持司法、带头守法上。党领导立法,就是抓住提高立法质量这个关键,完善以宪法为核心的中国特色社会主义法律体系,坚持立法先行,发挥立法的引领和推动作用。党保证执法,就是深入推进依法行政,建设职能科学、权责法定、执法严明、公开公正、廉洁高效、守法诚信的法治政府。党支持司法,就是要保证公正司法,提高司法公信力。党带头守法,就是要带头弘扬社会主义法治精神,建设社会主义法治文化,形成守法光荣、违法可耻的社会氛围,使全体人民都成为社会主义法治的忠实崇尚者、自觉遵守者、坚定捍卫者。

习近平在中央全面依法治国委员会第一次会议上进一步强调:要健全党领导全面依法治国的制度和工作机制,继续推进党的领导制度化、法治化,把党的领导贯彻到全面依法治国全过程和各方面,为全面建成小康社会、全面深化改革、全面从严治党提供长期稳定的法治保障。通过健全党领导全面依法治国的制度和工作机制,实现党领导立法、保证执法、支持司法、带头守法,将促进法治中国建设迈入系统推进的新阶段。

三、大学生践行"法治"价值观的基本路径

青年强,则国家强;法治兴,则国必盛。青年是社会中最积极、最活跃、最富有创造性和生命力的群体,中国青年是值得信赖的、堪当重任、大有希望的一支力量,大学生更是这支队伍中的先锋和引路者。近年来部分大学生受不良风气影响,崇尚权力,迷恋金钱和财富,对法律在社会发展中的作用没有一个准确的认知,更有甚者法律意识淡薄以致无视法律,最终酿成苦果。党的十八大报告指出:"要深入开展法治宣传教育,弘扬社会主义法治精神,树立社会主义法治理念,增强全社会学法尊法守法用法意识。"

作为新时代的大学生,应该主动践行社会主义"法治"价值观,努力做担当民族复兴大任的时代新人。

1. 教育大学生树立法律信仰

依法治国,建立社会主义法治国家,是党和国家提出的,得到人民群众广泛支持,符合社会主义现代化建设,实际的治国方略和价值选择。像任何一个国家步入法治化一样,中国政府要步入法治化轨道,要建成法治国家,应具备以下两方面的条件:一方面,要有一套反映社会关系及其发展规律的法制制度体系;另一方面,要有社会公众对法律秩序所内含的伦理价值的信仰,即社会公众对法律忠诚的信仰。

一个人只有从内心深处真正认同、信任法律的正义性和权威性,才会形成对法律的信仰,进而自觉维护法律权威。大学生应当通过认真学习法律知识,深入理解法律在国家生活和社会生活中的重要作用,真正认同、信任我国法律的正义性和权威性,从而树立起对我国法律的坚定信仰。

人民群众是法律实施的重要主体,是全面推进依法治国的基础力量,要通过在全社会深入开展法治宣传教育,使社会主义法治精神真正进社区、进乡村、进机关、进企业、进学校,并逐步深入人心。要创新法治宣传方式,提高舆论引导能力,抵御错误观点的干扰和影响,让社会公众在学法、遵法、守法、用法中深化对社会主义法治精神的认识和信仰。要坚持依法治国和以德治国相结合,高度重视道德对社会公众的规范作用,大力推进公民道德建设工程,培育知荣辱、讲正气、作奉献、促和谐的文明道德风尚,形成依法维护权利、自觉履行义务的现代公民意识。

2. 培养大学生成为法律的坚定遵守者和维护者

依法治国的基本要求是有法可依、有法必依、执法必严、违法必究。对于普通公民而言,首要的就是学法、知法、遵法、护法。对于普通的国家公民,特别是在校大学生立学习和掌握一定的法律知识。学法和知法是拥有法律信念的前提,这要求我们不仅要自身学法和懂法,作为知法懂法的人,还要向他人宣传法律,帮助和引导他人尊重法律权威。特别是学校、教育机构和其他法律的宣传教育团体,应宣传社会主义法治理念,帮助人们彻底根除"权大于法"等封建人治思想,宣传我国法律的优越性与合理性,使人们了解、认同和信任我国的法律制度,从而推动全社会形成尊重和维护法律权威的良好风尚。

3. 积极开展法治教育

以《思想道德修养与法律基础》这门课程为主体,多渠道开展校园法治教育活动。"基础课"是高校"思政课"教育的重要课程之一,是对大学生进行系统的马克思主义理论和法治观念教育的主要渠道。尤其是"法律基础"部分,通过在课堂上开展模拟实践性教学,讲述和分析现实生活中的各类违法案件,使学生置身于社会的客观情境,变被动学习为主动学习,让学生在潜移默化中增强法律意识和树立法治精神,预防和减少违法犯罪。

社会主义法治国家建设的进程能否顺利,在一定程度上要看社会主义法治思维能否深入人心。我国法律教育的任务不仅包括宣传和普及法律知识,而且包括努力培养公民的法治思维。高校作为一种较高层次的教育组织形式,在社会生活中发挥着重大的作用。大学生应当通过学习法律知识、掌握法律方法、参与法律实践等途径,在日常生活中逐渐形成思考、分析、解决法律问题的法律思维方式。

就法律教育而言,我国法治现代化的进程不能离开高校对法律教育的重视及传播,更离不开"基础课"的主渠道作用。大学生是未来社会的精英型人才,也是建设有中国特色社会主义的中坚力量。加强对大学生的法律教育,是推进依法治国、实现法治中国的一个重要措施。

4. 构筑校园法治的文化大环境

价值观是人类在认识、改造自然和社会的过程中产生并发挥作用的。公平正义是法律的核心价值。以公平正义为核心的法治价值观是法治国家的基本标志,也是贯穿于全面推进依法治国的一条红线。党的十八大明确提出了培育和践行社会主义核心价值观的根本任务。在社会主义核心价值观的十二个词中,虽然单独只有"法治"一个词语,但是其他内容诸如民主、自由、平等等,都和法治相关。在2013年中共中央办公厅印发的《关于培育和践行社会主义核心价值观的意见》中,明确提出要"注重把社会主义核心价值观相关要求上升为具体法律规定,充分发挥法律的规范、引导、保障、促进作用,形成有利于培育和践行社会主义核心价值观的良好法治环境"。

价值观一旦确立,就能反作用于人类活动指导人类实践。社会主义法治价值观是社会主义核心价值观的本有之意。在我们大力培育社会主义核心价值观的今天,应积极倡导社会主义法治观,用价值观来推动法治中国建设。

党的十八届四中全会提出:"必须弘扬社会主义法治精神,建设社会主义法治文化。"法治文化环境是法治环境的一个有机组成部分。简单地说,法治文化就是法观念和法意识。我们提倡的社会主义法治文化,是以中国特色社会主义理论为指导的法治文化体系。

建设中国特色社会主义法治文化,必须要坚持社会主义法的方向。马克思主义认为,法律是统治阶级意志的体现。在阶级社会中,法律体现的是统治阶级的整体意志。中国是工人阶级领导的、以工农联盟为基础的人民民主专政的社会主义国家,其法律必然要体现人民的意志。基于国家法律体系而构建发展起来的法治文化,必然也要体现阶级的本质。建设社会主义法治文化,必须要推动全社会树立法治信仰、维护法律权威。党的十八届四中全会指出:"法律的权威源自人民的内心拥护和真诚信仰。"信仰的力量是无穷的,法治信仰的确立虽然需要很长的时间和艰苦的努力,却不得不常抓不懈。

5. 加强法治实践性教育

当前,高校法治教育多局限于传统课堂理论说教,缺少用事实说法和以案例说法的实践性直观性教学手段。

(1)坚持课堂理论教学与生活实践相结合,加强实践性法治教育。改变法治教育偏重于法律知识性教育,并不是说就不能对学生进行任何的法律知识教育。法治观念和法律行为,是普遍和一般的关系。没有法律行为的支持,法治观念也就无从谈起。因此,在对大学生积极开展法治教育的同时,也可以适当开展一些法律的知识教育,更应该在大学生中开展法治社会实践活动和实践性法律教育,坚持法律教育的理论与实践相结合。如利用"12·4"国家宪法日,让大学生感知到法律在身边,引导大学生自觉学法、懂法和守法,增强法律教育效果。

(2)鼓励学生从身边做起,注重法律教育与日常教育相结合。自我修养法能很好地巩固大学的教育成果。自我修养法是学生在教师的帮助下,通过自觉学习、自我反思、自我锻炼、自我监控等来提升自己修养的一种教育方法。《学记》中说,"是故学然后知不足,教然后知困。知不足,然后能自反也;知困,然后能自强。"因此,有必要在大学生日常思想政治教育中融入与人们日常生活有关的法律知识和案例。针对课堂单一教学的弊端,可在日常教学中,结合大学生身边某些相关的法律,做到法律教学与大学校纪校规、日常行为规范相结合,实现既自然又便于学生理解的教学效果。学法,然后知法;知法,然后懂法;懂法,然后守法。

大学生是中华民族伟大复兴——中国梦的筑梦人和追梦者,这个梦包含"法治梦"。今天的大学生是未来社会的核心支撑力量,是中国特色社会主义事业兴旺发达的希望所在。习近平总书记强调:"中国特色社会主义事业是面向未来的事业,需要一代又一代有志青年接续奋斗。"大学生要认真学习"依法治国"的基本方略,提高对法律重要性的认识,树立法治观念,学会用法律的武器来保护自己,适应时代发展趋势,为实现中华民族伟大复兴的中国梦而努力奋斗。

第二节　典型案例

一、法治在抗疫斗争中彰显重要作用

1. 依靠法治思维,中国抗击疫情取得重大战略成果

2020年初的这场新冠肺炎疫情,是新中国成立以来传播速度最快、感染范围最广、防控难度最大的一次重大突发公共卫生事件。在疫情防控过程中,在恢复生产经营过程中,我们都面临着前所未有的新情况和新问题。面对这些新情况和新问题,中国共产党带领中国人民开展了一场惊心动魄的抗疫斗争。在抗疫斗争的整个过程中,法治无时无刻不在发挥着极其重要的作用。

习近平总书记在2020年2月5日主持召开的中央全面依法治国委员会第三次会议上特别强调,当前,疫情防控正处于关键时期,依法科学有序防控至关重要。疫情防控越是到最吃劲的时候,越要坚持依法防控,在法治轨道上统筹推进各项防控工作,保障疫情防控工作顺利开展。在抗疫斗争之中,总书记多次强调依法防治,依法科学统筹疫情防控,合法合理复工复产。

总书记指出,要牢固树立法治意识,不断提高依法进行疫情防控的能力和水平,切实做到依法行政;严格依法办事,明确责任分工,积极主动履职,把依法行政、法治宣传、法治服务有机统一起来,非常时期用好非常之措,有力保障市场。

习近平总书记指出,坚持依法防控,要始终把人民群众生命安全和身体健康放在第一位,从立法、执法、司法、守法各环节发力,切实推进依法防控、科学防控、联防联控。法治是增强"社会免疫力"、提高"整体战斗力"的良方。

2020年5月8日,中共中央召开党外人士座谈会,中共中央总书记习近平在会上发表重要讲话。总书记强调,经过艰苦卓绝的努力,武汉保卫战、湖北保卫战取得决定性成果,疫情防控阻击战取得重大战略成果,统筹推进疫情防控和经济社会发展工作取得积极成效。我们要继续抓紧做好各项工作,时刻绷紧疫情防控这根弦,扎实推进复工复产复学,确保完成决战决胜脱贫攻坚目标任务,全面建成小康社会。

2. 法治在抗疫中保障作用的具体表现

(1)完善疫情防控立法,切实做到有法可依。党的十八大报告提出"科学立法、严格执法、公正司法、全民守法"。这十六字是中国新时期依法治国的"新十六字方针",也是法治中国建设的衡量标准。法治的前提是"有法可依","无法或少法可依"的应急状态是对法治的天然考验。针对本次突发的自新中国成立以来最大的公共卫生事件,立法机关应该及时完善疫情防控相关的立法及其配套制度,从而解决权力运转的合法性问题。

此次新冠肺炎疫情发生以来,立法机关反应迅速。为斩断非法野生动物交易的利益链、革除滥食野生动物陋习,全国人大常委会快速启动立法并及时发布《关于全面禁止非法野生动物交易、革除滥食野生动物陋习、切实保障人民群众生命健康安全的决定》。各地纷纷出台各项防控疫情相关法律:江苏省及时印发《江苏省人民代表大会常务委员会关于依法防控新型冠状病毒感染肺炎疫情切实保障人民群众生命健康安全的决定》;天津市出台《天津市人民代表大会常务委员会关于禁止食用野生动物的决定》;广东省人大常务会组织起草《广东省野生动物保护管理条例(修订草案征求意见稿)》向社会各界意见公开征求意见……这些法律为政府和个人抗击疫情提供了法律依据,运用法治手段切实保障人民群众健康安全。

(2)坚持依法用权,切实保障依法行政。备受关注的云南大理应急征用一批重庆采购的口罩事件中,无疑就是大理"无理"滥用应急处置权,未能坚持依法行政的典型案例。习近平总书记指出,"各级党委和政府必须坚决服从党中央统一指挥、统一协调、统一调度",强调"各地区各部门必须增强大局意识和全局观念",要求"各项工作都要为打赢疫情防控阻击战提供支持",为做好下一步疫情防控工作、赢得这场严峻斗争的伟大胜利指明努力方向、提供重要遵循。在"疫情防控要坚持全国一盘棋"的整体部署下,大理相关部门法外执法,无理扣押其他地方政府采购的口罩,于法于理皆不合。因此,大理市政府迅速作出反应,诚恳地向社会各方道歉,对造成的影响进行深深的反思与检讨,对案件中的直接责任人给予免职和政务记过等处分,也恳请各方给予谅解。云南省应对疫情工作领导小组指挥部也对大理州大理市政府及大理市卫生健康局征用疫情防控物资予以通报批评。此案再次突显了我国中央和地方政府坚持依法执法和依法用权的态度和决心。

二、"校园网贷"危机重重

1. 案情回顾

广东某大学大二学生雅芝（化名）借贷2000元，3个月后变成10万余元。雅芝因无力偿还高额债务，产生轻生念头。本案中的雅芝是典型的校园贷借贷的受害者。

从2015年年底开始，雅芝就接触了校园网贷，彼时的她曾多次尝试且都如期还上了贷款。"那都是些很正规的平台，利息也不是很高。"2016年12月，刚好缺一笔钱的她再次想到了网贷。由于对外宣传贷款门槛低，急需用钱的她被QQ中认识的人拉入了高利网贷的"深渊"。

雅芝在一个借款平台通过补借条的方式借了2000元，周息为30%。一周之后，由于无法按时还款，她又通过另一借款平台用同样的方式继续借款还利息，就这样，在短短的三个月里，她的欠款从2000元变成了惊人的10万余元。雅芝在案发后说，校园网贷大多利息较高，且有很多是明目张胆的高利贷，一旦陷入其中，便难以自拔，危险重重。

2. 涉及校园网贷案件的法理分析

当金融与互联网相结合，当大学生消费遇上互联网借贷，大学生网贷便成了一个深刻且现实的社会问题。随着近年来各类因不良网贷而导致的大学生自杀或被迫实施犯罪来偿还贷款的案例不断曝光，当下的大学生网贷问题成了一个不容回避的现实问题。

大学生因为普遍涉世不深，对金融知识一知半解，且因为大学生大多无固定收入，偿还能力有限，很容易将原本正常的网贷行为变成"不良网贷"，即因为无法偿还高额利息而使网络贷款变成坏账，甚至因无力偿还巨额本金和利息而畏难自杀或实施其他犯罪以图弥补过错。加之一部分的网贷公司抓住大学生单纯、好欺骗的弱点，公然在学生中推广各种高利贷项目，使部分不明事理的学生深陷其中无法自拔。

《最高人民法院关于审理民间借贷案件适用法律若干问题的规定》中第二十六条明确规定："借贷双方约定的利率未超过年利率24%，出借人请求借款人按照约定的利率支付利息的，人民法院应予支持。借贷双方约定的利率超过年利率36%，超过部分的利息约定无效。"同时，为了避免当事人约定利率过高、债务人承担利息过高，司法解释规定借款人请求出借人返还已支付的超过年利率36%部分的利息的，人民法院应予支持。由此可见，法律不保护超过年利率35%的借贷行为，网络借贷也不例外。

但是，在校园网贷发生过程中，责任并不全在网贷公司，大学生自身也负有不可推卸的责任。大学生大部分都超过18周岁，属于完全的民事行为能力人，按照法律的规定，应该对自己的行为负责。因此，大学生网贷无法偿还导致变成不良网贷时，也不能把责任全部推到网贷公司身上，大学生本人也有很大的责任。更有学生，会假冒老师或者以同学的名义参与到网贷行为之中，这样涉及的违法情节更加恶劣，因为这还侵犯了老师或者其他同学的合法权益。这类行为人都应为自身的行为承担相应的法律责任。

3. 针对大学生不良网贷中存在的法律问题的几点建议

（1）引导大学生树立正确的消费观。党的十六届六中全会通过的《中共中央关于构建社会主义和谐社会若干重大问题的决定》中指出："马克思主义指导思想、中国特色社会主义共同理想、以爱国主义为核心的民族精神和以改革创新为核心的时代精神、社会主义荣辱观构成社会主义核心价值体系的基本内容。"党的十八大报告再次指出："社会主义核心价值体系是兴国之魂,决定着中国特色社会主义发展方向。要深入开展社会主义核心价值体系学习教育,用社会主义核心价值体系引领社会思潮、凝聚社会共识。"这在全社会引起了广泛关注。大学生要想树立正确消费观,就必须要以社会主义核心价值体系作为指导,特别是要认真学习社会主义荣辱观,深刻地体会"八荣八耻"的科学内容。大学生要时刻铭记"以艰苦奋斗为荣、以骄奢淫逸为耻",并以辛勤劳动、艰苦奋斗为荣来引导大学生转变消费观念、追求健康消费生活,节约资源和能源,最终实现可持续消费。

同时,应当提醒学生在网贷之前要对网贷做充分的了解,特别是预期利息收取方面。由于大学生社会经验少,对不良网贷了解不多,很容易被不良网贷吸引。同时也要加强学生对个人信息管理的观念,防止别人拿自己的个人信息去网贷。

(2)大学生应当自觉学习相关法律知识,增强自我防范意识和能力。学校也应开设法律课程讲授法律知识,引导大学生良性消费的同时,更要让学生知道哪些权利是受法律保护的,以及合法权益被侵害后如何保护。在大学中开设实用法律课程是很有必要的,且课程中至少包括《中华人民共和国合同法》《中华人民共和国侵权责任法》和《中华人民共和国刑法》等方面的内容。这样,既可防止同学们侵犯别人的权益,同时当自己的权益受到侵害时,可以用法律的武器保护自己。

第三节　主题教育活动方案设计

一、依法治国知识竞赛

1. 活动背景

宪法是国家的根本法,是治国安邦的总章程,是党和人民意志的集中体现。我国现行宪法自1982年颁布实施以来,历经1988年、1993年、1999年、2004年、2018年五次修订。2014年11月1日,十二届全国人大常委会第十一次会议表决通过决定,将12月4日设立为"国家宪法日"。学习宪法知识,维护宪法权威,是全体公民应尽的义务。

2. 活动目的

(1)通过主题班会使同学们了解新中国宪法的发展历程,理解宪法在国家运作过程中的重大作用和重要意义。

(2)通过学习和讨论,让同学们熟悉现行宪法的基本框架、内容,从内心尊重宪法,用行动维护宪法权威。

(3)在学习了宪法知识的基础上,更加深刻地感受到依法治国、依宪治国的重要意义,坚定地做遵法、学法、守法、用法的新时代大学生。

3. 活动准备

（1）教师准备。现行宪法单行本（2018修订版）、熟悉宪法相关知识。

（2）学生准备。查阅相关资料，了解宪法内容；事先在教室黑板上绘制宪法图案或者制作幻灯片呈现；准备"2018年习近平宪法宣誓"视频。

4. 活动过程

（1）主持人宣布主题班会开始。

（2）播放"2018年习近平宪法宣誓"视频，引导出本次班会主题。

（3）请2～3名同学分别向大家介绍新中国宪法发展的历程以及现行宪法的产生过程及基本框架。（事先查阅资料，可以适当制作幻灯片PPT）

（4）宪法知识问答环节。由一名同学负责组织提问，其他同学抢答。（可以考虑分组比赛的形式）

（5）主持人总结。只有知法才能守法、尊法、用法。宪法是国家的根本大法，具有最高的法律地位、法律权威、法律效力，具有根本性、全局性、稳定性、长期性，是治国安邦的总章程。作为当代大学生，必须对中国特色社会主义法律体系，特别是居于主导地位的宪法有足够的了解和熟悉，才能真正理解法律的真谛，才能理解为什么在实现中华民族伟大复兴的关键时期我们要修订宪法。我相信大家通过这次班会和以后的学习，一定能正确认识建设中国特色社会主义法治体系的重大意义，深刻理解中国特色社会主义法治体系的主要内容，准确把握全面依法治国的基本格局，积极投身社会主义法治建设的伟大实践。

5. 活动小结

听了大家的发言和讨论，感觉大家对我国的法律体系，特别是作为根本法的宪法有了一定的了解，我们这次班会的目的也基本达到了。宪法是治国理政的总章程，同学们需要学习她、领悟她，心怀之、行践之。班会的时间虽然短暂，但我相信同学们通过事先的准备、积极的参与、之后的重视，对我国宪法知识的掌握会越来越牢固，也相信大家一定能做一个宪法的忠实践行者。通过本次主题班会，同学们对我国宪法的发展历程有了初步了解，对现行宪法的内容及历次修订内容，特别是2018年修订的内容进一步熟悉。大家深刻意识到宪法在我国法律体系中的重要地位，意识到了学习宪法和维护宪法权威在大学生成长成才中的重要意义。主题班会让大家在思想上认同了以宪法为统帅的社会主义法律体系，在行动上践行社会主义法治观念，增强了建设社会主义法治国家的使命感和责任感。主题班会也有利于帮助大学生全面培养社会主义法治思维方式，自觉尊重社会主义法律权威，能坚持走中国特色社会主义法治道路，达到了法治教育的目的。

二、主题班会：法治校园，你我同行

1. 活动背景

高校作为培养社会主义事业建设所需人才的机构，其教学环境和教学质量对学生的身心健康和发展有着举足轻重的影响。增强在校大学生的法律意识，培养大学生的法治思维,建设法治校园是全面依法治国的必然要求,也是培养担当民族复兴大任的时代新人的必由之路。

2. 活动目的

(1)使学生认识法治的内涵,了解与自身息息相关的系列法律知识。

(2)培养学生主动遵守各种规章制度的行为习惯,在校期间能够自觉遵纪守法。

(3)通过主题班会,让广大同学意识到法律无处不在;法律既在保护着我们,又无时无刻不在约束我们;提升大家的法律素养和法治观念。

3. 活动准备

(1)教师准备。查阅与大学生相关的法律条文;搜集近期的大学生违法案例;事先拟定一个班级公约,以供参考。

(2)学生准备。查阅相关资料,准备制作班级公约;学习一些法律常识,准备参加法律知识问答。

4. 活动过程

(1)主持人宣布主题班会开始。

(2)导入环节:

①请一位同学带头温习社会主义核心价值观的内容,提问,学生回答。

②出示图片,切入主题:这一堂课讲"法治"这一主题。

③出示课题。提问:那么,"法治"是什么意思呢?(法治,就是指依据法律来管理、治理社会。依法治国就是依照法律来管理国家)

(3)请2~3名同学作为代表,组织大家学习中外关于"法治"的名言警句,加深对法治的理解。

(4)谈一谈:作为学校的一员,你了解学校的各项规章和纪律吗?提问,学生回答。你发现平时班级和校园里都有哪些违反校规,破坏班级、学校秩序的行为呢?

(5)互动环节:

①学校设立规章制度就是为了给大家创造一个文明有序的校园环境,使大家能够安心学习、快乐成长。无论在校园里还是校园外,我们都应该主动遵守各种规章制度,自觉遵纪守法。

②为了更好地维护班级秩序,为大家创造一个快乐和谐的学习环境,请大家讨论并制定一个班级公约。

(6)主持人总结。班会接近尾声,生活仍在继续。我们生活在法治的社会,我们必须要有学习法律、遵守法律、树立法治观念的意识,时刻提醒自己法律无时无刻不在。相信本次班会能给大家很多启示,更相信大家在以后的学习和生活中,都能遵守校纪法规,成为一名合格的当代大学生。

5. 活动小结

感谢大家积极参与班会活动。本次班会活动能让大家对身边的法律有更加深入的了解，意识到法律其实是无处不在的，她时刻在提醒着我们必须要有规则意识。通过班会活动，相信大家对法律、法治有更加透彻的理解，也能从思想上和行动上更严格地要求自己遵守学校的各项纪律和国家的各种法律，积极投身法治校园建设之中。同学们集体制作的班级公约，希望大家都能够认真学习和严格遵守，做一名遵纪守法的当代新青年。构建法治校园，需要我们每一位同学的积极参与，我们既是参与者，又是见证者。

第九章　爱　国

第一节　公民的责任和义务

"爱国"位于社会主义核心价值观个人层面的首位,这充分凸显了爱国是对公民最基本的要求。爱国是做人和为人的根本,是每个公民的基本责任和义务,也是全体中华儿女的一种自然而朴素的精神追求。

一、爱国的基本内涵

爱国即热爱自己的国家。爱国是公民对祖国的壮丽河山、民族和文化、国家和社会具有高度的归属感、认同感和荣誉感的集中表现。爱国是基于个人对自己祖国依赖关系的深厚情感,反映了个体对国家的依存关系,它是调节个人与祖国之间关系的道德要求、政治原则和法律规范,也是民族精神的核心。爱国是每个人都应当自觉履行的责任和义务。当代大学生要自觉将爱国与爱党和爱社会主义结合起来,坚定地以实现中华民族伟大复兴为己任,促进民族团结、维护祖国统一、自觉报效祖国。

"公民"是每一个人与生俱来的身份,每一个人一般都生活在特定的国家和民族之中。别林斯基说:"谁不属于自己的祖国,那么他也就不属于人类。"国家赋予了公民特定的种族遗传、社会关系、价值观念、文化修养,每一个社会成员的生活、成长都与他所属的国家和民族兴衰息息相关。古今中外,热爱自己的祖国和民族,是人类社会共同的情怀。

爱国是人类共有的感情。中国古代史学家司马迁说:"常思奋不顾身,而殉国家之急。"贾谊说:"国而忘家。"古希腊诗人荷马说:"为国捐躯,虽死犹荣。"法国大仲马说:"为祖国而死,那是最美的命运啊!"拿破仑说:"爱国是文明人的首要美德。"列宁说:"爱国主义是千百年来形成的对祖国的深厚感情。"邓小平说:"我是中国人民的儿子,我深情地爱着我的祖国和人民。"爱国不需要理由,它是每个公民发自内心的最朴素的情感,也是每一个公民最起码的道德。爱国是每一个公民最基本的道德价值准则,更是公民义不容辞和不可推卸的责任和义务。

世界上各个国家有着各自不同的发展历程和文化传统,在其各自发展过程中形成了迥异的价值理念体系。在不同国家和民族多种多样的价值观念体系中,爱国是各国最为重要的精神价值。它是每个国家和民族的共同精神支柱和核心价值观,因为爱国精神中所蕴含的民族自信心、自尊心和自豪感,是民族精神中最能催人奋进和鼓舞人心的精神力量,爱国主义是一个国家、一个民族凝聚人心的重要思想基础和精神动力。

中国是世界四大文明古国之一,具有五千多年悠久历史,中华民族也曾经创造出光辉灿烂的古代文明,中华文明历经千年发展绵延不绝,从未中断。是什么原因使得中华文明具有如此强大的生命力? 是什么样的精神力量支撑着中华民族历经磨难却生生不息? 当然是中华儿女对自己祖国和民族最深厚、最纯洁、最高尚、最神圣的爱! 是以爱国主义为核心的中华民族精神! 中华民族无论在太平盛世还是危亡关头,始终革故鼎新、自强不息、顽强奋斗。爱国主义是中华文明呈现强大生命力的思想基础,也是中华民族充满生机和活力的精神支柱。在爱国主义旗帜的引领下,中华民族的发展史就是一部爱国主义的历史。伟大的爱国主义精神塑造了中华民族的崇高品格,凝结了中华民族文化和精神的精髓。爱国主义是把中华民族凝聚成为牢不可破的民族大家庭的力量源泉,是动员和鼓舞中国人民团结奋斗的一面旗帜,是推动我国社会历史前进的巨大力量,是各民族共同的精神支柱。在中国历史上,有着"天下兴亡、匹夫有责"的家国情怀,有着"乐以天下、忧以天下"的忧国忧民情结,有着"公而忘私、国而忘家"的为国为民风范,有着"苟利社稷、死生以之""我死则国生,我生则国死"的舍身报国传统。这些都是中华民族漫长发展历史过程中无数感人至深的爱国、报国典范,体现了中国人民对自己国家的深厚情感和价值追求。

二、中国特色社会主义的"爱国"价值观

1. 爱国具有鲜明的时代性和政治性特征

马克思主义认为,爱国是一个历史范畴,不同历史时期有着不同的内容,也有着不同的时代主题。爱国是具体的,不是抽象的,其内容和要求是随着时代变化而不断变化的。爱国主义的生命力就在于时代不断地赋予它新的内涵,因而它具有鲜明的时代特征。当然,爱国主义又总是与特定的社会制度以及这个社会制度下占统治地位的意识形态密切联系在一起的,因此,它具有鲜明的政治性。

在我国漫长的封建社会时期,爱国主义有表现为"黄沙百战穿金甲,不破楼兰终不还"的抗敌御侮、卫国驱寇的英雄气概,也有表现为"先天下之忧而忧,后天下之乐而乐"的忧国忧民、公而忘私的高尚节操,但终究摆脱不了"了却君王天下事,赢得生前身后名"的赤心事君、建功封侯的历史局限。这一时期的爱国主义一般带有"忠君爱国"的色彩。鸦片战争以来,面对帝国主义列强铁蹄的反复践踏,国家处于山河破碎、风雨飘摇之中,爱国主义演化成关天培、葛云飞、邓世昌等将领的"殚竭血战",演化成三元里人民以及义和团等抵抗外侮的斗争,演化成"师夷之长技以制夷"、向西方学习先进技术的自强求富的努力,演化成振衰起弊的喋血维新、变法图强,演化成结束帝制、开创共和的资产阶级民主革命。在抗日战争时期,面对日本帝国主义的疯狂侵略,海内外中华儿女在中国共产党倡导建立的抗日民族统一战线旗帜下空前团结起来,争先投入

保家卫国的伟大斗争之中，整个中华民族同仇敌忾，前赴后继，与侵略者血战14年，最终战胜了日本帝国主义，谱写下惊天地、泣鬼神的爱国主义篇章。

2. 当代"爱国"价值观的主要内容

在当代，爱国主义集中表现为坚持社会主义制度，积极维护祖国统一，实现建设社会主义现代化强国的奋斗目标。邓小平指出："中国人民有自己的民族自尊心和自豪感，以热爱祖国、贡献全部力量建设社会主义祖国为最大光荣，以损害社会主义祖国利益、尊严和荣誉为最大耻辱。"当下，建设社会主义现代化强国，实现中华民族伟大复兴，成为当代中国人民的共同奋斗目标，当然也是当代爱国主义的鲜明时代主题。在当今的中国，爱国、爱党和爱社会主义是高度统一的，爱国的本质特征就是热爱中国共产党和热爱社会主义。因为中国共产党从其诞生之日起就肩负救国救民的历史使命，始终高举爱国主义的伟大旗帜，建立了最广泛的爱国统一战线，为实现民族复兴和国家富强进行了可歌可泣的斗争。中国共产党是中华民族历史上最坚定、最自觉的爱国者。历史和现实同时也已经证明了，只有社会主义才能救中国。历史还将继续证明，只有社会主义才能发展中国。只有坚持社会主义道路，我们国家才能稳定和发展。当今的中国如果背离了社会主义方向，国家和民族必然陷入混乱和倒退。我们如果脱离了对社会主义的爱，爱国主义必将成为一种盲目的热情，甚至可能在爱国的口号下，做出损害国家和人民利益的事情。一个真正的爱国者，必须是对社会主义制度充满感情的人；一个愿意坚持走社会主义道路的人，也必然是一个勇于自我牺牲、具有满腔爱国热忱的爱国主义者。

党的十八大给我们提出了新任务，就是在中国共产党成立一百周年时全面建成小康社会，在新中国建立一百周年时建成富强、民主、文明、和谐的社会主义现代化国家，实现中华民族伟大复兴。党的十九大报告中指出，中国特色社会主义进入新时代，意味着近代以来久经磨难的中华民族迎来了从站起来、富起来到强起来的伟大飞跃，迎来了实现中华民族伟大复兴中国梦的历史机遇。同时，这也就意味着，我们面对坚持和发展中国特色社会主义的艰巨任务，肩负着为人类作出新的更大贡献的使命。习近平总书记说，中国梦是近代以来中国人民最伟大的梦想，"中国梦归根到底是人民的梦，必须紧紧依靠人民来实现。"新时代中国共产党为爱国主义赋予新的时代内涵，把以爱国主义为核心的民族精神与以改革创新为核心的时代精神结合起来，形成了凝心聚力的兴国之魂、强国之魄。在新的时代，我们更应当高举新的爱国主义伟大旗帜，把爱国主义作为团结中华民族的精神力量，让全体中华儿女更加紧密地团结凝聚起来，克服前进道路上的一切艰难险阻，共同走向民族复兴的光明未来。

爱国主义的内涵是随着社会发展而不断丰富和充实的，它始终不变的是对祖国的挚爱之情。爱国主义的发展是与时俱进的时代要求，体现的是实现中华民族伟大复兴的历史性目标。

三、大学生践行"爱国"价值观的基本路径

"不论树的影子有多长，根永远扎在土里。"爱国，既是每个人最基本的情感，也是千百年来不断倡导和传承的价值观。对每一个国家公民而言，爱国是本分也是职责。中

华民族古有"常思奋不顾身，而殉国家之急"的担当，近有"祖国如有难，汝应作前锋"的气概，今有"祖国需要就是最高需要"的情怀。爱国主义体现了每一个中华儿女对祖国的责任，这种责任既是社会发展的客观要求，也是每个人自身发展的客观需要。一个人的成长，一般都要依赖于生于斯、长于斯的祖国。祖国给个人的成长发展创造条件，为个人实现人生价值提供舞台、指明方向。

作为国家公民的青少年是国家的未来和民族的希望。高举爱国旗帜，推动国家发展与社会进步是青年的历史责任和使命担当。北宋的东林书院提倡学子应当"风声雨声读书声声声入耳，家事国事天下事事事关心"。1919年，毛泽东在《湘江评论》中写道："天下者，我们的天下；国家者，我们的国家；社会者，我们的社会。我们不说，谁说？我们不干，谁干？""一代人有一代人的长征，一代人有一代人的担当。"如果说百年之前的青年奔走呼号，为的是救亡图存，那么在不再需要用抛头颅洒热血来表达对国家命运的关切的今天，拥有青春韶华的我们应该如何去爱国呢？

1. 学国史知国情，厚植爱国情怀

某学者针对某高校做过的一项调查显示：在对中国历史（特别是近现代史）的熟悉程度上，有40.9%的被调查者是比较熟悉的，有44.3%的人是一般了解，只有10.3%的人很熟悉，也有4.5%的人表示没有兴趣。[①]"史学者，爱国心之源泉也。"邓小平反复强调："要用历史教育青年，教育人民。"当代青年大学生要认真学习中华民族五千年文明发展史，了解中国古代灿若星河的文学家、史学家和科学家等名家巨匠，也要学习"四书五经""诸子百家""唐诗宋词"和"四大名著"等灿烂文化；学习近代以来100年中帝国主义列强对虚弱的中国反复蹂躏，强迫中国签订了大量不平等条约的屈辱史和中华民族众多仁人志士不屈不挠寻找救国救民道路的抗争史；学习中国共产党从刚成立时的50余名党员到如今党员超过9000余万人，她从小到大、由弱变强的曲折而伟大的成长历史；学习中国共产党领导人民从民主革命、土地革命到抗日战争、解放战争，最后建立新中国，这28年艰苦卓绝的革命历史；学习建国71年来共产党领导人民在建设中国特色社会主义道路过程中的曲折探索和巨大成就史；学习中国共产党实事求是、与时俱进，40多年来带领中国人民搞经济建设、实行改革开放，坚定地走有中国特色的社会主义道路，使中国人民不仅站起来、富起来而且强起来的改革发展史和辉煌成就史。新时代，青年大学生还要学习实现中华民族伟大复兴的新内涵和新要求。习近平总书记在2014年7月7日出席全民族抗战爆发77周年纪念活动上指出："历史是最好的教科书。学习党史、国史，是坚持和发展中国特色社会主义、把党和国家各项事业继续推向前进的必修课。"青年大学生只有全面学习中华民族的文明发展历史和奋斗历程，才能培养出对祖国真挚、深沉的情感。正所谓欲爱之必先知之，知之深才能爱之切。

当代大学生也只有全面了解祖国的历史与现状、屈辱与成就、差距与优势、机遇与挑战才能培养出深沉而坚定的爱国、爱党和爱社会主义的感情。

2. 爱国表达重在笃行，贵在理性

每一个公民表达对祖国热爱之情的方式不尽相同，作为生活在新时代的普通中国

---

① 王翠云. 新时期大学生爱国主义教育研究[D]. 上海：华东师范大学，2011：10.

公民，一般已不需要我们用革命战争年代那样抛头颅、洒热血的方式来表达我们的爱国之情。但作为生于"富起来"、长于"强起来"时代的我们，面对我国的改革开放进入深水期、攻坚期和矛盾凸显期，中国特色社会主义建设进入新时代；面对当今世界"一超多强"，经济竞争全球化、智能化；东西方政治思想领域的意识形态斗争加剧，渗透与反渗透方式更加多元化，手段更加隐蔽化的"百年未有之大变局"，爱国之情、报国之志更需要建立在对国情和世情的客观、全面了解和冷静、理性分析的基础上来合理表达。

作为国家普通公民，爱国之心可以体现在日常生活的方方面面：在社会生活中遵纪守法、遵守公共秩序、遵守公共道德、勇于志愿服务、奉献爱心，自觉维护社会安全稳定与和谐；在家庭生活中孝敬父母、尊老爱幼、节约粮食、不浪费水电煤气；任何时候、任何地点当国歌响、国旗升时，保持庄严和肃穆；在出国旅游中，举止有礼、行为文明，维护我国的国民形象；在国际交往中不卑不亢、彼此尊重，关心人类发展，主动承担国际责任，自觉维护国家利益，树立良好的国家形象……在这些社会和家庭交往的点滴中，同样蕴含着公民的伟大爱国情怀，它是爱国最实在的表现。

立足本职工作，干一行爱一行，干一行专一行，是普通公民表达爱国最基本的方式。公民应在自己的学习、工作岗位上尽自己的最大努力，做好自己的工作，为国家和社会创造更多的物质财富和精神财富，为建设富强、民主、文明、和谐、美丽的社会主义现代化国家贡献一份力量。例如，学生在学校刻苦学习，大胆实践，全面提高专业技能，练就报国、强国本领是爱国；科研人员发挥聪明才智，积极开展创新发明，让"中国浪潮"更澎湃是爱国；工人、农民肯学、肯干、肯钻研，争做"大国工匠"或"新型农民"是爱国；军人苦练军事技能、提高军事素养去保家卫国是爱国；体育健儿刻苦训练，在国际舞台上奋力拼搏，展示中国人的风采，为国争光是爱国等。

当下，我国经历了40多年的改革开放高速发展期，一方面，国家经济GDP总量已跃居世界第二，经济发展正在向高质量发展转变，经济体制改革进入深水区，这既是一个国家发展的黄金机遇期，又是一个社会矛盾的凸显期、多发期。全国人民要坚定地与党和政府站在一起，像保护我们的眼睛一样保护我们来之不易的改革开放成果，维护国家稳定的局面。特别是我们的大学生，更要在维护国家和社会稳定方面做先锋队和排头兵。另一方面，当代国际关系纷繁复杂，在国际政治斗争和经济争端中，公民，特别是大学生要充分理解、相信和支持党和政府以国家的根本利益为出发点的战略部署，不能以自己所谓的非理性的"爱国"言行干扰党和政府的战略部署，而应当认真学习和领会好党和国家的战略意图，做落实这项战略的先进分子。同时，我们还有责任向广大的人民群众宣传、解释党和政府的这项战略，既为党和政府分忧，也为群众释疑解惑。爱国，要知道如何爱，真正的爱是理性，不盲从、不浮夸。对一些网络媒体的不实报道，如西方媒体对2008年拉萨"3·14"事件的片面歪曲报道和诋毁、矮化我们民族英雄的谣言，我们作为大学生应该多方收集信息，理性分析判断，在做到自身不信谣、不传谣的同时，利用各种新媒体平台，多看多转发正确的或者官方的正式信息，积极引导民众辨别虚假信息，帮助疏导民众情绪，消除不稳定因素。

2008年北京奥运火炬传递在法国受阻，2012年日本政府"购买"钓鱼岛和菲律宾在我国南海黄岩岛挑衅。当时，这些事件激发了许多中国人心中的爱国主义情绪。在国内,爱国主义在一些人身上却表现出非理性的行为。如未经批准的游行示威,盲目抵制"家乐福",抵制"日货"和抗议"购岛",一些地方甚至出现了"打砸抢烧"商店、商品的事件,严重扰乱了正常的社会秩序。这些顶着"爱国"名义的非理性暴力行为,损害了同胞利益、损伤了祖国形象,不仅对解决问题没有任何帮助,往往只会落得一个"亲者痛仇者快"的结局。爱国需要激情,更需要理性,我们在表达自己的爱国热情和诉求时,不能仅凭个人片面认知而不顾实际地"表达"个人主观色彩浓烈的"爱国情怀",更不能仅凭网络上的一面之词或自己获得的碎片化信息而做出有损人格与国格的事情;而应该从全民族、国家的最高利益出发,审时度势、弄清事情的起因和来龙去脉,通过客观冷静的思考来解决问题,以达到爱国的动机与效果、内容与形式、手段和目的的统一。一种情绪上宣泄的口号式爱国或者随波逐流式的爱国,都不是真正的爱国或者只能是伪爱国。

有道是"风平浪静,鱼虾不分;惊涛骇浪,方显英雄本色"。国内的改革发展和国际形势的风云变幻,都考验着我们大学生理性爱国的能力,考验着我们大学生维护国家和社会稳定的能力,相信我们广大的大学生经得起这个考验,能够正确而理性地应对。

第二节　典型案例

一、人民音乐家——聂耳

聂耳,原名聂守信,1912年2月出生于云南昆明。1925年,聂耳考入省立第一联合中学。1927年夏,聂耳初中毕业,同年8月考入云南省立第一师范学校(昆明学院的前身),编在高级部外语组高二班,主修英语。1927年8月至1930年7月,聂耳曾在云南省立第一师范学校学习生活、成长成才。1935年7月17日,聂耳在日本神奈川县藤泽市鹄沼海滨游泳时,不幸溺水身亡,年又23岁。

聂耳生前在省立第一师范学校(今昆明学院)学习生活的300余张图片、作业本及若干谱曲手稿,聂耳亲手弹过的钢琴、聂耳时代的课桌椅,省立一师的毕业证影印件等文物均保存于昆明学院图书馆。昆明学院是聂耳的母校,聂耳是昆明学院的杰出校友。

1928年聂耳加入中国共产主义青年团。1930年他到上海参加反帝大同盟,并积极投身中国共产党领导下的革命文艺活动。1931年4月,聂耳考入明月歌剧社,正式开始了他的艺术生涯。1932年聂耳结识了共产党员、戏剧家田汉,在党组织的培养和教育下,聂耳的思想觉悟不断提高。同年聂耳赴北平参加革命音乐活动,不久又回到上海发起、组织中国新兴音乐研究会。1933年初,聂耳由田汉介绍加入中国共产党。从此,聂耳不仅获得了新的政治生命,艺术才华也得到了进一步的发挥,成为中国新音乐的开路先锋和反法西斯的勇士。

20世纪30年代中期,日寇侵占东北后又把铁蹄伸向华北,国内的反动腐朽势力却仍沉溺于纸醉金迷。社会上充斥着"桃花江""毛毛雨""妹妹我爱你"一类萎靡丧志的淫歌艳曲。共产党员作家田汉找到聂耳,他们认为如此"唱靡靡之音,长此下去,人们会成为亡国奴"。

聂耳和田汉商量,要一起创作一首歌,来战胜"桃花江是美人窝"。1935年初,田汉改编了电影《风云儿女》,并写了一首主题歌——《义勇军进行曲》。聂耳根据同田汉一起提出的构想,带着满腔激愤,只用两天时间便写出了《义勇军进行曲》。《义勇军进行曲》反映了在民族危亡时,中华民族万众一心、团结御侮、奋勇抗争、一往无前的伟大爱国主义精神,它极大地激发了中国人民与日本侵略者血战到底的英勇气概。

电影《风云儿女》上映后,《义勇军进行曲》就像插上了翅膀,在祖国大地到处被传唱,给抗日战争中的中华儿女以极大的鼓舞,成为时代的号角、人民的心声,奏响了挽救民族危机的时代最强音。

第二次世界大战中,盟军许多国家广播电台经常播放这首歌。战争结束前夕,《义勇军进行曲》作为中国的代表曲目被列入"盟军胜利之歌"中。1945年,在联合国成立仪式上,《义勇军进行曲》作为中国的代表歌曲现场演奏。1949年9月27日,在中国人民政治协商会议第一届全体会议上,周恩来总理主持通过了《关于国歌的决议方案》,决定在中华人民共和国国歌未正式制定前,以《义勇军进行曲》为代国歌。1982年12月4日,第五届全国人大第五次会议通过决议,确定《义勇军进行曲》为中华人民共和国国歌。2004年3月14日,第十届全国人大第二次会议通过宪法修正案,规定"中华人民共和国国歌是《义勇军进行曲》"。从此,《义勇军进行曲》载入我国宪法,神圣不可侵犯。2017年9月1日,十二届全国人大常委会第二十九次会议第三次全体会议表决通过了《中华人民共和国国歌法》,以国家立法的形式维护了国歌的尊严,规范了国歌的奏唱、播放和使用。

聂耳是伟大的人民音乐家,在他短暂而光辉的一生中还创作了《新女性》《开路先锋》《大路歌》《前进歌》《毕业歌》和《铁蹄下的歌女》等主题歌和插曲30多首。这些歌曲反映了人民的心声,成为鼓舞人民、教育人民、激发民众抗日救亡和打击敌人的有力武器和战斗号角。他所编写的《金蛇狂舞》《翠湖春晓》《山国情侣》等乐曲也深受人民喜爱。

(资料来源:任一林,万鹏.聂耳:中国新音乐的先驱者[N].人民日报,2018-09-29(04).)

二、以身许国的科学家和教育家——黄大年

黄大年,男,1958年8月28日出生在广西壮族自治区南宁市的一个知识分子家庭。1977年,黄大年考入了长春地质学院(1997年更名为长春科技大学,2000年并入吉林大学)应用地球物理系,他在大学先后完成了本科与硕士研究生的学业,并留校任教。1988年,黄大年加入中国共产党。1992年,黄大年得到了全国仅有的30个公派出国名额中的一个,在"中英友好奖学金项目"的全额资助下,被选送至英国利兹大学攻读博士学位。1996年,他以排名第一的成绩获得地球物理学博士学位,之后回国。1997年,他又被派往英国继续从事针对水下隐伏目标和深水油气的高精度探测技术研究工作,在英国剑桥ARKeX航空地球物理公司任高级研究员12年。其间,他担任过研发部主任、博士生导师、培训官。他长期从事海洋和航空快速移动平台高精度地球微重力和磁

力场探测技术工作，成了世界航空地球物理研究领域的引领者。2009年底，黄大年通过"千人计划"回到中国，出任吉林大学地球探测科学与技术学院全职教授、博士生导师。2017年1月8日，黄大年因病医治无效，在长春逝世，享年58岁。2017年1月10日，中共吉林省委常委会追认黄大年为中国共产党党员。

黄大年从小就深受老一辈科学家至诚报国的精神熏陶，1982年他在大学毕业的毕业留念册上，就写下了这样的豪言："振兴中华，乃我辈之责！"1992年，黄大年被派往英国利兹大学地球科学系攻读博士学位时，黄大年坚定地说："我一定会把国外的先进技术带回来！"1996年12月，黄大年以优异的成绩获得博士学位后回到母校报效祖国。比时，国外同行在航空地球物理方面的研究日新月异，黄大年唯恐落下追赶的脚步。第二年，经单位同意，他又前往英国，继续从事探测深水油气和水下隐伏目标的研究，成为当时该领域的少数中国人之一。黄大年在英国虽然事业有成，收入优渥，有花园洋房，妻子在伦敦经营着两间诊所，女儿也上了大学，一家人的生活安逸舒适。但是，他心里始终渴望将这份光与热奉献给祖国。

2009年4月，黄大年收到国家"千人计划"的召唤，毅然决定回国。他婉拒了英国国际航空物理学家乔纳森·沃特森和科研团队的再三挽留，卖掉了学医的妻子苦心经营的两个诊所，于同年12月从英国剑桥飞回祖国怀抱。

地球深部还隐藏着多少秘密？弄清楚这个问题是人类孜孜以求的梦想，也是一个国家的战略需求。西方发达国家在20世纪70至90年代已经完成一轮深部探测，牢牢占据了地质科学领域的制高点，而我国在21世纪初才刚刚起步。国家战略的推进，需要一批科技领军人物，需要一批战略科学家。

黄大年作为国家"千人计划"引进的一位战略科学家，他的主要研究方向为超高精密机械和电子技术、纳米和微电机技术、高温和低温超导原理技术、冷原子干涉原理技术、光纤技术和惯性技术。他一回国，就被委以我国"深部探测技术与实验研究专项"第九分项"深部探测关键仪器装备研制与实验"的首席科学家重任。他以吉林大学为中心，组织全国优秀科研人员数百人，开启了深地探测关键装备攻关研究。黄大年所致力攻关的航空重力梯度仪，就像一个"透视眼"，给地球做"CT"，能洞穿地下每一个角落。这套系统在近年来探明的国外深海大型油田、盆地边缘大型油气田等成功实验中，发挥了至关重要的作用，成为颠覆性技术推动行业突破的典范。

2016年6月28日在中国地质科学院地球深部探测中心，黄大年作为首席科学家主持的"地球深部探测关键仪器装备项目"，通过了评审验收。专家组一致认为，项目总体达到国际领先水平！这表明，作为精确探测地球深处的高端技术装备，航空移动平台探测技术装备项目用5年时间，走完了西方发达国家20多年的路程。中国进入"深地时代"！

地球物理界震惊了，国际航空物理学家盖里·巴尔内斯用两个"非常"评价黄大年："这是一个非常前沿的课题，他做出了非常多的创新。"

黄大年带领的团队创造了多项"中国第一"，为我国"巡天探地潜海"填补多项技术空白，为深地资源探测和国防安全建设作出了突出贡献，被外媒评价为"一个让美航母舰队后退100海里的人"。

黄大年是一位战略科学家,同时也是目光高远的教育家,他培养学生不仅是"授人以渔",更是为了学科发展的未来、人才建设的未来、国家战略的未来。

2010年,吉林大学启动"名师班主任计划",黄大年担任第一届"李四光实验班"的班主任,他自费为班里24名学生每人买了一台笔记本电脑,他说信息时代就要用现代化的信息搜索手段,追求先进的理念必须从细节开始。

黄大年经常对学生说:"一定要出去,出去了一定要回来;一定要出息,出息了一定要报国。"他激励学生要树立远大理想和家国情怀,不能只做国内的佼佼者,应视发达国家一流大学的学生为对手。在黄大年看来,每一个学生都是一块璞玉,只要因材施教都能成才。"你要做好心理准备,跟我搞研究将会很苦,但一定很值得。"每带一届学生之前,黄大年都会和学生说同样的话。

黄大年的办公桌旁有两张椅子,两台电脑。倒不是因为"阔绰",而是专门为学生准备的。学生来了,就坐在黄大年身旁,一人一台电脑,讨论清晰高效。他办公室的窗户无论冬夏,都开一条缝。"思考需要氧气!"黄老师的连珠妙语经常把学生逗乐。在黄大年的办公室对面,是一间小有名气的"茶思屋",这是黄大年专为学生开辟的"造梦空间",学习累了、心情差了,大脑一时"短路"了,都可以到这里来喝喝下午茶,许多"脑洞"也许就被轻松打开了。

在学生心里,黄大年既是一位严师,又是一位慈父。怕学生节假日想家,他就邀请学生去自己家做客;谁感冒了,他抽屉里永远预备着感冒冲剂;听说一个学生父母腰有病痛,就托人从国外带回药片;要出远门,他带着学生的作业在路上批改;住进了重症监护室,仍不忘叮嘱学生修改作业中的错漏……黄大年最想做的,就是带出一批像样的年轻人,在地球物理研究的国际舞台上,站得住脚,有话语权,让中国的脊梁挺起来!几年时间,黄大年共培养博士13名、硕士5名。

黄大年是一代人的楷模,是中国知识分子的楷模,是460万留学生的楷模。2017年5月,中共中央总书记、国家主席、中央军委主席习近平作出指示,号召向黄大年学习。

（资料来源:温红彦,吴储岐. 心有大我,山一样的巍峨——追记著名地球物理学家[N].
人民日报,2017-07-12.）

第三节　主题教育活动方案设计

一、寻甸县红军长征柯渡纪念馆参观体验活动

1. 活动背景

习近平总书记指出,要"把红色资源利用好,把红色传统发扬好,把红色基因传承好"。红色文化是在中国共产党领导人民进行革命斗争过程中,由中国共产党人、先进分子和人民群众共同创造的具有中国特色的先进文化,红色文化具有崇高的革命精神和丰富的历史文化内涵。红色教育基地、红歌是红色文化的重要元素,是中国革命历史的真实写照。参观红色教育基地,唱红歌让大学生们在现场缅怀老一辈革命家们抛头

颁洒热血的革命岁月,激发大学生的爱国热情,让红色基因代代相传,让红色精神激励青年一代在新时代砥砺奋斗,为祖国美好的明天作贡献。

2.活动目的

本次学习体验活动,一方面让大学生现场聆听红军在二万五千里长征过程中的战斗故事,特别是毛泽东、朱德等老一辈无产阶级革命家领导的中央红军和二六军团在寻甸柯渡打土豪、分浮财和指挥红军巧渡金沙江的故事;另一方面,让同学们在现场参观红军战斗留下的文物和生活遗迹,感受老一辈革命家精神风范。激发大学生们爱国、爱党的热情,不断完善自我,面对新时代的挑战,用自己的实际行动,肩负起应有的国家责任。

3.活动准备

(1)教师准备。查阅红军长征有关历史知识,特别是红军长征经过昆明寻甸县柯渡镇的有关历史知识。

(2)学生准备。统计参加活动的学生人数,做好人员分工、租车、买水、定制标语等准备工作。

4.活动过程

(1)聆听讲解员介绍红军长征两次进入寻甸的总体情况。

1934年10月第五次反围剿失败后,中国工农红军被迫进行战略转移,开始了漫长的两万五千里长征。1935年4月28日,中央红军长征进入寻甸县,4月29日发布《关于我军速渡金沙江在川西建立苏区的指示》。30日,毛泽东、周恩来、朱德、张闻天、王稼祥等中央领导进驻柯渡镇丹桂村,并对强渡金沙江作具体部署。1936年4月4日,贺龙、任弼时、关向应、萧克等同志率领红二、六军团再次长征进入寻甸县,并于4月9日进行了著名的"六甲之战",打退了敌人的追击,连克十座县城,从丽江的石鼓渡口胜利渡过金沙江。

(2)实地参观纪念馆,了解纪念馆的建设情况。

红军长征柯渡纪念馆主要包括中央红军总部长征驻地旧址,总参谋部作战室,毛泽东、周恩来、刘伯承、朱德等同志长征路居丹桂村的休息室及烈士遗物。

1977年10月,云南省政府在丹桂村建立了红军长征柯渡纪念馆,1983年纪念馆成为第一批全国重点文物保护单位,1992年被确定为省级、现代史教育基地,1997年被省委、省政府命名为云南省爱国主义教育基地。

现在,纪念馆几经修缮、扩建,其展馆已能运用多媒体声光手段,以影片、视频等方式真实再现当年红军长征史实,并将当年红军使用过的马灯、草鞋等实物进行了补充陈列布展。

(3)党员师生重温入党誓词或新党员宣誓(领誓人:辅导员)。

我志愿加入中国共产党,拥护党的纲领,遵守党的章程,履行党员义务,执行党的决定,严守党的纪律,保守党的秘密,对党忠诚,积极工作,为共产主义奋斗终身,随时准备为党和人民牺牲一切,永不叛党。

(4)全体师生重走红军长征路。

5. 活动小结

通过实地到寻甸县柯渡镇红军长征柯渡纪念馆的实践体验活动,同学们近距离参观了红军领导人毛泽东、朱德、周恩来等老一辈无产阶级革命家和红军战士在寻甸战斗生活的场景,聆听了他们的英勇事迹和感人故事,实地体验了一段红军"长征路",党员重温了入党誓词。我们对波澜壮阔、可歌可泣的红军长征历史有了更加深刻的认识和感受,更加热爱今天来之不易的社会主义中国,坚定了为共产主义奋斗终身的理想信念。每个同学撰写一篇活动心得,班级制作活动短视频(VCR)。

二、主题班会:祖国在我心中

1. 活动背景

当代青年,特别是高校大学生肩负着国家建设和民族未来的希望,他们正处于"拔节孕穗期",是价值观形成的关键阶段,加强对大学生的爱国主义教育,增强他们的爱国主义觉悟,有利于帮助他们树立正确的世界观、人生观和价值观。

爱国主义教育是一种情感教育,高校在坚持课堂教学这个主渠道的同时,还应根据大学生的特点采取一些生动活泼、寓教于乐的参与式、互动式教育方式,让每一个学生都成为活动中的主角,让他们既是受教者也是施教者,营造一种人人参与、个个是活动主体的氛围,使学生在活动中受到爱国主义思想和精神的感染、熏陶。这将更有利于学生的爱国主义情感培养和习惯养成,以期进一步增强爱国主义教育的针对性和实效性。

2. 活动目的

通过开展本次主题班会,让同学们在参与中、互动中了解中华文明的悠久历史和博大精深的内涵,深刻认识祖国的伟大,激发全体同学的爱国热情,对全班同学进行爱国主义精神教育,树立爱国就在身边,爱国从身边的事做起,从现在做起的意识。

3. 活动准备

教师查阅相关历史资料,准备知识竞答题目;同学分组、分工做相关知识、表演准备;制作相关幻灯片(PPT)或短视频(VCR)。

4. 活动过程

(1)宣布主题班会开始。

主持人:(男女生各一人)

男:我们伟大的祖国,是世界上历史最悠久的文明古国之一。她幅员辽阔,山河壮丽,巍然屹立在世界的东方。

女:雄伟的长江,豪放的黄河,伟岸的长城,挺拔的泰山,构成了中华民族的坚强脊梁。(多媒体展示相关图片)

男:九百六十万平方公里的广袤大陆是我们的摇篮。千百条纵横交错的大江河流是我们的乳汁。

合:我们在温暖的摇篮里喝着祖国母亲香甜的乳汁,一天一天茁壮成长。无论走多远,我们都不能忘记我们是中国人;无论到何时,我们都不能忘本,我们是炎黄子孙。啊!我自豪,我是中国人!《祖国在我心中》主题班会现在开始。

(2)祖国的古代文明成就(10~15分钟)(多媒体展示幻灯片PPT)。

男:古老的东方有一条龙,他的名字就叫长江,古老的东方有一条河,他的名字就叫黄河。

女:这优美动听的歌词,不禁让人浮想联翩。

男:光辉灿烂的中华文化如浮光掠影在眼前呈现。

女:黄钟大吕,暮鼓晨钟,又一起在耳际交响。

女:首先,让我们一起用歌声抒发我们热爱祖国的情感,请全体起立合唱《歌唱祖国》。(多媒体配乐)

男:我们伟大的祖国历史悠久,是世界四大文明古国之一,也是迄今四大文明古国中唯一生生不息地存在至今的国家。

女:我们的祖先创造了令人叹止的古老文明,为世界文明的发展留下了灿烂的文化与先进的科技,这是令多少中华儿女为之自豪的成就。

主持人:下面,请同学们介绍我国古代的文明成就。

学生1:我国的“四大发明”——指南针、造纸术、火药、印刷术,为世界文明的发展作出了巨大的贡献。纸的广泛利用,促进了文化事业的繁荣。隋唐时期,我国发明了雕版印刷术。

学生2:1041年至1048年,杭州工匠毕昇又发明了活字印刷术。在唐朝,更有制造火药的记载。到宋代,我国古代劳动人民发明了人工磁化方法,产生了较高级的指南仪器。

学生3:我国古代的青铜冶炼技术在当时是世界上最先进的,夏代就有青铜容器和兵器。商朝中期,青铜器品种已很丰富,并出现了铭文和精细的花纹。商晚期至西周早期,是青铜器发展的鼎盛时期。中国古代铜器,是我们的祖先对人类物质文明的巨大贡献。世界上没有一个地方的铜器可以与中国古代铜器相媲美。

学生4:我国东汉科学家张衡于公元132年发明了世界上第一架测定地震及方位的地动仪,比欧洲早1700多年。六年后,他又研制成了候风地动仪。

学生5:在天文学方面,张衡还发明了“浑天仪”(公元117年),是世界上第一台用水力推动的大型观察星象的天文仪器。

学生6:中国的汉字是世界上保留下来最古老的文字。世界上曾经存在过的其他古老文字,如古埃及的圣书字、苏美尔象形符号等,但都已失传,只有汉字从古代一直沿用至今。从甲骨文到现代汉字,不仅对中华民族的发展具有巨大的凝聚力,而且记录了中华民族灿烂的五千年文明史。

学生7:中国文学历史之悠久,种类之繁多,形式之丰盈,都可以与世界上任何一个文学大国的文学相媲美。

学生8:《诗经》是中国第一部诗歌总集,在其后漫长的社会里,文学得到进一步发展,而且不同朝代有不同的主要文学形式。简要地说,就是先秦散文、汉赋、唐诗、宋词、元曲、明清小说。

（3）祖国现代辉煌成就（10~15分钟）。

男：我们两组的同学通过查阅资料，搜集、整理了新中国成立后和改革开放以来所创造的一些辉煌成就，下面请他们分别向大家作简要介绍。

第一组（10人）小组代表介绍中国第一颗原子弹和氢弹成功爆炸、第一颗人造卫星上天以及牛结晶胰岛素合成等建设成就。（媒体播放剪辑合成的短视频VCR或图片幻灯片PPT）

第二组（10人）小组代表介绍中国超级工程：港珠澳大桥、上海中心大厦、海上巨型风机、超级LNG船的建设情况。（媒体播放剪辑合成的短视频VCR或图片幻灯片PPT）

女：听完他们的介绍，我们加深了对祖国的了解。今天的中国，正朝着复兴中华民族的宏伟梦想阔步前进，要实现巨龙的腾飞，需要我们每一个大学生从现在起就学好专业理论，掌握先进的科技文化知识，将来投身到建设祖国的行列中去。

男：他们的介绍，让我们体验到祖国所发生的深刻变化。我想，在座的各位同学都一定有许多感想，下面就请同学们结合自身实际来谈谈。

学生畅谈感想……

男：同学们刚才的一番话语，表达了大家学好文化知识，掌握本领的坚定心声，同学们，让我们一起努力吧！

（4）诗朗诵《我和我的祖国》（10~15分钟）（多媒体配乐）。

请告诉我祖国是什么？

祖国是长江，

祖国是黄河，

祖国是昆仑，

祖国是五岳，

祖国是东海的晨曦，

祖国是南湖的碧波，

祖国是长白的松涛，

祖国是北国的瑞雪，

……

这些回答多么生动，

这些回答多么形象；

可我要说，祖国是你，

可我要说，祖国是我；

祖国是14亿人的一个大家庭，

祖国是中华民族所有儿女的集合……

祖国很大很大，

很大很大的祖国，

有山的巍峨，河的宽阔，

有九百六十万平方公里的总和；

祖国又很小很小，

很小很小的祖国，
在我的心上印着，
在我的舌尖托着；
它随着我的呼吸起起伏伏，
它随着我的脉搏升升落落；
它就在我的体内啊，
和我的肌体相互融合；
它是我身体的每一根神经，
它是我血管的每一滴血液；
它是我体内的每一块骨骼，
支撑着我的肌体我的生活；
朋友，你可以拿走我的花朵，
可以拿走我的绿叶；
也可以拿走我的诗歌，
可你不能啊，不能拿走我体内的祖国！
拿走它，我会缺少骨骼的支撑，从此倒地；
拿走它，我会缺少血脉的滋养，走向枯竭……
我知道，一片枯叶飘落不意味凋零，
我知道，一束花绽开不意味收获；
可我仍努力用我的汗水我的心血，
滋养它的叶、它的花、它的果；
它是一棵大树，我是它的一只鸟儿，
我的鸣叫会使它变得蓬蓬勃勃；
它是希望的田野，我会用翻动季节的手指，
打开一个丰满的春天，使它感到愉悦；
它是结冰的小河，我会敲开它的玻璃，
让它扭动身躯一路高歌扑进大海心窝；
它是一粒种子，含在我的口里，
我的唾液会催它发芽，催它拔节，催它萌叶；
我是它田畴上的一株谷苗，
我会以弯曲的头颅向它深深致谢……
祖国啊，我亲爱的祖国，
铺开广袤的土地，我们描绘春色；
浓浓地舒展枝叶，灿烂地开放花朵，
编织婆娑的叶影装点祖国山河……
合：历史的长河奔流不息，改革开放的春天带领我们走进中华民族伟大复兴的新时代。凝眸历史，我们心往神驰，畅想未来，我们心潮澎湃，伟大的祖国，我们爱——您！
全班合：祖国在我心中，祖国，我们爱你！（多媒体展示标语）

5. 活动小结

我们的祖国幅员辽阔、江山如画，她在五千年的悠久发展过程中曾有过辉煌的成就，她促进了人类文明的发展，她也曾在百年沧桑中饱受欺凌。1921年中国共产党诞生后，在党的领导下，经过28年艰苦卓绝的斗争，建立了新中国。新中国成立后，在经历了70年艰苦曲折的探索建设和辉煌灿烂的改革发展，中国特色社会主义祖国取得了一系列骄人成就。

本次主题班会同学们准备得很充分，表现得都很出色。同学们，只有我们的祖国变得强大，人民才会有幸福安康的生活，而要把我们的祖国建设得更加美好，需要靠每一个中国人，更要靠我们在座的每一位青年大学生。我们爱祖国就要积极锻炼我们的体魄，更加努力地学习文化知识，在奋斗的路上与祖国一道迎接未来的挑战。

第十章　敬　业

第一节　劳动者可贵的精神品质

敬业是社会主义核心价值观在公民个人层面的重要价值准则和基本的道德规范，是社会主义职业道德的核心内容。是每一个公民对自己所从事的工作严肃谨慎的态度、认真负责的精神和精益求精的品质。敬业具有重要的主体意义和崇高的社会价值，敬业精神是一个国家各项事业健康发展的基础和保障，是社会进步的道德规范和信仰支撑。敬业是人类社会最为普遍的价值观，古往今来，凡是有所成就的个人和民族，无不拥有卓越的敬业精神。中华民族历来有"敬业乐群""忠于职守"的传统美德。

一、敬业的基本内涵

敬业作为针对公民个人行为的重要价值要求，是对公民职业行为准则的价值评价。要求公民忠于职守、克己奉公、服务人民、服务社会，充分体现了社会主义职业精神。

从字面上理解，敬，其本义是对人尊重，有礼貌。古籍对"敬"字有如下解释："敬，肃也。"（汉·许慎《说文解字》）；"敬，警也。恒自肃警也。"（汉·刘熙《释名》）；"敬，恭也，慎也。"（南朝·顾野王《玉篇》）。故"敬"字在这里可以理解为严肃谨慎地对待，不怠慢、不苟且。业，是指人们所从事的工作及学业，包括一切促进人类生存与发展的劳动和工作。因此，"敬业"二字，通俗地说，就是严肃认真地对待自己所做的事情，对其心存敬畏，尽职尽责，不随便、不马虎、不敷衍了事、不得过且过。

（1）敬业是人的一种主观精神状态，是一个人对自己的劳动、工作、职业、事业、使命、义务、职责的敬畏态度和负责精神，它折射了一个人的世界观、人生观、价值观。

人生活于社会之中，都要从事某种具体的工作。人的一生总是在某种特定的职业生活或工作中度过的。如何对待自己所从事的职业，以什么样的精神状态投入自己所从事的工作，是做好一切工作的首要前提。敬业价值观首先要求人们尊重和认同自己的职业,珍惜自己的工作岗位,对工作心存敬畏并认真负责。这是对待工作的起码态度,也是敬业价值观的基本要求。

敬业,自古以来就是我国传统文化中一个重要的价值观念,历朝历代思想家都对其有过经典阐述。

孔子及其弟子历来珍视"敬"的价值,主张人在一生中始终要"事思敬""执事敬""修己以敬"。"事思敬"是说要专心致志做所要做的事;"执事敬"是指行事要严肃、认真、不怠慢;"修己以敬"是指加强自身修养,保持恭敬、谦逊的态度。在今天来看,"事思敬""执事敬""修己以敬"也是人们对待一切工作的基本要求。

战国时期,《韩非子·喻老》对敬业也进行了精辟论述。韩非子在解释了《道德经》的"图难于其易,为大于其细。天下难事,必作于易;天下大事,必作于细"后,得出"慎易以避难,敬细以远大"的结论,意思就是说,谨慎地对待容易的事,就可以避免危难;慎重地处理细小的事,就可以远离大灾。

西汉时期官员、学者、礼学家戴圣在《礼记·学记》中提出的"敬业乐群"备受后人推崇。"敬业乐群"本义是老师考核学生的一个指标,即学生对学业的专注及与他人的交往、协作。后人引申为人们对学业、职业的专注及对集体的认同。

南宋著名思想家朱熹将敬业解释为"专心致志,以事其业"。

诸葛亮是我国历史上杰出的政治家、军事家,被视为中华民族智慧的化身,大智大勇的代表。东汉末年,刘备三顾茅庐,从襄阳隆中请出诸葛亮为其军师。当时,魏、蜀、吴三国鼎立,三国之中蜀国国小人少,实力较弱,诸葛亮从长远利益着手,建立吴蜀联盟,使蜀国得以全力对付魏国。对内,诸葛亮充实国家力量,安定人民生活;注重选拔人才,任人唯贤;赏罚分明;虚心征求各方面的意见;严格要求各级官吏,惩办贪污不法行为,以形成官员廉洁奉公的风气。诸葛亮一生不辞辛苦、兢兢业业、为国为民、呕心沥血,实现了他《后出师表》中所说的"鞠躬尽瘁,死而后已",留下了敬业的美名。

晚清"中兴第一名臣"曾国藩在其家书中这样告诫家人:"一家之中勤则兴,懒则败。一定之理,愿吾弟及儿侄等听之省之。""家中兄弟子侄,总宜以勤敬二字为法。一家能勤能敬,虽乱世亦有兴旺气象;一身能勤能敬,虽愚人亦有贤智风味。"意思是说,一个家庭,勤则兴,懒则败,这是不变的道理,大家一定要认真听从、认真反省。家中兄弟子侄,应该时刻牢记勤敬二字,一个家庭,能勤能敬,虽然身处乱世也会有兴旺的气象;一个人,能勤能敬,虽然天资愚笨,但也会有圣贤智者的风味。

中国近代维新派代表人物梁启超在其《敬业与乐业》的著名演讲中,明确指出"'敬业乐业'四个字,是人类生活的不二法门",并深刻论述了敬业与乐业的重要性。

2019年初,一则"最敬业变脸"的新闻刷屏。1月25日,贵州毕节一高速公路女收费员正清理车道,帮忙推走故障车辆时,后面排队的司机不知情大骂其动作缓慢。刚工作不久的收费员被骂哭,但她很快抹掉眼泪,在几秒钟内"变脸",微笑面对下一位车主。看到此,网友们不禁感叹:"敬业福"应该颁给这位收费员。在这位年仅19岁的女孩身上,我们看到,敬业的人总能在平凡的岗位上绽放最耀眼的光彩。

习近平总书记2014年5月8日在同中央办公厅各单位班子成员和干部职工代表座谈时的讲话中,引用《韩非子·喻老》的典故强调:"面对艰巨繁重的任务,大家要以强烈的事业心和高度的使命感,兢兢业业做好各项工作,做到敬业守责、尽心尽力……要牢记'天下大事必作于细''慎易以避难、敬细以远大'的道理,无论办文办会办事,都要一丝不苟、严谨细致、精益求精,于细微之处见精神,在细节之间显水平。"

总之,认认真真、恪尽职守的精神态度,是敬业价值观的首要内涵,是良好职业道德的集中体现。

(2)敬业也是公民的一种优秀行为品质,它体现在从业者严格遵守职业道德,一丝不苟、严谨细致、勤奋刻苦、精益求精的职业行为中。

要把工作做好,除了认真负责的工作态度外,还必须有勤奋刻苦、踏实肯干、精益求精的工作作风和行为品质。在这个世界上,凡是有所成就者,尤其是那些为社会作出重大贡献的人,都有一个共同的特质,即对工作和事业高度负责,勤奋、实干、刻苦,不断开拓创新、追求卓越。

北京市王府井大街的百货大楼前,树立着一尊雕像。人们塑起它是为了纪念一位普通的劳动者——张秉贵。张秉贵生前长期在王府井百货大楼的糖果柜台担任售货员,他从没有因为自己工作的平凡而放松要求,而是全心全意为顾客着想,千方百计提高服务质量。当时因为物资匮乏,顾客常常要在柜台前排起长队。为了缩短顾客等候的时间,张秉贵苦练工作技能,练出了称重"一抓准"、算账"一口清"的绝技。每逢节假日,张秉贵在柜台前一站就是十几个小时,但他始终面带微笑,热情地为每一个顾客提供耐心周到的服务。他这种爱岗敬业的态度,被人们誉为"一团火"精神。在30余年的柜台生涯中,他对待顾客主动、热情、周到、耐心,用胸中的"一团火"温暖了千千万万顾客的心。他对业务精益求精,他拿糖"一抓准"、算账"一口清"的售货技艺令人赞不绝口,敬业精神感动无数人。张秉贵于1959年、1979年先后荣获"全国先进生产者"和"全国劳动模范"称号,他的敬业品质彰显了平凡之中的伟大。

"全国优秀共产党员""2011感动中国十大人物"之一的吴孟超是新时代"敬业乐群"的杰出代表。吴孟超是世界上少有的90岁高龄仍然工作在手术台前的一位医生。他不仅是一位优秀的肝脏科临床医生,更是一位杰出的医学研究者,是我国肝脏外科医学奠基人。50年间,吴孟超推动中国的肝脏医学从无到有,从有到精,他的成就令全球同行瞩目、敬佩、感动。"感动中国十大人物"活动组给吴孟超的颁奖词是:"60年前,他搭建了第一张手术台,到今天也没有离开。手中一把刀,游刃肝胆,依然精准;心中一团火,守着誓言,从未熄灭。他是不知疲倦的老马,要把病人一个一个驮过河。"感动中国推选委员胡占凡这样评价:吴孟超总以无尽赤忱善待病人,以赤子之爱对待肝胆外科事业。医者仁心,一个伟大的医者,不仅凭医术,更凭仁爱感动世人。吴孟超先生,是当之无愧的医学泰斗。

其美多吉是中国邮政集团四川省甘孜县邮政分公司邮车驾驶员,承担川藏邮路甘孜到德格段的邮运任务。他爱岗敬业,30年如一日,驾驶邮车在平均海拔3500米的雪线邮路上运送邮件,累计行驶里程140多万公里,没有发生过一起责任事故。他意志坚强,遭遇歹徒袭击时挺身而出,用鲜血和生命守护邮件安全,身负重伤后坚持康复锻炼,以坚韧的毅力重新走上工作岗位。他珍爱团结,以螺丝钉精神紧紧钉在川藏线上,将来自党中央的声音、祖国四面八方的邮件送往雪域的各个角落,用真情奉献为促进藏区经济社会发展作出了积极贡献,被群众誉为"雪线邮路的幸福使者"。其美多吉是忠诚使命、履行职责的榜样,是立足岗位、奉献人民的典型。其美多吉荣获"感动中国2018年度人物"荣誉。2019年1月,中央宣传部向全社会发布其美多吉的先进事迹,授予他"时代楷模"称号。2019年9月,其美多吉当选第七届全国道德模范(全国敬业奉献模范)。

(3)敬业是视职业、工作、劳动、创造、贡献为公民的社会责任和义务,视劳动和工作为实现个人理想和个人价值的基本途径。

这是敬业价值观的最高境界。审视人们的工作动机和动力可以看到,人们从事一种工作的动机和动力是各不相同的。有的人的工作动机仅仅是为了谋生,为了个人和家庭生活幸福;有的人的工作动机可能是基于某种兴趣爱好,基于一种理想的人生规划和个人职业生涯规划;有些人则把工作视为公民的责任和义务,视为一种人生价值追求或生命追求,视为个人自我实现的基本途径,甚至把工作和奉献当作个人的一种生活方式。从价值等级上考察,第三种工作动机当然具有最高层次的价值和意义。敬业价值观的最高境界就应当是视工作为公民责任和自我实现的途径。无论在历史上还是在现实生活中,都有这样的敬业典范。三过家门而不入的治水英雄大禹、跋山涉水遍尝百草的李时珍、"宁可少活二十年,拼命也要拿下大油田"的铁人王进喜、排除万难归国报效的"中国导弹之父"钱学森、全心全意为人民服务的雷锋、艰苦奋斗"敢教日月换新天"的好书记焦裕禄、"只要生命不结束,服务人民不停止"的最美奋斗者杨善洲、新冠肺炎疫情发生后逆行出征冲向疫情防控第一线的医护人员等,他们值得人们仰慕和崇敬,他们的敬业精神是宝贵的精神财富,永远不会过时。

二、中国特色社会主义的"敬业"价值观

1. 马克思主义的"敬业"价值观

从哲学角度来看,敬业是人存在与发展的本质所在。马克思十分深刻地论述过劳动在人类的生产、人和人类社会的形成和发展中的地位和作用。马克思强调物质生产劳动是人类社会发展的物质基础,认为劳动对人和人类社会的形成和发展具有根本的决定意义。"劳动创造了人本身",这是马克思主义劳动学说的一条基本论断。劳动使人手专门化,从而导致工具的出现,使人由动物界分化出来,正是制造工具这样有意识的活动把人类劳动同动物本能式的活动区别开来,人类劳动成为运用自己制造工具的有意识、有目的、有计划地改造自然的社会实践活动。正如恩格斯指出的:"动物仅仅利用外部自然界,单纯地以自己的存在来使自然界改变;而人则通过他所作出的改变来使自然界为自己的目的服务,来支配自然界。这便是人同其他动物的最后的本质区别。而造成这一区别的还是劳动。"语言从劳动中并和劳动一起产生了出来,人脑、感官、意识以及抽象能力、推理能力的发展,又反过来对劳动和语言发生作用,促成了"完全的人"的形成。并且人的社会性这一本质也是通过劳动而产生、实现并得到证明的,即在劳动过程中,在人与自然、人与人之间的相互关系和辩证运动中才能确定,才得以产生、实现和得到证明,而这种相互关系和辩证运动,是在劳动过程中表现出来的。所

以,劳动是人的社会本性和社会关系形成和发展的基础,是人在社会实践中彼此相互联系、共同生活的第一个基本的实践形式。

马克思还说:"任何一个民族,如果停止劳动,不用说一年,就是几个星期,也要灭亡。"

马克思对劳动是人的本质的论述,启示我们幸福根源于确证人的本质力量的劳动而非单纯的物质享受。只有在劳动中,人才能找到自己生存发展的意义,才能体会到做人的充实。正因为如此,人的生命的长度与宽度往往不是以岁月来计算,而是以事业来计算的。在人类历史中,在人的一生涯中,保留下来的都是他做过什么事情,取得了什么样的成果。人做的事情越多,成果越丰硕,他的生命内涵就越丰富,那些大的成果,会成为一个人生命中的里程碑。

生产劳动的重要性决定了敬业价值观的必然性和重要性,敬业是实现社会生存与发展、国家富强、人民富裕的根本途径。

2. 国家、社会、个人的发展进步离不开敬业

国家的发展与社会的进步,团队事业的成功与组织目标的实现,个人作为的大小与价值的实现,都有赖于每一个从职者的敬业。

国家的发展与社会的进步离不开敬业。任何一个国家想要实现快速发展,国民必须拥有好好做事的精神状态。纵观每一个世界强国,在他们的发展历程中,都与国民的敬业分不开。美国是个典型的移民国家,大多数人去美国是为了寻求更好的工作机会以实现自己的梦想,故人们普遍将敬业作为自己的人生准则。他们认为,人们必须把职业视为人生的目的、使命和价值所在,必须尽一切努力履行自己的责任。德国人的敬业世界闻名,他们对任何事情都严谨认真,不做投机取巧之事,在经济、文化等诸多领域令世界仰望。中华民族同样是敬业的民族,勤劳勇敢是我们的传统美德。正是依靠敬业奉献,我们在历史上创造了灿烂的文明。改革开放以来,我们缔造了经济发展的奇迹。历史经验反复证明,国民敬业则国家强盛、社会进步,国民懈怠则社会衰退。

团队事业的成功与组织目标的实现,离不开员工的敬业。无论是党政机关还是事业单位、企业组织,员工的敬业度高,事业即使遇到挫折,最终也会克服困难取得成功;如果员工混日子的思想比较严重,即使事业看起来顺风顺水,衰败迟早也会到来。看看我们的身边,有很多企业曾经辉煌过,但是最终停工破产了,原因可能是多方面的,但企业人浮于事,特别是领导层骄傲自满、不思进取是主要原因。

敬业精神的强弱,敬业水准的高低,还直接决定个人作为的大小。在这个社会上,凡是有所作为的人,都是非常敬业的;凡是事业成功的人,都是特别勤奋的。诗人吟出了好诗,往往是他"童心便有爱书癖,手指今余把笔痕"的结果;很多企业家事业干得风生水起,是因为他们都经历过创业的艰辛,懂得敬业是立业之本。

3. 敬业是实现中国梦的动力之源

一份职业,一个工作岗位,都是一个人赖以生存和发展的基础和保障。同时,每一个工作岗位的存在,都是人类社会存在和发展的需要。一个人拥有一份职业,意味着社会需要你,也意味着你有实现人生价值的平台。敬业不仅是个人生存和发展的需要,也是社会存在和发展的需要。

在当代中国,敬业具有更为特殊的重要意义,敬业是实现中国梦的动力之源。党的十九大报告指出:"实现中华民族伟大复兴是近代以来中华民族最伟大的梦想。""中华民族伟大复兴,绝不是轻轻松松、敲锣打鼓就能实现的。"要靠14亿中国人民努力创造,需要我们每个人艰苦奋斗、勤奋敬业、拼搏奉献。习近平同志指出:"劳动是推动人类社会进步的根本力量。幸福不会从天而降,梦想不会自动成真。实现我们的奋斗目标,开创我们的美好未来,必须紧紧依靠人民、始终为了人民,必须依靠辛勤劳动、诚实劳动、创造性劳动。我们说'空谈误国,实干兴邦',实干首先就要脚踏实地劳动。"[①]

三、大学生践行"敬业"价值观的基本路径

1. 敬业的基本要求

作为社会主义核心价值观,敬业是人们处理职业道德问题时必须坚持的核心理念。那么,怎样做才算是敬业? 敬业有哪些基本要求呢?

在现代社会,敬业的人通常有如下这些特点:他们有把工作做到最好的愿望和承诺;他们不但热情洋溢、精力充沛地完成本职工作,而且还在提高质量、提高效率和改善服务上下工夫;他们给团队带来新的点子,用他们的敬业精神鼓舞其他团队成员;他们极少寻找跳槽的机会;他们相信组织的使命,用自己的行动和敬业的态度挖掘其他人的潜力,提高劳动生产率。故一般来说,敬业意味着:

爱岗:有牢固的专业思想,热爱本职,忠于职守。

尽责:有强烈的责任担当,尽职尽责,尽心尽力。

专注:有勤勉的工作态度,专心致志、心无旁骛。

钻研:有旺盛的进取意识,不断创新,精益求精。

奉献:有无私的奉献精神,克己奉公,忘我工作。

爱岗是敬业的首要因素。爱岗和敬业,互为前提,相互支持,相辅相成。爱岗是敬业的基石,敬业是爱岗的升华。爱岗就是热爱自己的工作岗位,热爱本职工作,敬业就是要用一种恭敬严肃的态度对待自己的工作。爱是投入的前提,敬是责任的缘起。只有热爱自己的本职工作,才会始终保持强烈的责任感,才会在工作中投入自己最大的精力,才会自觉地把工作当作事业来干。热爱自己的工作,就不会把工作当作为了生计,而是看成是自己的事业;热爱自己的工作,就不会只想着这是个临时的位置,整天琢磨着如何跳槽;热爱自己的工作,才不会把它看成是苦差事,而是主动从中寻找乐趣;热爱自己的工作,才不会觉得糊弄过去就行了,而是力求把工作做到完美;热爱自己的工作,就会努力激发自己的潜能,全面提高自己的工作能力。古代思想家荀子的"凡百事之成也,必在敬之;其败也,必在慢之"说的就是这个意思。

尽责是敬业的必然选择。如果是自己喜欢的职业,做到爱岗一般不会有什么问题,但现实生活中能够找到理想职业的人毕竟是少数,对于多数人来说,必须面对现实,去从事社会所需要而自己内心不太愿意干的工作。在这种情况下,如果没有"干一行,爱一行"的精神,那么你就很难干好工作,很难做到敬业。如果只从兴趣出发,见异思迁,"干一行,厌一行",不但自己的聪明才智得不到充分发挥,甚至会给工作带来损失。尽

①《习近平在同全国劳动模范代表座谈时的讲话》2013年4月28日。

责就是不论你喜不喜欢都必须对工作认真负责,忠于自己的职守,尽心尽力地做好手中的工作,善始善终地完成自己承担的任务。一个人在多种因素的作用下,选择了自己要从事的职业,社会为你安排了岗位,这个岗位不是可有可无的,你必须恪尽职责,保证这个岗位的顺利运转。这是人们必须拥有的责任感。责任感是敬业的关键部分,因为责任感越强烈,你对工作对事业的尽力程度就越高,尽力程度越高,就越能激发你的各种能量,取得常人所不能及的成绩。

专注是敬业的核心因素。南宋著名思想家朱熹说:"敬业者,专心致志以事其业也。"专心致志、心无旁骛是敬业的内在含义。心理学上有个基本原理,就是人的注意力是有限的,人必须进行选择。如果人的注意力比较分散,投入到某一事情中的精力就有限,效果、效率就会下降。专注于事业,人们就会收起许多私心杂念,就不会受花花世界的诱惑,就能够把更多的热情投入到事业和岗位上,就会提高工作效率,增加自己在职业方面的造诣。北宋著名思想家王安石的"人之才,成于专而毁于杂"说的就是这个道理。

钻研是敬业的内在要求。如果说敬业是德,那么精业就是才,只有"德才"兼备才是一个职场新人的全面素质,才能更适应职场的需求和发展。做好工作,必须要有专业的技能和职业能力,而不仅仅是埋头苦干,这样才能在工作中通过合适的路径、方法去达成目标,不然就会"心有余而力不足",无法胜任所做的工作。未来的竞争是"知本"的竞争,也就是人才的竞争,而人才的竞争就是知识的竞争。在效率优先的年代,谁拥有的知识丰富、谁能力强、谁效率高,他的不可替代性就强,他就能获得更加丰厚的回报。这就需要每个人本着对工作精益求精的态度,加强学习、刻苦钻研,不断地积累经验,从而掌握该领域最前沿的知识、最丰富的经验、最适用的办法,具备扎实的岗位基本功,使自己变得比其他人更精通岗位业务,成为工作方面的行家里手。

奉献是敬业的崇高境界。敬业者怀着使命感工作,对工作表现出极大的热忱,不可避免地要比别人投入更多的时间和精力,有时还需要加班加点。如果我们对于投入与回报斤斤计较,自然就会压缩对工作的投入,这与敬业精神是相背离的。因此,敬业从本质上要求我们不能仅仅为了薪水而工作,要懂得适当的牺牲和奉献。没有国家的发展与社会的进步,没有单位的发展与成功,自己事业的成功与利益的获得都没有保障。我们也应当明白,工作给我们敬业的回报不仅仅是薪水,还包括丰富的经验、卓越的才干和优秀的品格,以及由此形成的成就感与自豪感。

2. 如何做到敬业

我们知道了什么是敬业,知道了为什么要敬业,还要理解怎么样做到敬业。应该如何做到敬业呢?关键是做到"三要":目光要长远,工作要勤奋,意志要坚强。

做到敬业,要具有长远的目光。高尔基说:"一个人追求的目标越高,他的才力就发展得越快,对社会就越有益。"要做到敬业,就要对自己所承担的工作、所从事的职业有更高的追求,而不是仅仅盯住眼前的利益得失。一个人有了尽可能高的目标,才能自加压力、争创一流。对于每个人而言,工作是为了生计,但又不能仅仅着眼于生计。比生计更可贵的,就是在工作中充分发挥自己的价值,增长自己的才干,为自己理想的实现奠定基础。要正确理解工作的实质是事业发展的环节，而不仅仅把工作视为差事。要看到建筑工人搬砖，不仅仅是完成搬砖的差事，而是为了建设美丽的城市；公务人员工作，不仅仅是为了稳定的收入，而是为了提供公共服务。只有如此，我们才能对工作产生热爱之意，才能在工作中寻找到乐趣，才能把工作干出不同的境界。有则寓言说，马和驴听说唐僧要去西天取经，驴觉得此行困难重重遂放弃；马却立刻追随而去，经九九八十一难取回真经。驴问："兄弟，是不是很辛苦啊？"马说："在我去西天这段时间，您走的路一点不比我少，而且还被蒙住眼睛，被人抽打。其实，我是怕混日子更累！混日子，一样地消磨那么多的时光，而且没有成就感，是不是更累呢？"

做到敬业，要保持足够的勤奋。"业精于勤而荒于嬉"，勤奋是一切事业成功的必要条件。爱因斯坦说过："人们把我的成功归因于我的天才，其实我的天才只是刻苦罢了。"敬业要求人们尽责、专注、钻研、奉献，而勤奋则是一切敬业要求实现的根本手段。如果说梦想是成功的起跑线，决心是起跑时的枪声，那么勤奋则如起跑者全力的奔跑，唯有坚持到最后一秒的，才能取得成功。如果你足够勤奋，就能够克服工作中的困难；如果你足够勤奋，就能够弥补能力上的不足；如果你足够勤奋，在机遇面前就会做好充足的准备；如果你足够勤奋，就能够提高自己的造诣。在这个世界上，没有免费的午餐，没有天上掉下来的馅饼，凡是取得超于常人成就的人，背后都付出别人未曾付出的汗水。

做到敬业，要拥有坚强的毅力。统计学中有个概率计算：如果一件事的成功率是1%，那反复100次至少成功1次的概率是多少？正确答案是63%。计算方法：成功率1%，失败率99%，尝试100次全部失败概率为99%的100次方，约37%，至少成功1次即63%。看似不可能的事在反复尝试中，成功率会不断提高。但是在生活中，一个人干好一天的工作并不难，难的是每天坚持做好，从不懈怠；一个人好好学习一天并不难，难的是每天都花一定时间学习，从不中断。敬业要求人们专注、钻研，保持一段时间并不是什么难事，难的是成年累月、数十年坚持不懈。要达到真正的敬业状态，要求人们有超乎常人的毅力，有持之以恒的精神，有金石为开的努力。

第二节　典型案例

一、"共和国勋章"获得者袁隆平

袁隆平，1930年9月出生于北京，江西省九江市德安县人。1953年毕业于西南农学院（现西南大学）后，被分配到湖南安江农校任教。1964年开始杂交水稻研究；1987年获联合国教科文组织颁发的科学奖；1995年当选为中国工程院院士；1999年中国科学院北京天文台施密特CCD小行星项目组发现的一颗小行星被命名为袁隆平星；获得2000年度国家最高科学技术奖；2004年获世界粮食奖励基金会颁发的世界粮食奖，同年获评中国中央电视台"感动中国2004年度人物"；2006年4月当选美国国家科学院外籍院士；2007年被评为第一届全国道德模范（全国敬业奉献模范）；2009年当选100位新中国成立以来感动中国人物；2018年获得"未来科学大奖"生命科学奖；2018年12月18日，党中央、国务院授予袁隆平"改革先锋"称号，颁授改革先锋奖章，获评杂交水稻研究的开创者。袁隆平的籼型杂交水稻研究获我国迄今唯一的特等发明奖，袁隆平被誉为"世界杂交水稻之父"。

2019年9月29日，在新中国成立70周年前夕，党和国家以最高规格向8位英雄模范颁授共和国勋章。被称为"杂交水稻之父"的袁隆平就是其中的一位。颁奖词这样描述袁隆平：他一生致力于杂交水稻技术的研究、应用与推广，发明"三系法"籼型杂交水稻，成功研究出"两系法"杂交水稻，创建了超级杂交稻技术体系，为我国粮食安全、农业科学发展和世界粮食供给作出杰出贡献。

1. 守望稻田："每天都要到田里去"

就在启程来北京的前一天，袁隆平还去田里察看了稻田长势。在参加完共和国勋章颁授仪式后，他当天就返回湖南，因为"明天还要到田里去""第一个动作就是要到田里去"。他心里念念不忘他的那些宝贝"超级稻"，每天都惦记着有没有新的发现、有没有病虫害出现。

每天都要到田里去，已经成为袁隆平的生活习惯。20世纪50年代，袁隆平最初从事的是红薯育种研究教学。当时国家粮食非常短缺，于是他转而从事国家最需要的水稻育种研究。

1961年7月的一天，袁隆平在试验田选种，意外发现一株特殊的水稻。这株水稻长得特别好，鹤立鸡群、穗头很大、籽粒饱满、整整齐齐。

袁隆平如获至宝，就小心翼翼地把它收了回来。但第二年播种下去后，袁隆平大失所望——没有一株达到预想的结果。但这也激发了他的灵感。他敏锐地意识到，这可能是杂交稻才有的分离现象。

当时，世界权威遗传学理论普遍认为，水稻等自花授粉作物没有杂交优势。这次意外的发现，坚定了袁隆平培育杂交稻的信心。

灵感来得突然，而研究之路漫漫。袁隆平在田里一株株寻找"天然雄性不育株"，也就是雄蕊没有花粉的水稻。3年后，1964年，他从14万株稻穗中找到6棵雄性不育株水稻。这意味着，杂交水稻育种的攻关迈出关键性一步。

9年后，袁隆平的杂交水稻"三系配套法"终于研究成功，比常规稻增产20%左右，实现了杂交水稻的历史性突破，为从根本上解决我国粮食自给难题作出重大贡献。

1986年，袁隆平正式提出了杂交水稻的育种战略：由三系法向两系法，再到一系法，由繁到简，效率越来越高。

2. 拓荒人精神：从亩产700公斤到1200公斤

"粮食始终是国计民生最重要的战略物资。"袁隆平说。为了解决中国粮食问题，1996年农业部中国超级稻计划立项。'五个阶段的目标，从亩产700公斤、800公斤、900公斤、1000公斤到1100公斤，我们都达到了。我们现在要向1200公斤攻关。"

对于袁隆平来说，爱国就是让粮食增产，用有限的土地养活更多的人。2016年，86岁的袁隆平带领团队，向"海水稻"发起挑战，并在新疆、山东、浙江、黑龙江、陕西等全国五大类型盐碱地区域开展测试。

袁隆平希望通过耐盐碱杂交水稻的研发和推广，让盐碱地像普通耕地那样造福人类，他把海水稻技术的突破和创新称为拓荒人精神。

袁隆平设定的目标是要在8年时间里推广1亿亩海水稻，按照每亩300公斤收入，可多养活8000万人口。

2019年10月14日公布的《中国的粮食安全》白皮书显示，目前我国人均粮食占有量达到470公斤左右，比1949年新中国成立时的209公斤增长了126%，高于世界平均水平。

3. 袁隆平的两个梦想

鲐背之年的袁隆平有两个梦想：一个是禾下乘凉梦，另一个是杂交水稻覆盖全球梦。

袁隆平说："我梦见我们试验田里的超级稻，长得有高粱那么高，一人多高，穗子有扫帚那么长，这个籽粒有花生米那么大。我就跟我的助手在一起，就坐在稻穗下乘凉。第二个梦就是杂交稻覆盖全球梦。全世界有22亿多亩稻田。如果有一半的稻田都种上杂交稻，可以增产多少粮食呢？可以增产一亿五千万吨粮食。这个梦想的实现，对保障世界粮食安全和促进世界和平都有重要意义。"

从20世纪80年代至今，袁隆平和他的团队通过开办杂交水稻技术培训国际班，已经为近80多个发展中国家培训了14000多名杂交水稻的技术人才。

目前，全球有40多个国家和地区实现了杂交水稻的大面积种植，已经种到了马达加斯加、尼日利亚等非洲国家，并在当地不断创造出高产纪录。全球杂交水稻每年种植面积达到700万公顷，普遍比当地水稻增产20%以上。

"中国人的饭碗，要牢牢端在自己手上。"在这份至关重要的事业中，袁隆平信心满满，初心不改，以满腔热情持续为国家和世界粮食安全贡献力量。

（资料来源：史春姣，毛丽丽. 禾下乘凉梦 一稻一人生——"共和国勋章"获得者袁隆平新华丝路［EB/OL］.（2020-01-22）［2020-04-23］. https://www.imsilkroad.com/news/p/399109.html.）

二、84岁钟南山：病毒中逆行，为所有人拼命

钟南山，汉族，中共党员，1936年10月生，福建厦门人，教授，博士生导师，中国工程院院士，著名呼吸病学专家，曾任广州医学院院长、党委书记，广州医学院广州呼吸疾病研究所所长、广州呼吸疾病国家重点实验室主任、广州医科大学附属第一医院国家呼吸系统疾病临床医学研究中心主任、广东省老科学技术工作者协会会长。受父亲、著名儿科学家钟世藩先生影响，19岁考入北京医学院（今北京大学医学部），走上从医报国的道路。在2003年抗击"非典"的战斗中，他主动要求承担广东省危重"非典"病人的救治工作，较早确立了广东的病原，并率领团队总结出"三早三合理"的诊疗原则，成为抗击"非典"的领军人物。先后获得全国五一劳动奖章、第一届全国道德模范（全国敬业奉献模范）、"感动中国2003年度"十大人物、全国白求恩奖章、"100位新中国成立以来感动中国人物"、新中国"最美奋斗者"等奖章和荣誉称号。1997年当选党的十五大代表，是全国政协第八、第九、第十届委员，第十一届全国人大代表。现任国家呼吸系统

疾病临床医学研究中心主任、国家卫健委高级别专家组组长、国家新型冠状病毒联防联控工作机制科研攻关组组长。

17年前，在"非典"肆虐的关口，他说出"把重症病人都送到我这里来"。

17年后，在新型冠状病毒蔓延的当下，他一边建议公众"不要去武汉"，一边第一时间坐上赴武汉的高铁，奔向防疫第一线。

这个时刻在病毒中逆行的人，就是年已84岁的钟南山。

2020年春节到来前的一周，随着春运大范围开启，新型冠状病毒的扩散形势陡然加剧。截至1月21日24时，全国13省市确诊病例440例，死亡9例，1394人接受医学观察。

数字时刻都在变化，朋友圈、微信群里真真假假的消息不断游走，忙着退票、买口罩、取消聚会的人们陷入恐慌情绪。在传染病面前，没有"吃瓜"看客，只有性命攸关。

前方疫情凶猛，但当钟南山院士出现在大屏幕前时，所有躁动和不安瞬间平息了许多。

关键时刻再次披挂上阵的钟南山，嘴里说出的每一句话，都让人听起来莫名心安。

因为，他的话不会有假。

作为2003年抗击"非典"的第一功臣，人们早已见识了他敢讲真话、敢挑战权威、敢肩挑大义的精神。

他是无双国士，更是定海神针。很多人一看到他，直觉就是"稳了"。

1. 三天四地，到最危险的地方去

早在钟南山院士出现在央视答疑之前，朋友圈的一张照片就已经刷屏了。

2020年1月18日傍晚5点多，在开往武汉的高铁上，这位仰倒在座位上、闭目凝思的老人，让所有人看了都直呼心疼。回看钟南山当天的行程，他是在深圳连夜抢救感染病人后，直接乘高铁到广州参加会议，会后来不及吃口饭，又坐上这列开往武汉的高铁。由于春运高峰座位紧张，临时上车的他只能被安顿在餐车拥挤的一角。当晚11时，他抵达武汉，听取了相关人员的汇报后，这漫长的一天才算结束。第二天一大早，他前往医院观察患者状况、参加会议，会后乘坐飞机赶往北京，直奔国家卫健委。回到酒店时，已是深夜2点。

20日更是忙到飞起的一天，他凌晨6点起床准备材料，接着是全国电视电话会议、新闻发布会、媒体直播连线的轮番轰炸。

在接受央视采访时，面对白岩松的提问，他没有丝毫隐瞒：肯定存在人传人，已有14名医务人员感染；源头尚不清楚，但尽可能不要碰野味；没有特殊情况，能不去武汉就不去武汉；没有N95，普通口罩也有防御作用；有信心不让"非典"重演，所以，大家放心……

操着一口南方普通话的钟南山，声音中气十足，思维清晰明了，每一句都不是好消息，却莫名让人心安。人们甚至一度怀疑自己的眼睛：这真的是一位84岁老人吗？

从深圳到广州，从武汉再到北京，作为临危受命的国家卫健委高级别专家组组长，钟南山实地了解疫情、研究防控方案、上发布会、连线媒体、解读最新情况……没有片刻停留，他所到之处带来的都是鼓舞和力量。

2. 发布会上拦不住他讲真话

经历过"非典"的人都知道,公众之所以信服他,因为"钟南山"这三个字,几乎就是讲真话的代名词。

时间倒回到2003年,"非典"在广州爆发,有人感染,有人死亡,疫情蔓延。经过一系列检查后,这种从未遇见过的新型疾病,被一些权威人士草率定义为衣原体感染导致的典型肺炎。

尽管在一些医护人员看来,事情并没有那么简单。但眼前的权威像一座大山,挡住了所有的质疑声。看着大量病人在接受不对症的治疗后,不仅症状没有缓解,反而身心备受折磨,钟南山坐不住了。他坚定地提出要对疾病重新定义,这极有可能是一种非典型病毒,且传染性极强。当时,这种说法随即遭到否定和白眼。事实证明,正是因为他的直言相谏,那场震惊世界的"白色恐慌"才没有演变成难以挽救的中国之殇。很快,钟南山的判断得到了世界卫生组织专家的正式确认。

事后,有朋友悄悄问他:"你就不怕判断失误吗?有一点点不妥,都会影响院士的声誉。"钟南山的回应只有一句:"科学只能实事求是,不能明哲保身,否则受害的将是患者。"

"抗非"战役进入后一阶段,南方疫情得到缓解,北方却"沦陷"了。在北京举行的一场新闻发布会中,被提前授意"不要讲太多"的钟南山,面对记者"是不是疫情已经得到控制"的提问再也忍不住了。他大声说出:"现在怎么预防不清楚,怎么治疗也还没有很好的办法,病情还在传染,怎么能说是控制了?顶多叫遏制,不叫控制!"现场一片哗然。很快,相关部门领导被惩处,"抗非"战役正式进入新阶段。

由钟南山主导的攻关小组,试行了数不清的方案,做了成百上千次尝试。最终这场"白色恐慌"被彻底清除成为历史,冲锋在前的钟南山功不可没。不论面对疾病还是面对人,钟南山始终坚信的是:"以人为本,起码要从讲真话开始。就像我们医生,对病人讲真话,才能让人信任你。真话和真药一样重要。"看到老友袁隆平吸烟,他直言不讳,痛批吸烟的危害,被称作"中国最敢说真话的院士"。2010年4月29日,在美国《读者文摘》杂志对中国名人受信任度的调查中,他和袁隆平得票数最高。

当然,他不是神,偶尔也有马失前蹄的时候。在一次室内环境卫生论坛上,钟南山引用了一个不太精准的数据,作出"中国90%的白血病儿童家中都曾进行过豪华装修,每年约210万儿童死于豪华装修"的判断。此言论一出,立即在网上疯传,遭到诸多质疑。八十多岁的老院士也没有什么包袱,不推脱、不逃避,大大方方承认自己数据有误,并公开道了歉。

3. 一身腱子肉的老型男

专业上的严谨,并不妨碍老院士生活中的烟火气。私下里,年过八旬的钟南山,其实是个有着完美肌肉的"型男"。在2003年的那场"非典"战役中,钟南山连续几个月奔波在疫情一线,近距离接触了无数病患,却躲过了超强传染病的魔爪,这种奇迹被他归结为身体底子好。

这样说不是没有依据的,钟南山的好身板从年轻时就开始打基础了。大三时,他代表学校参加北京市高校运动会,获得400米跑项目第一名。1959年,正值体能高峰的他又以大学生身份参加了第一届全运会,以54.4秒的成绩打破了当时的全国纪录,成为首届全运会男子400米栏冠军。钟南山对体育的痴迷一直延续到现在:经常去冬泳,和年轻人打篮球丝毫不怵,挂在门框上连做10个引体向上不是问题,一言不合就撸铁,脱掉白大褂后,一身腱子肉。

"非典"之后,钟南山不再出现在媒体面前,却从未停止行医救人。禽流感、甲流,每当重大疫情发生,他都第一时间挺身而出,指导防控救治工作。2019年8月,南航一架航班上,一位9岁的男孩突发过敏,情况危急,同架航班上的钟南山立刻出现,给孩子家属吃下一颗定心丸。

但不管看起来多么康健无恙,也不得不承认,他是个年过八旬的老人了。前些年,他患上心肌梗塞,心脏装了个支架。后续出现的心房纤颤让他不得不告别心爱的篮球运动。近些年,他得过甲状腺炎,还做了鼻窦手术,曾经在两个月内暴瘦10斤。不过在他看来,这些身体的"小毛病"不值一提。在这次新型冠状病毒暴发之前,他依然坚持每周坐诊,定期参加会议,时刻等待再次被召唤,临危受命。几天来从广州到武汉再到北京,辗转多地、马不停蹄,钟南山积攒多年的体力再次派上用场。出现在公众面前的他,依然沉着冷静、精神矍铄,凭着高超医术和直言敢谏的社会良心,像一道永不过期的"救命符",给惊慌中的人们以勇气和信心。

(资料来源:咖喱.84岁钟南山:病毒中逆行,为所有人拼命[EB/OL].(2020-02-11)[2020-04-25].http://www.hqrw.com.cn/2020/0211/92942.shtml.)

第三节 主题教育活动方案设计

一、"寻找身边的爱岗敬业者"活动

1. 活动背景

列宁曾说过,榜样的力量是无穷的。这是对榜样力量的经典概括。榜样是一种力量,彰显进步;榜样是一面旗帜,鼓舞斗志;榜样是一座灯塔,指引方向!有榜样的地方,就有进步的力量。社会主义建设的不同阶段都会涌现出一批批充分体现社会主义核心价值准则,充分体现中华传统美德,具有很强先进性、代表性、时代性和典型性的先进人物,他们是时代楷模,感动着中国,鼓舞着时代,值得我们永远铭记、崇敬和学习。同样,在我们身边,也会有许多平凡人物,由于他们的敬业,在平凡岗位上干出了不平凡的事迹,他们身上有一种精神,引领我们奋发图强;他们身上有一种力量,让我们信心倍增;他们身上流淌着一股清流,让社会清新自然。

2. 活动目的

通过开展活动,发现和挖掘一批立足岗位、尽职尽责、善于创新、成绩突出的先进典型。树立精神榜样，传递社会正能量，感动和激励同学们奋发进取，带动大家比先进、学先进、当先进、赶先进的热潮。

3. 活动准备

本活动适合在学校层面进行，可结合庆祝"五一"国际劳动节活动开展。通过充分挖掘本校、本院系爱岗敬业的典型，以"身边人讲身边事、身边人讲自己事、身边事教育身边人"的形式，从平凡人平凡事中找寻不平凡的感动，进一步深化对敬业价值观的认识，激发爱岗敬业的热情，增强敬业意识，树立敬业形象。

所有典型必须真实具体，对象以具体人物为主，也可以推荐团队或组织，其事迹能够产生积极影响力和较强感染力，能够形成良好的舆论引导。

4. 活动过程

（1）活动宣传动员。利用校园网、官方微信、微博、社交群等形式，广泛宣传动员，鼓励广大师生积极参与，在全校师生员工中掀起"寻找身边的爱岗敬业者"的活动热潮，寻找、发掘身边爱岗敬业之人的先进事迹，营造良好的学习氛围。

（2）推荐征集。各级单位按本次评选的总体要求，通过召开思辨会、讨论会等多种方式，充分调动广大同学找榜样、树榜样、学榜样的积极性，采用组织推荐、个人推荐和自荐等多种方式择优推荐，每个基层部门（单位）推荐至少1名候选人（或团队），并于要求时间内向组织者报送候选人推荐材料。

（3）资格评审。组委会办公室按照评选条件，对候选人资格、推荐材料进行初审，并根据人选的事迹情况，最终确定候选人名单。

（4）公示考核。通过网站、公示栏将候选人名单予以公示，广泛征求各方意见。同时，评选组委会深入候选人单位进行实地考核和测评，将考核意见收集整理后报评审委员会。

（5）学习推广。开展"爱岗敬业模范宣传季"活动，通过校报、校园广播、官网、官微等形式对评选出的爱岗敬业模范的突出事迹进行宣传报道，进一步营造人人爱岗敬业、人人奋勇争先、人人心系集体的良好文化氛围，为那些在平凡工作岗位上特别能吃苦、特别能奉献、特别出成绩的先进人物点赞，激励全体师生员工立足本职、刻苦学习、努力工作、争作贡献、争创佳绩。

（6）宣传表彰。对评选出的爱岗敬业之人授予学校"爱岗敬业模范"荣誉称号，为每人撰写一份颁奖词，利用"五一"国际劳动节等节日庆祝活动颁发荣誉证书。组委会办公室以每个榜样人物为素材，制作"我身边的爱岗敬业者"优秀事迹集和短视频（VCR），并通过媒体对典型事迹进行深度报道和宣传。

5. 活动小结

榜样教育是大学生思想政治教育的重要方法之一，在不同时期都发挥着重要的作用。大学阶段是大学生心理不断成熟，人生观、世界观、价值观不断完善的阶段，榜样教育有着重要意义。榜样不仅是一面镜子，也是一面旗帜。本次"寻找身边的爱岗敬业者"活动，让我们从平凡人、身边事中找到了榜样的力量，进一步领会敬业的内涵与意义，认识到敬业并不是那些"高、大、全"典型人物的特质，而是包括你我在内任何人成就事业必须具备的优良品质，敬业是每一个人都该具有的职业形象。敬业的精髓就是千方百计把自己的工作做好。当我们将每一个平凡的岗位当成不可或缺的重要岗位来对待，把每一件平凡的小事当成大事来完成，在工作和学习中找到自己的人生坐标，我们就会从社会中得到意想不到的收获。

二、主题班会：大学生与敬业

1. 活动背景

敬业是社会主义核心价值观的重要组成部分，是社会主义核心价值观在公民个人层面的基本要求，它不仅是社会的重要价值准则，也是最基本的社会主义职业道德要求和职业精神体现，更是社会主义精神文明和先进文化的核心内容。大学生即将步入社会，成为社会主义事业的建设者和接班人。因此，培育和弘扬大学生的敬业精神，是摆在我们面前的一项紧迫任务。通过"大学生与敬业"主题班会，从"知"入手，帮助大学生对敬业的含义和要求进行全面深入理解，引导大学生正确认识敬业精神，倡导敬业文明新风，积极构建富有时代特色的敬业文化。

2. 活动目的

通过开展活动，深化对敬业内涵的认识、对敬业精神的理解，强化对敬业要求的把握，进一步强化敬业意识，牢记敬业要求，增强敬业自觉，让敬业精神入脑入心入行。

3. 活动准备

围绕敬业的内涵和基本要求，对当代大学生敬业精神、就业能力的现状进行调查，结合本校、本院系和个人在精神状态、落实工作、服务意识、主动意识、学习纪律等方面的表现及问题，分小组事先收集相关事例和数据。

（1）理论准备：本次班会的主题是大学生与敬业，主体是大学生，所以要先确定敬业精神的标准，找出相关概念以及其含义界定；查阅相关资料，列举国家对敬业方面的倡议、相关精神建设方面政策和一些影视方面的资料。

（2）调查就业已有一定年限的往届大学毕业生，以及当前刚就业大学毕业生的敬业精神状况，单位领导和员工对大学生敬业的评价，请他们谈谈对于大学生敬业的建议与希望。

（3）收集相关杰出敬业大学生的报道，列举他们的相关事例，体会他们的成长之路，从他们的身上找出一些值得学习的闪光点。

（4）采访班主任、辅导员及相关老师对于如何培养敬业精神的看法，录制为短视频（VCR）。

（5）根据上述所得资料制作幻灯片（PPT），将相关事例、资料、采访及影视片断整合在其中。

4. 活动过程

本次主题班会讨论采取以小组代表重点发言，其他成员补充发言，然后开展全班讨论的方式进行。具体讨论问题如下：

（1）我们对当代大学生敬业精神、就业能力现状的调查及评价。

（2）应如何理解爱岗敬业与"跳槽"择业之间的辩证关系。

（3）爱岗敬业是就业、择业、创业的根本保证。

代表小组发言的同学结合事先制作的幻灯片（PPT），汇报和阐述本小组的调查情况和结论。发言要紧扣敬业价值观内涵和要求，结合社会关注的热点和自身存在的问题，制定整改的措施，提出增强敬业意识、提升学业成绩、改进工作质量的意见和建议。

中间可以穿插敬业和不敬业相比较的两个小情景剧，增强同学们的感受。

5. 活动小结

通过本次讨论活动，大家对敬业价值观的内涵和要求有了进一步理解，认识到敬业是对人们学习、工作态度的一种普遍要求。敬业是一种职业态度，也是职业道德的重要体现。一个没有敬业精神的人，即便有能力也不见得能将工作做好，自然也不会得到人们的尊重和认可。有敬业精神的人，总是愿意不断刻苦钻研，努力提升自己的技能和水平，找到发挥自己才能的舞台，并一步步实现自身的价值，最后更有可能蜕变为广受尊重的人才。习近平总书记强调"幸福都是奋斗出来的"，爱岗敬业、努力奋斗是劳动者最美的本色。中国特色社会主义事业之所以兴旺发达，一个很重要的原因就在于千千万万的劳动者在不同的岗位上努力奋斗、顽强拼搏。我们要感谢这些美好生活的创造者、守护者。中国梦的实现，更需要我们刻苦学习、勤奋务实、爱岗敬业、奋斗奉献。希望每一位青年大学生树立崇高的职业精神和坚定的职业理想，用点滴力量汇聚成推动社会发展的洪流，成为推动历史进程的中坚力量。

第十一章 诚 信

第一节 立身处世之道

中国在几千年的发展历史中,素有"礼仪之邦"的美称,是一个道德资源十分丰厚的国家。我国"仁、义、礼、智、信"的价值观从春秋战国时的提出到明清时成熟,经历了将近2000年的时间。古人常说"不信不立,不诚不行""诚者,天之道,思诚者,人之道也"。"诚信"是公共交往中最起码的道德行为规范。

一、诚信的基本内涵

《说文解字》指出:"诚,信也。从言成声。氏征切。""诚"是德性,"信"是德行,一体两面,只要有了"诚","信"就水到渠成,最终,诚就是信,信就是诚,只是表现不同而已,"学贵信,信在诚,诚则信矣,信则诚矣。不信不立,不诚不行"(《晁氏客语》)。因此,中国传统重视诚信意识的自我修炼,是一种自律诚信。由此可见,诚信的基本含义主要是:①说话符合实际,言语真实不欺。"诚"即言辞得当、表达准确,在为人处事中不传递错误信息,不表达违心观点。②与"伪"相对,指真实真诚。"诚"即"真",个人在人际交往中要做到真诚相待、以诚相交,不做两面派,不弄虚作假。③诚者成也,成就、完成之意。诚信是一个人成长成才的重要标志和必需品质,也是构建良序社会的必经之路。④恭敬、审慎的态度。"诚"与"信"相互贯通,指在与人相处时要秉持真诚的态度,切实履行诺言,这体现了尊敬和重视他人、换位思考的审慎态度。

现代社会,诚信一般是指诚实守信,是人们修身处事的行为准则,强调诚实劳动、信守承诺、讲求信誉。诚信是中华民族优秀道德传承下来的诸多美德中的核心价值,在对个人品德的要求中,居于核心地位,是个人道德的根本。诚信是人与人之间交往的基本道德要求,也是社会道德的基础,在社会道德关系的调节中发挥着核心价值作用。

诚信是人类文明史上代代相传、与时俱进的优良品德和规范。对个人而言,诚信是做人做事的道德底线;对社会而言,诚信是维持社会良好运转的基本条件;对国家而言,诚信是公民在社会交往与公共生活中最基本的行为准则。诚信既源于我国优良传统,又反映我国现实需要,是个体生存与发展的价值追求与行为准则。古人云:"人无信不立""人而无信,不知其可也",说的都是诚实守信在个体为人处世上的重要性。它既是一种道德品质,也是一种公共义务。

诚信是对从业者基本的道德要求,是市场经济存在和发展的道德前提,是一个社会赖以生存和发展的基石,是社会和谐稳定的必要条件。从行为主体来看,诚信主要包括个人诚信、企业诚信和政府诚信。在市场经济条件下,人无信不立,诚信对一个人来说,是一种操守、一种人格;对于企业来说,是一种信誉、一种品牌;对于政府来说,是一种形象、一种民意。诚信是主体对自己的基本约束和规定,也是一种主体间相处的道德约定和道德规范,通过主体的自我约束和主体间的诚信交往来建立社会的诚信体系和诚信环境。

二、中国特色社会主义的"诚信"价值观

1. 诚信是人类道德领域的共享价值

中西文明虽有差异,但诚信的基本内涵一致,即诚实守信。2015年4月21日,习近平总书记在巴基斯坦议会演讲时指出:"早在2000多年前,丝绸之路就在我们两个古老文明之间架起了友谊的桥梁。中国汉代使节张骞、东晋高僧法显、唐代高僧玄奘的足迹都曾经到过这里。"巴基斯坦认为诚信比财富更有用,中国认为"人而无信,不知其可也",两国传统文化理念契合相通。"人而无信,不知其可也"一句出自《论语·为政》,原文如下:子曰:"人而无信,不知其可也。大车无輗,小车无軏,其何以行之哉?"意思是,作为一个人,不讲信誉,是不可以的。譬如大车子没有安横木的輗,小车子没有安横木的軏,如何能走呢?

中华文明可靠的原创传世经典首推《周易》。《周易》本身没有"诚信"一词,与之相似的词是"中孚"。"中孚"是《周易》第六十一卦卦名,意思是心中虔诚。从其正文看,"中孚"是指在举行各种仪式时要心怀虔诚,这些仪式包括祭祀、丧葬、宴请、战争等;"中孚"的外在表现是在举行仪式时的各种礼品和工具,如猪、鱼、酒、鼓等,它们构成代表内心虔诚的外在信物;"中孚"的结果是做与仪式有关的事会带来吉祥,如心怀虔诚,用猪和鱼祭祀,有利于涉越大江大河。历史事实告诉我们,中国上古的各种仪式与天地有关、与祖先有关,其本质是与熟人有关。在这种情况之下,"中孚"成为熟人之间心照不宣、视为当然的道德信念,成为人际关系的润滑剂、社会组织的黏合剂。也正因为"中孚"存在于熟人之间,表示内心虔诚的外在信物就没有强制要求,心意到了就行。这一点在今天中国人的家庭祭祖仪式中仍然存在。《周易》强调诚心诚意,重视诚心诚意对人际和睦、社会和谐的促进作用,但没有对诚心诚意的信物提出数量、质量等要求。

《周易》的诚信在后世传承过程中演变为自律意识上的诚信,推诚及义,有诚就有信。根据"诚信"的词源考证,"诚"字首见于《尚书》,作为实词使用最早见于《左传》,"明允笃诚""诚者,实也","诚""信"连用首见于《逸周书·官人》,"父子之间观其孝慈,兄弟之间观其友和,君臣之间观其忠惠,乡党之间观其信诚"。诚信在中国传统文化中具有十分重要的地位,在中华民族的传统儒家观念中,诚信是个人安身立命之本,也是治国安邦之道。首先,诚信是个人的安身立命之本。孔子云:"人而无信,不知其可也。"(《论语·为政》)孟子曰:"诚者,天之道也;思诚者,人之道也。至诚而不动者,未之有也;不诚,未有能动者也。"(《孟子·离娄上》)孟子在其思诚命题中,将诚信视为自然规律,将追求诚信视为做人的规律。到了汉代,董仲舒将信与仁、义、礼、智并列为"五

常"，即"五德"，使"信"成为具有普遍意义的最基本道德规范之一。"五德"后来又演化为"忠、孝、仁、爱、信、义、和、平"八德，这些都强调了诚信是一个人最基本的道德品质。《礼记·大学》指出："欲修其身者，先正其身；欲正其心者，先诚其意。"宋代的周敦颐更是将"诚"视为人生的最高境界和道德的最高原则，认为"诚，五常之本，百行之源也"。（《通书》）其次，诚信是治国安邦之道。《论语·颜渊》记载："子贡问政。子曰：足食，足兵，民信之矣。子贡曰：必不得已而去，于斯三者何先？曰：去兵。子贡曰：必不得已而去，于斯二者何先？曰：去食。自古皆有死，民无信不立。"《礼记》有云："大道之行也，天下为公，选贤与能，讲信修睦。"这些都强调诚信之风对于社会风气、国家治理的重要意义。

2. 社会主义"诚信"价值观的基本要求

当代中国正处于中华文明史上又一个社会大转型时期，传统的诚信体系遭到严重破坏，而适应中国特色社会主义的诚信规范尚未真正建立起来。因此，我国目前存在比较严重的诚信缺失现象，比如制假售假、偷税骗税、恶意透支、学术不端。诚信关乎个人发展、社会和谐、文化强国建设。在社会主义诚信建设过程中，诚信是国家对每一个公民的要求，践行诚信则需要每一个公民积极参与。

市场经济体制赋予社会主体以个体自主性、竞争性以及获取自身利益的正当性。这一方面激发了社会主体与个体的积极性与创造性；另一方面，在竞争压力下，有些个体往往容易陷于自发性与只顾自身眼前利益，而忽视、漠视、甚至损害法规、道德。当前的诚信危机，并不是市场体制的原因，而是价值规律对道德机制、道德规范的僭越。十八大报告指出"一些领域存在道德失范、诚信缺失现象"。报告根据道德存在的突出问题，要求"深入开展道德领域突出问题专项教育和治理，加强政务诚信、商务诚信、社会诚信和司法公信建设"。

诚信是社会主义核心价值观中个体生存与发展的价值追求与行为准则。倡导诚信，培育社会主义核心价值观，涵盖了社会公德、职业道德、家庭美德、个人品德等各个方面，是中华民族传统美德、中国共产党人革命道德和社会主义新时期每个个体的价值追求和行为准则，具有高度的概括性和全面的系统性。党的十八大以来，以习近平同志为核心的党中央更是将诚信拓展到国家外交与国际交往的战略高度。2013年10月3日，习近平主席访问印度尼西亚国会时提出"人与人交往在于言而有信，国与国相处讲究诚信为本"。2014年6月28日，在和平共处五项原则发表60周年纪念大会上，习近平主席引用"凡交，近则必相靡以信，远则必忠之以信"来阐述中国"亲、诚、惠、容"的周边外交理念。2014年7月3日，习近平主席在韩国媒体发表的署名文章《风好正扬帆》中强调："'信'在东方价值观中具有重要地位，'无信不立'是中韩两国人民共同恪守的理念。中韩以信相交，确保了两国关系长期健康发展的牢固基础。"

从个人层面培育社会主义核心价值观，其基本目标是构建民间社会的底线伦理。倡导诚信，其实包括两个方面：一是确立公民的本分。法治只是道德的最后堤坝，一旦道德决堤，法治也不能有效治理社会。因此，对个体来说，在守法的同时，还要继承、转化、弘扬我国传统道德资源，加强自身思想道德修养。二是提倡基本的职业道德。这体现了社会主义价值追求和公民道德行为的本质属性,是人们明辨是非、善恶,美丑的基本标准。

3. 当代中国诚信建设的主要任务

当代中国的诚信建设,从2001年10月20日中共中央发布的《公民道德建设实施纲要》,到2014年6月14日国务院发布的《社会信用体系建设规划纲要(2014—2020年)》(后文简称《纲要》),表明作为社会主义核心价值观基本内容之一的诚信建设已经上升到国家战略层面,并有了清晰的建设路径。这种诚信建设,兼容中国传统诚信与西方现代诚信,又有当代中国特色。

(1)通过道德自律培育社会主义"诚信"价值观。

诚信道德的自我修炼扎根于本土文化。西方文明中普遍的自我修炼是成为宗教信徒,中国传统上普遍的方法是"正心诚意、格物致知",服膺官箴、乡约、家规等软约束,这种方法在当代中国人的生活中还若隐若现。因此,立足于这个现实,充分挖掘中华文明传统中优秀的诚信文化,并与公民的现实生活相衔接,使公民在日常体验中诚信自律。

能够为当代中国人提供诚信道德自我修炼方法论的优秀传统理论,首推王守仁心学中的"致良知"理论。该理论主要见于《大学问》和《传习录》。王守仁认为,"致知"就是"致"我心内在的"良知"。"致"是在具体事情上磨炼,是兼知兼行的过程,"良知"是"知是知非"的"知",既是道德意识,也指最高本体。"致良知"就是在实际行动中实现良知,知行合一。王守仁指出,"良知"人人具有,个个自足,是一种不假外力的内在力量,因此,人人都能"致良知"。

如何"致良知"呢?"是必实有其事矣,故致知必在于格物。物者,事也。凡意之所发,必有其事。意之所在之事谓之物。格者,正也;正其不正以归于正之谓也。正其不正者,去恶之谓也;归于正者,为善之谓也,夫是之谓格。"(《大学问》)王守仁的"致良知"理论为当代公民诚信道德的自我修炼提供了一个思路:"是必实有其事",诚信源自实际从事的事情;"意之所发,必有其事",实际从事的事情是真心要做的事情;"格者,正也;正其不正以归于正",在做事情的过程中反复探索、发现真谛,诚信也就内生了。例如,公务员在执行处理公务的过程中发现了公务的真谛,诚信内生了;研究管理的学者在真心从事与管理有关的工作中发现了管理的真谛,诚信内生了;邻里之间在真心相处的过程中发现了邻里之道,诚信内生了。如果把这种思路融入公务员守则、科研人员守则、社区公约之中,变成要求,相关人员就有了一个日常的体验氛围,进而有助于形成诚信自律。

长期、反复有针对性地宣传现实生活中真实的、合适的诚信榜样,有助于相关公民在对照中有所触动,从而潜移默化地形成诚信自律。这种潜移默化机制的核心是诚信榜样的选择。就诚信榜样的选择而言,外国的榜样就不适合当代公民;城市的榜样就不适合农村,反之亦然;官员的榜样就不适合百姓;教师的榜样就不适合学生……因为生活环境不同,工作环境不同,被教育者也就无法对照、难以触动。有意树立典型更要慎之又慎,只要有一处失真,即使是微小处,也会使榜样的力量大打折扣,甚至走向反面。

现实生活中真实的、现场式诚信榜样才会具有无穷力量,广西"无人菜市"就是一个典型。

广西南宁、柳州、上林、横县、灵山、藤县、容县等地的农村和城市社区,存在不少"无人菜市"。摊位不用看守,买菜、买肉自助称重付款,买卖全凭自觉与诚信。这些"无人菜市"的形成都是为了方便邻里,方便自己,大多已经存在数十年,有的已经延续了上百年,时间最短的最近四五年刚刚形成。新成立的"无人菜市"往往受邻村影响而建。与此类似,应"互联网+"时代而生。2017年是"无人零售"元年,继7月阿里巴巴的无人咖啡店"淘咖啡"在杭州开业,9月底苏宁在南京开了第一家无人店"苏宁体育Biu"后,10月京东也正式宣布在"双十一"期间推出无人商店。顾客扫码入场,自选商品,电子支付,无人监管,无需现金,实现了全自动化,大大提高了购物效率,是一种可供长期采用的营销模式,对于培养公民的诚信意识、提高全社会道德水平具有重要作用。"无人菜市"和"无人超市"的成功运营不仅体现了王守仁"致良知"式诚信自我修炼的现实性,也说明了真实的榜样力量在建构社会诚信的过程中具有潜移默化的作用。

(2)通过制度他律培育社会主义"诚信"价值观。

这条路径的实践机制是运用法定诚信规范,通过激励守信,但主要是惩罚失信的奖惩机制,使公民不敢失信,最终形成不想失信的诚信意识。这是西方发达国家历久弥新、日臻完善、行之有效的机制。我国目前诚信建设的重点也在这里。

针对守信主体的奖励和激励,《纲要》规定:要加大对守信行为的表彰和宣传力度。按规定对诚信企业和模范个人给予表彰,通过新闻媒体的广泛宣传,营造守信光荣的舆论氛围。发展改革、环境保护、交通运输、知识产权等部门,在市场监管和公共服务过程中,要深化信用信息和信用产品的应用,对诚实守信者实行优先办理、简化程序等"绿色通道"支持激励政策。应该说,这是正面的诚信培育机制,不可或缺。但在当下诚信缺失非常严重的情况下,惩罚机制显得尤为可贵。

针对失信主体的约束和惩戒,《纲要》要求:强化行政监管性约束和惩戒,建立各行业黑名单制度和市场退出机制,推动形成市场性约束和惩戒,推动形成行业性约束和惩戒,推动形成社会性约束和惩戒,完善社会舆论监督机制,加强对失信行为的披露和曝光,发挥群众评议讨论、批评报道等作用,通过社会的道德谴责,形成社会震慑力,约束社会成员的失信行为。这套组合拳正日益发挥作用,失信成本越来越高,不敢失信的意识正在形成。根据国务院《征信业管理条例》、国家发展改革委等五部委《关于加强交通出行领域信用建设的指导意见》的要求,逃票、制贩假票、伪造身份证、吸烟等严重失信行为将被录入铁路系统"黑名单",五年内不允许购买火车票。这项规定可以有效约束出行者的行为,推动形成行业性约束和惩戒机制,推动诚信成为全社会共同的价值追求和行为准则,提高全社会的诚信意识和信用水平。

2014年习近平总书记参加上海代表团的审议会时就花蓓代表在切实加强作风建设上提出的建议作出了回应,他引用了商鞅"徙木立信"的正面案例来说明诚信对于兴国安邦的重要意义。此典故出自《史记·商君列传》:"孝公既用卫鞅,鞅欲变法,恐天下议己。令既具,未布,恐民之不信己,乃立三丈之木于国都市南门,募民有能徙置北门者予十金。民怪之,莫敢徙。复曰:'能徙者予五十金!'有一人徙之,辄予五十金,以明不欺。卒下令。"商鞅的言而有信表明了以秦孝公为首的执政者变法改革的坚定决心,对于稳定民心、推进改革起到了良好的精神支撑作用。而《史记·周本纪第四》记载的"烽火戏诸侯"典故却从反面警示失信于人、漠视承诺对于国家政权的消极影响。"褒姒不好笑,幽王欲其笑万方,故不笑。幽王为烽燧大鼓,有寇至则举烽火。诸侯悉至,至而无寇,褒姒乃大笑。幽王说之,为数举烽火,其后不信,诸侯益亦不至。""祸莫大于无信",周幽王为博褒姒一笑,不惜谎报军情,因而丧失了在诸侯心中的威信,导致国家灭亡。

三、大学生践行"诚信"价值观的基本路径

1. 树立正确的诚信意识以提升诚信境界

(1)真心诚意的意识。真心就是内心真实的想法,拥有真心就是求真;诚意就是自

己不欺骗自己,拥有诚意就是认真。具备真心诚意的人,做人做事才能听从内心的召唤,真心和诚意是所有诚信行为的基础。一个对音乐充满真诚的人,就一定不会假唱;一个对发明充满真诚的人,就一定不会抄袭。对于青年学生来说,不知学习为何物,学习目的不明确,就有可能逃课、作弊;对于成年人来说,求真而不得,认真反受损,诚信的基础就会受到动摇。

(2)表里如一的意识。所谓表里如一就是外在言行和内心思想相一致,体现在做人上,就是与人交往真诚相待、表里如一,以叙旧之名行托人办事之实,即不真诚的表现;体现在做事上,就是真心从事所做之事,以申请课题之名行评职称之实、以建设公益项目之名行提高政绩之实,即表里不一。

(3)言行一致意识。所谓言行一致就是言论所讲和实际所做相吻合。言行一致体现在言谈和行为的关系上,就是言谈被行为所验证。销售经理向公司保证不泄露商业机密,即使在家人面前也不谈销售渠道,就是言行一致。官员在公开场合大谈特谈反腐倡廉,暗地里却大贪特贪,就是言行不一。言行一致体现在理论和实践的关系上,就是知行合一善莫大焉:研究伦理形成学说,在实践中追求和谐,对研究者而言就是言行一致;研究伦理的团队成员在研究过程中互生怨恨,学术成果发表的代价是同事关系的恶化,对研究者而言就是言行不一。

(4)履约践诺意识。所谓履约践诺就是遵守事先约定,最终兑现承诺。真心诚意、表里如一、言行一致都是自我期许、自我承诺、自我兑现,是不约而约,是一种大约。履约践诺则是有约在先、刚性兑现:有约在先的约是一种有操作性条款的契约,有约在先的先是指当事人事先对契约条款知情、认可,意识到这两点就叫有诚信签约意识,如理财合同、施政纲领;刚性兑现就是严格按契约条款兑现承诺,唯其如此,契约设计就要审慎从事,以免说到做不到,意识到这两点就叫有诚信守约意识。理财合同到期,盈利就分红、亏损就不分,就是守信,亏损后因为其他原因如担心社会治安,借钱分红,不能叫守信。管理干部轻诺寡信,虽然有可能哗众取宠于一时,但终将失去人心。

(5)诚信合法意识。所谓诚信合法是指诚信之道合乎更大范围的法律法规。诚信作为一种共享价值,本身无国界,但诚信的主体即公民是有国家的。诚信作为社会主义核心价值观基本内容之一,具有与中国特色社会主义发展相适应的内涵和特点。比如,履行长期国际合同,在新形势下有可能损害国家利益或泄露国家机密,董事长这个时候讲履约践诺就是犯罪;国家已经明令禁止某种产业以防进一步污染环境,采购员还要按原有合同采购原材料,这种诚信不仅有损企业利益,还会有损社会主义建设;因朋友托请隐瞒越狱杀人犯逃跑路线,这种诚信就会有损社会治安;同样是依据消费者权益法打假,有的人是为了义,还消费者一个公道,有的人是为了名,博取虚名或以名敛财,实有天壤之别。因此,公民诚信要讲大仁大义,有所为有所不为。

2. 遵守法定的诚信规范以提高信用水平

(1)学习领会"顶层设计"。诚信建设的顶层设计体现在《纲要》中。《纲要》开宗明义指出:"社会信用体系是社会主义市场经济体制和社会治理体制的重要组成部分。它以法律、法规、标准和契约为依据,以健全覆盖社会成员的信用记录和信用基础设施网络为基础,以信用信息合规应用和信用服务体系为支撑,以树立诚信文化理念、弘扬诚信传统美德为内在要求,以守信激励和失信约束为奖惩机制,目的是提高全社会的诚信意识和信用水平。"可见社会信用体系是一个内容庞大、逻辑严密的工程,具体来讲包括六个方面的内容:指导思想和目标原则、重点领域诚信建设(政务、商务、社会、司法)、诚信教育和诚信文化建设、信用信息系统建设和应用(行业、地方、征信、平台、交换与共享)、社会信用体系运行机制建设(守信激励和失信惩戒机制、信用法律法规和标准体系、信用服务市场、信用信息主体权益保护、信用信息安全管理)和支撑体系建设(政策支持、专项工程、创新示范、组织保障)。公民只有学习领会这个顶层设计,在诚信方面才有大方向、大框架。当然,学习领会也要有个重点,比如,作为个人,公民就要深入学习并领会下列内容:全面推进"自然人信用建设。突出自然人信用建设在社会信用体系建设中的基础性作用,依托国家人口信息资源库,建立完善自然人在经济社会活动中的信用记录,实现全国范围内自然人信用记录全覆盖。加强重点人群职业信用建设,建立公务员、企业法定代表人、律师、会计从业人员、注册会计师、统计从业人员、注册税务师、审计师、评估师、认证和检验检测从业人员、证券期货从业人员、上市公司高管人员、保险经纪人、医务人员、教师、科研人员、专利服务从业人员、项目经理、新闻媒体从业人员、导游、执业兽医等人员信用记录,推广使用职业信用报告,引导职业道德建设与行为规范"。党的十九大报告进一步提出"推进诚信建设和志愿服务制度化,强化社会责任意识、规则意识、奉献意识",为全社会完善诚信制度提供了方向指导。

(2)掌握并践行具体规范。诚信建设的顶层设计给公民诚信指明了大方向、大框架,但要落实到公民个人的具体行动之中,还远远不够,公民还需要依据自己的社会身份,熟悉掌握对应领域具体的诚信规范。如《纲要》中提到:建立公务员诚信档案,编制公务员诚信手册;制定执业医师、药师、护士等医务员信用评价指标标准;探索建立教师、学生、科研人员的信用评价制度;建立全娱乐、演出、艺术品、网络文化等领域从业人员的信用信息数据库;制定专职体育从业人员诚信从业准则;建立各级公安、司法行政等工作人员信用档案,推进律师、公证员、基层法律服务工作者、法律援助人员、司法鉴定人员等诚信规范执业,建立司法从业人员诚信承诺制度。这些正在建设或已经试点的诚信规范,就需要相关公民个人熟练掌握并身体力行。

3. 践行"诚信"价值观从自我做起

诚信是个人的高尚品质,崇尚诚信、践行诚信主要靠我们自身修养、认识的提高。相比于社会、国家的努力,我们自身的努力更为重要。

第一,要提高个人素质和文化素养。在学习专业知识课的同时,认真上好每一节思想道德修养课。要经常反思自己的言谈举止,尽力做到:"吾日三省吾身,为人谋而不忠乎?与朋友交而不信乎?传不习乎?"同时,还要建立正确的价值观体系,自觉培养诚信意识和对诚信行为的认同感。如果有违诚信的行为都会遭到他人的鄙视,那么人们就会在行事之前考量三分,不诚信的行为自然大为减少。

第二,正视"利益"。研究表明,绝大多数同学对诚信有正确的评判体系,但一些不诚信行为的出现基本都与自身利益相关。在当代大学生普遍将个人利益和个人隐私看得比较重要的今天,这个因素尤其明显。譬如认为考试作弊可行的同学都非常关心自己的分数,求职时谎报自己的经历也无非就是想找到一份好工作。面对利益和坚守诚信、坚守人格的矛盾,我们要增强自我约束力以做出正确的选择。

第三,认识到"细微之处见精神",从小事做起。不妄言,不轻诺;言必信,行必果;养成诚实守信的好习惯。如果大家生活在一个处处讲诚信的环境中,自然能相互促进,社会就会变得诚实而美好。

第四,坚持知行合一。不能只是说起来头头是道,而要切实践行自己的认知和信仰。坚持知行合一本身就是诚信的体现,只有把诚信付诸实践才能使我们闪耀出人格的光辉。

第五,作为大学生,我们是未来社会的栋梁。我们应在自身坚守诚信的同时,担负起弘扬诚实守信美德的重任,让我们身边的人也能诚实守信,为建立良好的社会道德价值体系作出应有的贡献。

第二节　典型案例

一、江苏大学无人售报

放下一枚五角钱硬币,拿走一份报纸。报纸售完来取钱时,报款分文不少。江苏大学曾尝试在学生宿舍三区学生公寓门口摆出无人售报摊,历经半年总共销售了2万份报纸,却不曾出现一例拿报不付钱的事,无人售报摊很好地上演了一出大学生诚实守信的好戏。无人售报是江苏大学三区学生公寓中心推出的特色服务项目之一,不仅为学生就近买报提供了方便,而且凸显出校园文明新风。在这个名声在外的无人售报点,只见木方凳上放着厚厚一叠当天的扬子晚报,旁边写有"无人售报,每份五角,自找零钱,欢迎购阅"字样的小黑板,另外摆了一只供买报人自付报钱的塑料盆。据无人售报发起人、该区学生公寓管理员张君霞介绍,半年时间里,这里的扬子晚报销售量每天都有120份左右,最高时达160份,没有一个同学拿报不给钱,有的口袋里钱不够,第二天拿报时再来补上,少数同学买报甚至从不找零。管理员对一天的销售进行统计,在无人监管的情况下,本该卖出89.5元,实际收回了95元!

(资料来源:聂伟. 无人售报几乎分文不少[N]. 南方都市报,2004-01-26(07).)

二、某高校大学生因作弊失信被开除

原告某大学四年级学生李某在2017年5月27日的考试过程中,携带一些与考试相关的资料被监考教师发现。监考教师认为其携带资料是考试作弊行为,将他带到考务办公室,当即对他作出处理。事后原告李某不服,到教室找监考教师,要求拿回试卷,撤销作弊处罚。在遭到拒绝后,原告李某动手打了监考教师。大庆市公安局开发区分局于2017年6月4日作出行政处罚决定,决定对李某拘留三日。黑龙江某大学于2017年6月14日作出校教发〔2017〕270号处分决定,决定给予原告李某开除学籍处分。

第三节 主题教育活动方案设计

一、诚信实践体验活动:诚信驿站

1. 活动背景

诚信是一个道德范畴,是公民的第二个"身份证",是日常行为的诚实和正式交流的信用的统称。当前,在大学生中还存在考试作弊、借贷逾期不还、评优弄虚作假等不诚信行为,必须提高大学生对诚信与大学生成长成才关系的认识,坚持立德树人,不断优化育人环境,引导和激励大学生诚实守信。

2. 活动目的

通过"诚信驿站"这种形式的诚信教育活动,旨在弘扬诚实守信这一中华民族的传统美德,培养学生诚信的优良品质。大学阶段是培养大学生诚信意识的关键时期,驿站不以营利为目的,旨在通过这种形式,建立起人与人之间的信任,在全校营造讲诚信的氛围,影响更多的学生提高和践行诚信意识。

3. 活动准备

(1)在安全、开阔、便于学生往来的地点设置"诚信驿站"简易货架,准备笔、本、橡皮等学习用品,以及口罩、垃圾袋、纯净水、纸巾等生活用品,每件物品的下方设置价签,在醒目处张贴付款二维码。

(2)"诚信驿站"由学生社团负责日常经营维护,每年一换,新成员从自愿报名的大一新生中选拔,让新生一入学就上一堂诚信实践课。

4. 活动过程

(1)"诚信驿站"无人售货,无人找零,货物伸手可取,付款全靠自觉扫码。

(2)"诚信驿站"旁设置一块小黑板,每天整理记录前一天的售货情况。

5. 活动小结

"人无信而不立",诚信是当代大学生应有的道德基础。学校应充分发挥课堂主渠道的作用,不断加强校园文化建设,引导大学生培养诚信意识,践行社会主义核心价值观。大学课堂不仅要教给学生知识,更要培养学生良好的道德品质,将规则意识、诚信理念深植于大学生的头脑之中。这才是成才的根本,才能让学生受益一生。

二、主题班会:"人无诚不立、事无信不成"

1. 活动背景

了解诚信的内涵,认识诚信的基本要求是对人守信,对事负责,感受诚信是每个人立足于社会的通行证。

2. 活动目的

(1)培养学生观察、分析能力,为人处世与社会生活的能力以及明辨是非的能力,引导学生践约守信,诚实做人。

(2)增强对他人、对社会的责任感,树立正确的为人处世态度和守信为荣、失信可耻的道德观念,大力弘扬中华诚实守信美德。

(3)理解诚信的基本含义即对人守信、对事负责,澄清在诚信做人方面的错误认识。

(4)理解诚信是立身之本、交往之道、优良道德传统。

(5)在日常生活中努力践行诚信,做诚实守信的人。

(6)将学生信用评价制度的建立纳入"第二课堂成绩单"的思想成长模块,为培养学生诚信品质提供制度激励。

3. 活动准备

(1)教师:

①课件准备。

②组织学生收集正反两方面的诚信故事。

(2)学生:

①收集诚信故事及有关诚信的格言、古训。

②收集涉及学生在校期间具体诚信行为和表现的材料,各学院可结合自身特色,探索建立学生信用评价制度(类似支付宝的芝麻信用),设定班级学生信用评价制度的指标。该评价结果可运用于学生的奖、助、推优、入党等方面。在教室黑板上,由同学们用五彩笔写下"面对诚信的思考"。

4. 活动过程

(1)主持人引言,宣布主题班会开始。

（2）说文解字话"诚信"（诚信的古体字）——理解诚信字面上的意思。（学生讨论，教师引导）诚，就是要实事求是，不扩大，不缩小；信，就是要一言九鼎，说到做到，不朝秦暮楚，不朝令夕改。诚信是一个道德范畴，即待人处事真诚、老实、讲信誉，言必信、行必果，一言九鼎，一诺千金。在《说文解字》中的解释：诚，信也；信，诚也。可见，诚信的本义就是要诚实、诚恳、守信、有信，反对隐瞒欺诈、反对伪劣假冒、反对弄虚作假。诚信是立业之本、为人之本，是企业和个人的第二张身份证。

（3）诚信故事大展示。

要求：发挥集体智慧，以小组为单位搜索诚信正、反面故事，并引导大家就诚实守信开展讨论。

（4）各班根据学院审核通过的大学生信用评价制度对班级全体同学进行监督考核，进行相应的加分、减分，并将分数计入"第二课堂成绩单"的思想成长模块。

5. 活动小结

教师："狼来了"的故事妇孺皆知，小男孩因为一再说谎，而导致说话无人听，最后被狼吃了。其实，吃他的并非是狼，严格地说是他那不诚信的品质。古往今来，有关诚信的美德故事还有哪些？从这些故事中你了解到什么是诚信？

诚信即诚实守信，就是实事求是，诚实做人，做事讲信用。诚信应该成为当代大学生安身立命之本，人无诚不立、事无信不成。（再次引出班会主题，强化主题）

第十二章 友　善

第一节　人际交往的基本规范

　　友善是公民优秀的个人品质,是构建和谐人际关系和社会关系的道德纽带,更是维护健康良好社会秩序的伦理基础。在社会主义核心价值观中,友善是对公民维系良好人际关系和社会关系的基本道德规范。无论身处哪个阶层、从事哪个行业,友善都是公民应当积极倡导的基础性的价值理念。特别是在市场经济建设过程中,竞争压力不可避免带来人际关系的紧张,各种社会矛盾凸显。培育和践行社会主义友善价值观,是缓解社会矛盾、维护社会秩序、促进社会和谐的坚实基础。

一、友善的基本内涵

　　友善,在古汉语中是由"友"和"善"这两个具有独立含义的字构成。"友"是象形字,表示握手结交。造字的本义是:两人结交,协力互助。从"友"的词源含义看,是两人互助的意思,象征着朋友之间的援手,因此,其本意是帮助。《说文解字》解释说:同志为友。"友"的基本意思就是志趣相投,协力互助,相互鼓励。"善"是个会意字,由羊和目组成,羊象征吉祥,目表示安详温和。善字本义是:神态安详,言语谦和。因此,善就是两个人互道吉祥话语。正如《说文解字》所释:善,吉也。"友"与"善"二字结合,其直接和基本的含义是,在人际交往中基于善良之心所表现出来的友好的言行,或者说对待他人(包括自然)像对待朋友一样友好善良。在我国的传统文化中,孔子提出"仁者爱人",孟子强调与人为善,其内涵都在于以善为原则来帮助和成就他人,进而实现自身人格的完善。因此,就此意义而言,友善并不是毫无原则地建立人际关系的技巧,而是基于对善的美德的热爱而在人际之间进行着的关爱和互助活动。

　　友善,在现代汉语词典中的解释是指朋友之间的亲近和睦,形容个人品格,指人的友善亲切。友善作副词修饰动词,如友善地对待我。友善,是指友好善良的公民伦理关系和公民秩序,是公民美德和社会公德的统一,是处理人际关系的基本道德规范。"友"是友好,这是行为要求,是表面现象;"善"是善良、善意,这是心理要求,是内心态度。友善即与人为善,要求人们善待亲友、他人、社会、自然。善待亲人以和谐家庭关系,善待朋友以凝结牢固的友谊,善待他人以构建和谐的人际关系,善待自然以形成和谐的自然生态。

倡导"友善"价值观,是中国传统价值观念的基本要求,是儒家伦理的基本精神和价值追求,能够有效化解社会生活的张力、调解社会心态、创建良好的社会环境。在消除社会矛盾、稳定社会秩序中发挥至关重要的作用。

我们倡导的友善,是爱心的外化,是与人为善、与物为善。善待亲人以构建和谐家庭关系,善待他人以构建和谐人际关系,善待万物以形成和谐自然生态。"己所不欲,勿施于人""四海之内皆兄弟",广聚爱心,乐善好施,让世界充满爱,是友善的理想境界。

(资料来源:任仲平. 凝聚当代中国的价值公约数——论培育和践行社会主义核心价值观[N].
人民日报,2015-4-20(2).)

二、中国特色社会主义的"友善"价值观

"爱国、敬业、诚信、友善",是公民基本道德规范,是从个人行为层面对社会主义核心价值观基本理念的凝练。它覆盖社会道德生活的各个领域,是公民必须恪守的基本道德准则,也是评价公民道德行为选择的基本价值标准。

1. "友善"价值观的主要内容

作为社会主义核心价值观的友善,是基于对中国特色社会主义理想信念的热爱而在公共生活中表现出来的对于他人的尊重、宽容、关爱和帮助的道德素养。友善是根本基础,一个不具备友善品格的人,无法完成人际交往,无法立足团队合作,无法融入社会生活,那么,也就谈不上具备诚信的美德、敬业的责任和爱国的操守。友善强调公民之间应互相尊重、互相关心、互相帮助,和睦友好,努力形成社会主义的新型人际关系。友善作为一种优秀的道德品质,自古以来就有着极为丰富的内涵,而且它的内涵的丰富性还会随着历史条件的变化而不断地得以发展。在当下的中国社会,作为社会主义核心价值观的友善,它不仅是中国特色社会主义理想信念的具体表达,更是构建和谐社会和实现中国梦的基本要求。它是通过实际生活中人与人之间的尊重、宽容、关爱和互助而得以实现的。和谐社会的构建和中国梦的实现不仅需要强大的物质基础,更需要健康良好的社会氛围。

友善价值观是指人们对"友善"的看法和观点,表现为其对"友善"的价值取向、价值追求,是人们处理人际关系的基本准则。友善价值观包括三方面内容:与人为善、谦虚礼让、和睦相处的态度;推己及人、助人为乐、济人于难的品格;宽而不纵、见义勇为、立己达人的责任。三方面内容相辅相成、层层递进,共同构成友善价值观的基本内涵。

(1)与人为善、谦虚礼让、和睦相处的态度是实现友善价值观的前提和基础。一个人,只有心存善良与仁爱,懂得谦虚,不争名夺利,才能适应环境,与他人相处,融入社会与集体,避免孤独、怀才不遇等状况。

(2)推己及人、助人为乐、济人于难的品格是友善价值观的骨干内涵。友善价值观蕴含着双向的道德关怀,要想使一种和谐的人际关系维持下去,使一个和谐的社会发展下去,人们就必须相互依存,相互帮助,共渡难关,共同发展。

（3）宽而不纵、见义勇为、立己达人的责任是友善价值观的最高境界，也是其内涵的最高层次。"宽而不纵"就是对他人的过错不能替其掩盖，应当是"好善而恶不善，好仁而恶不仁"。只有这样，才是对大多数人的宽厚，才能赢得大多数人的尊敬。在此基础上，要更进一步，即看到正义的事，就要勇敢地去做。对于不义之事要见义勇为，对有益的事情就要积极而为，不但自己积极地去做，还要号召大家都去做。这就是"己欲立而立人，己欲达而达人"。就是说自己希望达到和实现的事，也希望别人能够达到和实现。将其引申开来，那就是：自己想成为有修养的君子，也乐于别人是这样的君子。可见，这是一种很高尚的品德和强烈的责任感，也是更难达到的层次与境界。

总的来说，友善是基于对中国特色社会主义理想信念的热爱而在人际之间实现的尊重、宽容、关爱和互助。它是自爱和他爱、利己和利他、权利和义务以及理想和现实相互结合的统一体。

2. "友善"价值观的基本特征

作为社会主义核心价值观之一的友善，有其自身的基本特征。

（1）从本质特征上看，友善是差异性和共同性统一。任何时代友善观的提出都具有维护社会秩序的要求。作为社会主义核心价值观的友善也不例外，它在功能上具有调节人际关系、维护社会主义社会顺利发展、巩固社会主义社会和谐运转的作用。在当下，它更是推动和谐社会构建和中国梦实现的重要条件。

阶级社会中的友善通常发生在同一阶级内部，不同的阶级之间难以存在真正的友善，友善的阶级性差异十分明显。例如，在西方的传统社会中，友善主要发生在城邦公民之间；在我国传统社会中，友善是由血亲之爱发展而来的，更为强调同一阶级内部的关爱互助。当然，不同的阶级之间也会存在关爱和帮助等友善行为，这尤其表现为统治阶级在一定环境和条件下对其他阶级施以慈善性的关爱和帮助，但这种帮助多是一种怜悯，而不是建立在人格平等的基础上。故此，在阶级对立的社会形态中，友善具有更多的理想性，它的实际调节范围和调节能力非常有限，因而也就无法成为社会的核心价值观。与以往的阶级社会不同的是，社会主义社会是人民当家作主的社会，人民是国家的主人，公民个体在人格上是平等的。因此，社会主义友善是广泛地存在于社会主义社会的公民之间的，其阶级性差异已不明显。

人类作为群体性存在，拥有诸多根本性的共同利益，如人类的种属性的共同利益，以及共同面对自然灾难和社会丑恶现象的利益诉求等。这些共同性的利益要求人们跨越阶级乃至种族等差异和局限，实现广泛的人际关爱和互助。因此，友善价值观在具有自身不可避免的阶级性差异的同时，还表现出鲜明的共同性特征。

（2）从发展形态上看，友善是历史性和现实性的辩证统一。作为社会主义核心价值观的友善是历史性和现实性的辩证统一，它在一定程度上延续和发展了中华民族传统文化中的友善价值底蕴，与此同时，又因新的时代要求而赋予自身以崭新的意义与价值。从我国历史发展来看，作为社会主义核心价值观的友善，是传统的儒家仁爱精神在新时代的延续和发展。中华民族绝无原教旨主义式的宗教传统，儒家文化和土生土长的宗教都以友善待人为重要的价值理念。友善成为中华民族最重要的文化基因和价值信仰,而这一信仰随着历史的发展和中华民族自信心的增强而不断得到延续和发展。随着时代的发展,传统的友善思想在新的时代背景下被赋予了崭新的内容与意义,即在强调社会成员要互爱互助的基础之上,又增加了公民友爱的权利与义务关系应该对等以及构建和谐社会和实现中国梦等新元素、新内容。具体而言,作为社会主义核心价值观的友善,在继承了传统的仁爱思想精髓的基础上,更强调建立社会平等、公正基础之上的人与人之间的宽容、礼让、关爱、互助。这不仅是公民社会生存的需要,更是社会主义社会内在价值追求的体现,有利于消除人与人之间的冷漠与隔阂,能够有效地缓和、化解社会矛盾,更能够促进团结,激发团队和集体的力量,不断增强社会凝聚力,使社会环境和生态环境更和谐,使中华民族传统的友善思想在新的时代条件下呈现出新的面貌,推动中国特色社会主义社会不断发展。这既是构建和谐社会的重要条件,也是中国梦实现的重要标志。

(3)从具体要求上看,友善是广泛性与先进性的辩证统一。一方面,在内容上友善有着宽容、尊重、关爱、互助等递进性要求。其中,宽容、尊重是基础性的要求,而关爱、互助则是更高层次的要求。宽容和尊重是基于公民生活而提出的一种基本的道德要求,它强调人格的平等和对等,即意识到他人与自己一样是有着各种值得尊重的价值需求的独立个体。作为社会主义核心价值观的友善,必然包含崇高性、理想性的思想内涵,不仅强调宽容和尊重,更强调关爱和互助这一理想性层次上的要求。在日常生活中,对陌生者的理解、尊重与宽容比较容易做到,因为这不需要付出太大的努力和代价,只要有善意的表达即可。倘若要求行为主体超越个人利益,付出时间成本和物质利益,向与自己没有利害关系的人提供实实在在的帮助,则需要行为者具有较高的道德素养和道德境界。另一方面,从表现形态上看,友善具有出于礼貌性和发自内心善良意志的层次性差异。尽管友善是出于内在道德素养的一种表达,但由于现实生活的复杂性以及个体道德素养的不同,友善会呈现出表面上的友善和发自内心的友善的差异。具体而言,道德素养较高的公民不仅能够做到宽容和尊重他人,更会发自内心地关爱和帮助他人。这就是说,友善在实施的过程中会因主体和对象的不同而呈现出层次性差异。

(4)从实现条件上看,友善既有平等性要求也有对等性要求。所谓社会主义友善的平等性,是指友善是平等主体之间的善意表达。人格平等和彼此尊重是友善实现的基本前提。友善的平等性主要是指人格尊严的平等。如果没有人格尊严平等这一前提条件,下级对上级的友善就会变成逢迎,上级对下级的友善则会演变成恩赐。假如见富贵者便曲意奉承,见贫寒者则冷眼相待,抑或对亲朋好友呵护有加,而对非亲非故的他人则冷漠无情,这就背离了友善价值观的基本要求。所谓社会主义友善的对等性,是指友善是权利和义务的统一体,即我们有接受别人友善的权利,也有给予别人友善的义务。所谓"爱人者,人恒爱之;敬人者,人恒敬之"(《孟子·离娄下》)。意思是说,爱别人的人,别人也会爱他;尊敬别人的人,别人也会尊敬他。同理,为人友善,别人也会对你友善。很少有人愿意主动对冷漠的人表达善意和善行,也很少有人愿意接受高高在上的恩赐般的"友善"。社会主义友善价值观植根于仁爱的道德心理和对中国特色社会主义共同理想的追求,要求人们待人如己,而不是把他人作为实现自我利益的手段。

3."友善"价值观的重要作用

曾经有这样一个故事,太阳和北风争论究竟哪个更有力量。它们看到一位穿着棉衣的老人,就打赌说:谁能够让老人把外套脱下来,就承认谁的力量大。北风使劲地向老人吹去,想把老人的外套吹下来。可是它越吹,老人把外套裹得越紧。北风吹累了只好认输。太阳从云的背后走出来,将温暖的阳光撒在老人身上。没多久老人就出汗了,并把外套脱了下来。太阳笑着对北风说:"温暖比强硬往往更能达到良好的效果。"

这个寓言故事很好地证明了友善力量的强大,也说明了社会为什么特别需要友善的价值理念,因为友善在社会生活中发挥着不可替代的作用。随着科技的进步和文化的交融,人们的活动范围越来越大,交往也越来越频繁,友善成为人们沟通相处的基本准则。特别在我国当前这样一个社会转型期,经济压力越来越大,利益竞争更趋激烈,社会矛盾和社会分歧增多,友善则是社会各阶层和各行业的人们达成共识、融洽相处的前提性条件。

(1)友善有助于建立良好的个人关系。随着人们活动范围的扩大,传统的以血缘关系为主的社会关系逐渐淡化,我们需要更多地与陌生人交流、相处,友善成为联系社会成员的价值纽带。常言道:"良言一句三冬暖,恶语伤人六月寒。"友善交流的态度,与人为善的宽厚,可以增进陌生人之间的感情,从而推动相互之间的进一步协作。那么,在我们的家庭、亲属、朋友之间就不需要友善相对吗?不是的。事实反复证明,一句温馨的问候、一个意外的惊喜,都是增进家人之间情感交流、提升家庭成员幸福感、共同推动家庭环境改善的动力。可是,我们有多少人把不自然的笑脸送给了他人,却把冷漠的话语留给了自己最亲爱的人。结果是家人失和,既影响最亲爱的人的心境,也影响大家的共同发展。从这个角度来说,友善是塑造公民良好工作和生活环境的不可或缺的价值理念。

(2)友善有助于改善社会不良风气。依据我们身边的经验,我们可以明显地感觉到,这个社会变得比过去更加焦躁,人们在行为上也出现了比过去变狠的倾向。如因为一场争吵,就有人摔死了两岁的孩子;因为自己反映的问题没有得到解决,就用炸药让同车的人与自己同归于尽;因为邻里矛盾,就制造了连环杀人案。我们感到安全受到了威胁,但是却不知如何来摆脱这种暴戾之气。其实,改变这种风气的根本方法,就是每个人都持有友善的价值理念。暴戾之气不是一天练成的,也不是某个人创造出来的,而是在日常生活中很多人的不友善的习惯积累起来的。如果在争吵的过程中有人保持谦让,何至于酿成血案?如果工作人员能够尊重居民的人格,何至于让他痛恨社会?如果邻里在纠纷中都能退让一步,何至于出现以后的惨案?友善价值观在增进公民情感、发挥社会凝聚力的同时,有助于人们在行使公民权利的过程中意识到自我行为的社会意义。这是消除不良社会现象、化解社会暴戾之气的根本途径。

(3)友善有助于凝聚社会各阶层的力量,维护社会的稳定。社会发展所带来的变化和问题势必导致社会心态的波动。改革开放以来,我国经济发展取得了令人瞩目的成就,但由于我国经济结构以及各项制度尚在调整和完善之中,加之人们在天赋、能力、受教育程度等方面的差别,客观上造成了我国社会群体的分化。在这种背景下,人们的社会心态在某些领域出现了失衡的现象,比如仇富心理、仇官心理以及在财富面前的浮躁情绪等。社会心态失衡的主要原因固然是这些阶层的部分成员为非作歹、傲慢无礼，但是各个阶层之间缺乏正常的理解与沟通也是不容忽视的原因。树立友善价值观，从个人层面来讲，能够帮助人们以阳光的心态看待其他公民，从积极的角度肯定他人、尊重他人。在群体层面，友善价值观能够让人们在群体之间传递友爱的信息，并且在实质层面相互帮助。

正因为如此，友善是中华民族千百年形成的基本传统美德，我国传统文化中有大量关于和谐友善思想的论述。如《论语·学而》中说，"礼之用，和为贵"，强调以一种和谐友善的态度来对待自然、社会和他人，以一种宽广的胸怀来处理各种关系。如《周易》中说，"地势坤，君子以厚德载物"，表现出一种器量宏大的宽广胸怀。我们党也非常重视这一传统美德在新时代的传承与发扬。早在2001年，中共中央办公厅印发的《公民道德建设实施纲要》中就把"团结友善"作为公民应当遵守的基本道德规范。2006年，时任中共中央总书记的胡锦涛同志提出，广大干部群众要"以团结互助为荣，以损人利己为耻"。党的十八大报告倡导践行社会主义核心价值观。将友善作为公民应当坚守的社会主义核心价值观，说明友善在化解社会张力、调整社会心态、营造社会和谐的实践中具有基础性地位。为了自身的快乐、家人的幸福、社会的融洽，我们每个人都应当深入理解友善的力量与价值，自觉地践行社会主义友善价值观。

友善作为重要的人际润滑剂，能有效地化解人际之间的矛盾和冲突，激发社会正能量，从而为营造健康、良好的社会氛围创造条件。这些无疑既是构建和谐社会的重要条件，也是中国梦实现的重要标志。此外，作为社会主义核心价值观，友善还有着公民社会（注：并非指目前被有些人为界定为资产阶级意识形态意义上的公民社会）层面上的内涵。中国特色社会主义社会是以公民社会作为基点的。在此意义上，友善要求社会成员能够以平等、尊重和宽容之心来对待其他的社会成员，即能够在促进、实现自我权利的同时关照他人的权利。

三、大学生践行"友善"价值观的基本路径

引导大学生树立和践行"友善"价值观，一方面有助于促进大学生在整个社会中起到示范的作用，进而加快改善整个社会风气，形成团结友善的社会风气；另一方面，大学生是社会的未来，是民族的希望，他们的思想观念、价值观健康与否影响着国家、民族是否能更为长远地发展。作为新时代的大学生，可通过以下途径来践行"友善"价值观：

1. 加强友善知识学习，增强友善认知

在内心深处真正接受一种价值观念的重要途径就是增强对这种观念的认知，而认知的前提则是要通过学习来真正认识和了解某一事物。因此，大学生要树立和践行友善价值观，就必须首先清楚和了解友善价值观的基本内涵和其所规定的处世态度和行为准则。具体来讲，第一，大学生自己要注重平日里对书本中友善知识的学习和理解，通过书本知识的学习形成自己对友善价值观的理解。第二，在学校所开设的讲述友善价值观的思想政治理论课上要认真听讲，不能老师在讲台讲老师的课，自己在下面干自己的事，要从内心深处重视思政课程和培养对思政课程的兴趣。第三，关于友善价值观

所规定的处世态度和行为准则：一是要正确认识自然，对自然友善，决不可随意浪费自然资源；二是要丰富自己的精神生活，正确处理物质追求和精神追求的关系，追求美好而纯真的事物，拒绝虚假做作，反对思想功利和精神空虚；三是要以友善的眼光看待自己与他人、社会和自然的关系。对于以上三条准则，大学生必须有清醒的认识。第四，大学生要形成积极的人生理想，在为崇高理想而奋斗的过程中树立更高的道德准则，帮助他人，与身边的人共同进步，不断增强对友善价值观的认知。

大学生友善观的形成是在外部因素的推动和自身理论知识学习共同作用下不断提高和完善对其内涵和要求的认知的过程。大学生对友善观认同的过程也是从友善理论到践行友善的一个动态过程。通过对友善内涵的理解，将友善作为自己为人处世的行动标准，努力做到善待自己、善待他人、善待自然以及我们生活的这个大家庭。而对友善观的高度认同又会进一步促使我们在生活中践行友善价值观。

2. 参加友善实践活动，增强友善自觉

无论一个人的主观意识和态度多强烈，要转化为价值观就一定需要经过实践，而一个人是否真正形成与社会发展相符的价值观，也是需要在实践中得到检验和巩固的。大学生要树立友善价值观，就不能仅仅局限于理论教育，而要在掌握理论知识的基础上，积极投身于社会实践。只有充分利用社会、学校为我们提供的实践机会，不断地体验生活，经历循环往复的实践、认识、再实践、再认识的过程，才能强化对友善价值观的理解和感悟，克服知行脱节的现象，真正将友善价值观付诸实际行动。

读万卷书不如行万里路。知识的学习固然重要，但更重要的是如何把我们已有的知识运用于实践当中，在实践中感知知识的伟大。而着力引导大学生进行自我教育的最后一步且最重要的一步，便是使其养成践行友善观的自觉意识。现如今许多大学生要么是一味地死读书，要么是宅在宿舍打游戏、追剧，缺乏良好的社交能力和生活能力。这就要求大学生改变当前的消极状态，走出宿舍甚至走出校园，充分利用学校为他们提供的各种实践机会，来锻炼自己、提升自己。大学生可以通过加入一些学生会、社团等学生组织，提高团结协作、互帮互助的意识；或者投身于一些志愿者、公益性活动，体会奉献的责任和快乐；也可以积极地参加一些学生比赛活动，锻炼并提高自己某方面的能力，经过一次一次的比赛，增强面对压力的信心。通过这些实践活动，不仅可以结交到一些志趣相投的朋友，还可能认识到一些德高望重的榜样，在这个过程中，就会自觉地反省自己的所作所为，也会促使自己改掉自身的缺点，向着友善的方向提升。

3. 注重自身反省剖析，增强友善体验

毛泽东说："人不能没有批评和自我批评，那样一个人就不能进步。""吾日三省吾身"，大学生要经常反省自己的思想和行为，要积极主动地从各个方面来剖析认识自己，培养科学的批判精神，将批评与自我批评相结合，对学到的友善价值观理念进行思考，提高自身的分析能力，将自身的行为与友善价值观的标准进行比较，有意识地将不友善的思想和行为及时改正，从而使友善成为一种内在的道德驱力。

大学生要培养自身的友善价值观念，就必须不断反省自身思想和行为，增强对他人友善行为的体验，加强对友善价值观的实践。具体来讲，第一，大学生要在日常的学习

和生活中,通过对自己为人处世的态度和做法进行反思而深刻认识自己,发现自身的缺点和不足,比较自身与友善价值观培育目标的差距,从而提升内心修养和道德素质,不断完善自己。第二,要处处发现现实生活中身边的友善榜样,并学会欣赏影视剧里所体现出的友善思想和行为,在近朱者赤的正面影响效应下使自己的道德素质不断得到提升,逐步树立和践行友善价值观。

第二节 典型案例

一、"六尺巷"

清康熙年间,张英担任文华殿大学士兼礼部尚书。他老家安徽桐城的官邸与吴家为邻,两家院落之间有条巷子,供双方出入使用。后来吴家要建新房,想占这条路,张家人不同意。双方争执不下,将官司打到当地县衙。县官考虑到两家人都是名门望族,不敢轻易了断。

这时,张家人一气之下写了一封加急信送给张英,要求他出面解决。张英看了信后,认为应该谦让邻里。他在给家里的回信中写了四句话:"千里来书只为墙,让他三尺又何妨?长城万里今犹在,不见当年秦始皇。"家人阅罢,明白其中含义,主动让出三尺空地。吴家见状,深受感动,也主动让出三尺房基地,结果成了六尺巷。"六尺巷"由此得名。从此,这个友善、和谐的故事流传至今。

身为朝廷官员的张英,为了社会的和谐,不但没有使用自己官员的职权干涉家事,反而用友善、宽容之举将事情化干戈为玉帛。这个故事告诉我们,友善待人、和谐相处对我们每一个人、对整个社会是多么重要,它是社会和谐的润滑剂,可以化解矛盾、避免纠纷、解决争端。

"六尺巷"是一把人生的尺子,值得我们经常拿出来量一量;更是一种人生修养境地的隐喻,值得我们经常去走一走。常走"六尺巷",修行正己,就会走出人生天地宽,走出人生的高天白云,走出无愧后人的历史评说。

二、"云南好人"陈闰茹

陈闰茹,昆明学院2003级计算机应用专业学生,2003年底开始从事公益活动。她在昆明学院上学期间创建"青春红丝带协会"并担任会长,先后担任过学校社团部代理负责人兼办公室主任、团委社团部部长、"爱咨家"志愿者团队负责人。2006年4月,她被联合国儿童基金会授予"携手儿童青少年·携手抗击艾滋病"青少年爱心大使荣誉称号。毕业后,陈闰茹在昆明倘甸产业园区、轿子山旅游开发区凤合镇牛街小学任教,成为昆明市"三支一扶"支教教师,常年资助农村困难老人和留守儿童。2008年,她在凤合镇创办了拥有各类书籍5000余册的爱心图书室,为农村孩子免费服务至今。2009年,她创建农村红蓝丝带活动站,开展的艾滋病预防控制、青年同伴教育培训等服务受到高度好评。2014年,陈闰茹凭借感人事迹获评"云南好人"。但在她看来,这些事都是自己应该做的,要一如既往地坚持下去。

开办乡村爱心图书室、救助贫困学生、创建农村红蓝丝带活动站……陈闰茹虽然只是凤合镇牛街小学一名普通的教师,但在乡镇周边却远近闻名,因为在很多人的眼里,她是一个热心肠的人。

"我生活在农村,我只想多帮几个农村孩子。"在2014年云南好人颁奖典礼视频中,陈闰茹用朴实的言语表达了她对"乡村爱心大使"称呼的喜爱。陈闰茹默默地坚守着自己的公益事业,她获评"云南好人"的颁奖词这样写道:"她不仅是爱心志愿者,她更是爱的天使和化身,陈闰茹脚踏实地、不求回报的青春之歌,乃是飘荡在乡村之上最动人的豪华乐章。"

从2004年暑假的大学生"三下乡"志愿服务开始,陈闰茹就一直走在公益路上,曾先后荣获全国第一批联合国儿童基金会授予的"'携手儿童青少年 携手抗击艾滋病'青少年爱心大使"、昆明市无偿献血先进个人、"云南好人"等荣誉称号和第五届云南省道德模范提名奖。

1. 学校防"艾"第一人

2003年,年仅20岁的陈闰茹第一次来昆明上大学。在她眼里,一切显得是那么新奇。"大一时课程也不紧张,每天的课余时间很多,大部分时间就是和同学一起逛街,漫无目的一条街一条街地逛,后来觉得这样的生活很无聊,没有意思。"陈闰茹萌生了参与一些"有意义"的事情的念头。

就这样,她加入了昆明学院青年志愿者协会,成为一名志愿者,有时间就跟随协会到敬老院打扫卫生,陪老人拉家常,做一些力所能及的小事。

"通过这些活动,我发现帮助别人是一件很快乐的事,在帮助别人的同时也能进一步锻炼自己。"体验到公益活动的乐趣后,陈闰茹就积极投身于学校的社团活动,课外时间都被填得满满的。

在这些有意义的课外活动中,让陈闰茹印象深刻的还是艾滋病防治知识宣传活动。"那是青年志愿者协会暑假期间组织的一次'三下乡'活动,我们的宣传单都没有人愿意接,而且人们还会投来一种奇怪的眼神,让人很是尴尬。"通过这次活动,陈闰茹下定决心要在学校成立一个学生社团,全面宣传艾滋病防治知识。

2004年,陈闰茹创建昆明学院"青春红丝带协会",并担任了会长。

"开始还担心没有人报名,但是协会成立第一天我们就吸纳了100多名成员。之后,协会组织了一系列反响很好的防艾知识宣传活动。目前,'青春红丝带'已是昆明学院规模较大的学生社团之一。"想起当年在昆明学院的壮举,陈闰茹语气自豪。

2006年4月,陈闰茹被联合国儿童基金会授予"携手儿童青少年·携手抗击艾滋病"青少年爱心大使荣誉称号;2009年,陈闰茹创建农村红蓝丝带活动站,开展艾滋病预防控制、青年同伴教育培训等服务。

2. 自家小院办起"图书室"

如果说艾滋病防治知识宣传是陈闰茹公益活动中的一大亮点,那在自家小院开办乡村图书室更是其中浓墨重彩的一笔。

2008年，她通过募集，在家中创办了拥有各类书籍5000余册的爱心图书室，为周边的农村孩子免费服务至今。

"大学毕业后，我在凤合镇支教时发现小孩子课余时间或放学后都是在路边玩泥巴或者到处乱跑，而且家长也没有更多的时间来照顾孩子。我就把家中一些课外书带来学校，发现他们都很喜欢看书。"说起建立图书室的初衷，陈闰茹觉得只是想给孩子们找到一种更有益的课外活动。

正是因为班里的孩子都喜欢看书，陈闰茹就想在家里单独开一间图书室，让全校的孩子们放学后都能集中在一起看书。

有了这样的想法，她就把家中所有的书都收集起来，加上一部分亲戚朋友及爱心学校、企业捐赠的图书，小小图书室就基本成型了。为了摆放这些图书，陈闰茹的父亲还特地制作了五六个书柜。这个普通的人民教师，用这样的方式默默支持着女儿的公益事业。

此外，陈闰茹还把图书室旁边的一处阁楼整理出来，放上桌子、凳子，作为孩子们的阅读室。"有一个阅读的空间，孩子们就可以在这里看书，也可以免费借走，但我都要求他们一定要保管好，不要弄坏了。"陈闰茹希望身在农村的孩子们也能接触到更多的课外读物。

采访当天，记者来到这个小小的乡村图书室，20多平方米的房间内，窗明几净，四周的书柜上都摆满了各类的图书。在隔壁的阅读室里面，七八个学生正在静悄悄地看书。

"我们只要有时间都喜欢来陈老师这里看书，遇到不懂的问题还可以当面问。"凤合小学6年级的董姗娅就和同班同学马尧迪一起借了三本书，还认认真真地填写了借书登记表。

不仅是周边的孩子会来借书，有时相隔10多公里的孩子都会到爱心图书室来看书。特别是一到晚上和周末，爱心图书室就成了附近几个村最热闹的地方。

如今，免费给周边十里八乡的孩子们看书，定期给孩子们组织防艾活动，已经成为陈闰茹工作之余最重要的事情了。

3. 跨越半个中国的爱心接力

如此热心公益事业，陈闰茹并不是一时心血来潮，而是长期以来家庭熏陶的结果。"我的奶奶就比较喜欢帮助别人，村里人手脚不舒服时，她都会帮人家按摩。"陈闰茹表示，正是受家里人的影响才会一直坚持公益事业。

大学毕业支教以来，陈闰茹四处奔走，寻找爱心人士结对帮扶，帮助了不少贫困学生顺利完成学业。此外，她还对多名贫困学生进行"一对一"帮扶。

陈燕辉就是其中之一，这个16岁的花季女孩由于患上神经纤维瘤，只能休学在家。

"以前的班级教室门口就对着楼梯，上课铃响了经常看到一个小女孩还费力地背着书包爬楼梯上楼，但是去年开学就没有看到这个孩子，我心里就有些放不下。"陈闰茹家访后，才得知陈燕辉由于生病已经无法正常行动。

看在眼里,急在心上。陈闰茹积极发动村委会及学校为她捐款3万多元,并联系相关的爱心企业及人士一路护送陈燕辉到北京接受全面检查,上演了一场跨越大半个中国的爱心接力。

"由于我是班主任,不能离开学校送她去北京检查,燕辉就由她妈妈及舅妈陪着。从我送他们从凤合上车后,一路上转车、接机、住宿、看病都是爱心企业及人士负责,其中大多数都是从未谋面的陌生人。"说起这场爱心接力,陈闰茹很是感动。

那段时间,她每天都要充当千里之外的翻译,忙到晚上一两点才能保证双方能顺利地交流沟通。

陈闰茹告诉记者,目前,虽然小燕辉的病情并没有好转,但她的情绪很乐观。陈闰茹也时不时给她买一些爱吃的水果及糕点,并鼓励她要好好面对生活。

（资料来源:来自云南省昆明市倘甸产业园区和轿子山旅游开发区管理委员会官方微博.）

从以上两个案例可见,友善是社会的润滑剂,能够让别人如沐春风,能够让人与人之间的关系和睦,能够减少很多摩擦和不必要的麻烦,有助于社会团结,有助于社会进步。因此,我们都需要继承中华民族与人为善的优良传统,对家人、邻居、同事友善,做到和睦相处,团结共事,一起为了家庭、社会和国家更好的未来而努力。

第三节　主题教育活动方案设计

一、"学习先进典型,传递友善力量"学习分享活动

1. 活动背景

中共中央办公厅印发《关于培育和践行社会主义核心价值观的意见》,提出大力宣传先进典型,评选表彰道德模范,形成学习先进、争当先进的浓厚风气。中宣部还及时表彰各地和各行业涌现的"时代楷模""最美人物",为事迹突出、具有重大社会影响的"时代楷模"举办先进事迹报告会,形成鲜明的价值导向。

先进典型是核心价值观的人格化身,是引领社会主流价值的鲜明旗帜。党的十八大以来,随着学习宣传先进典型活动在全国范围深入开展,一批又一批充满时代感、饱含正能量的先进个人和集体涌现出来,为全社会树立了道德标杆,成为引领社会主义核心价值观建设的旗帜。全国重大典型、"时代楷模""最美职工"、全国教子有方"最美家庭""见义勇为最美人物""最美志愿者"……一系列先进典型用鲜活生动的行为表率,彰显了平凡中的伟大,体现了社会主义核心价值观的深刻内涵。

而社会主义核心价值观倡导公民"爱国、敬业、诚信、友善",正是从公民层面提出的价值准则,涵盖了社会公德、职业道德、家庭美德、个人品德等各个方面,是每一个公民都应当树立的道德规范和价值追求。"学习先进典型,传递友善力量",每个人多一些担当、尽一份心力,就能汇聚起推动社会前行的强大力量。

2. 活动目的

(1)通过诵经典、听讲座、谈体会、听点评等活动环节加深对社会主义"友善"价值观的认识和理解。

(2)通过观看朱有勇院士和张桂梅老师的先进事迹,深切感悟他们身上高尚的道德情操和无私奉献的精神品质,加强对"友善"价值观作用的理解。

(3)通过"学习先进典型,传递友善力量"学习分享活动,进一步增强广大同学弘扬和践行社会主义核心价值观的自觉性。

3. 活动准备

(1)提前准备与"友善"有关的经典诗句和背景音乐。

(2)准备《社会主义核心价值观讲坛·友善》(《百家讲坛》20151107)专题讲座视频。

(3)朱有勇、张桂梅两人的先进事迹材料及视频准备及活动幻灯片(PPT)制作。

(4)提前联系活动场地,通知及组织参加人员。

(5)确定活动主持人及主持词的准备。

4. 活动过程

(1)第一环节:由主持人主持,部分同学参与,以配乐诗的形式朗诵与"友善"有关的经典诗句。

(2)第二环节:观看南京师范大学郦波教授的百家讲坛《社会主义核心价值观讲坛·友善》讲座视频。

(3)第三环节:观看"时代楷模"朱有勇同志和"全国先进工作者"张桂梅同志的先进事迹视频。

(4)第四环节:部分同学分享交流参加活动的收获和体会。

(5)第五环节:邀请参加活动的学院领导或辅导员(班主任)对活动作点评。

5. 活动小结

在"学习先进典型,传递友善力量"几个环节的学习分享活动中,通过聆听同学的配乐诗朗诵、观看郦波教授的专题讲座视频和朱有勇院士和张桂梅老师的先进事迹视频,进一步加深了广大同学对社会主义"友善"价值观的认识和理解,深切感悟他们身上高尚的道德情操和无私奉献的精神品质,进一步增强了广大同学弘扬和践行社会主义核心价值观的自觉性。

二、主题班会:友善

1. 活动背景

爱国、敬业、诚信、友善是社会主义核心价值观中个人层面的价值准则。对于处在集体生活中的在校大学生来说,"友善"这个词可以说是最贴近他们日常生活的,但越是贴近生活的,反而越容易被忽略。如今的大学生,大多为独生子女,他们习惯了以自我为中心,所以友善待人在校园生活中尤为重要,而平时同学之间的相处,更是学生接触社会的起点。因此,培养学生从身边开始,从校园开始,学会友善待人尤为重要。

2. 活动目的

(1)通过观看相关视频和讨论,让同学们认识什么是友善,明确友善的重要意义。

(2)通过讨论和案例分析,使同学们意识到身边人对自己的友善,也意识到自己心中的友善。

(3)通过班会的讨论和分享,让同学们学会合理表达自己的友善,也学会用温和理智的态度处理矛盾。

3. 活动准备

(1)场地准备:确定班会教室,参加活动的学生按座位安排成4~6人的小组模式,方便分组讨论。

(2)多媒体素材准备:音乐、视频资料。

①《友善:动画解读社会主义核心价值观》(http://www.iqiyi.com/w_19rs776zzp.html)。

②《友善歌》MV(http://www.iqiyi.com/w_19ru7lezp9.html)。

③《跨越物种的拥抱:人与动物之间的和谐相处》(http://www.iqiyi.com/w_19s2lyvo71.html)。

④友善主题微电影:《天使一样的老人》(http://c.qq.com/x/page/co5459vnqih.html/)。

(3)制作活动幻灯片(PPT)。

4. 活动过程

(1)主题导入。幻灯片(PPT)展示几张图片,包含以下几个方面的内容:公交车上让座、食堂排队打饭、同学间互帮互助、和谐相处等。请学生根据图片,猜一猜班会课主题。引出关键词——友善。

主持人:各位同学好! 在今天的班会课开始之前,我想先跟大家分享几张图片,请大家根据图片猜一猜我们今天的班会课主题是什么。(幻灯片PPT显示图片)

学生1:乐于助人!

学生2:互帮互助!

主持人:的确,这些图片都展示了一些帮助他人的场景,不过大家说得还不够准确,请大家联系一下我们最近强调的社会主义核心价值观,这些图片体现了其中哪个词呢?

学生3:文明!

主持人:非常接近了,文明是从国家层面来说的,如果从个人层面来说呢?

学生4:友善!

主持人:对了! 相信能够乐于助人的人,心里对他人一定是抱着一种友善的态度的,今天我们班会课的主题就是24字社会主义核心价值观当中的"友善"。

(2)主题解读。

①让学生按事先分组,在小组内交流以下几个问题:你觉得什么是友善?举例谈谈生活中你感受到的友善。每组选派一名代表发言。

②播放视频:《友善:动画解读社会主义核心价值观》。

视频内容介绍:友善是人与人和谐相处的润滑剂,"良言一句三冬暖,恶语伤人六月寒"。谁都希望自己碰到的人是友善的,也都希望身处一个友善的社会。友善是待人心平气和,谦虚有礼;是在别人遇到困难时,你伸出的一只手;是对陌生人的一个微笑。咱们中国人讲行善积德,"勿以恶小而为之,勿以善小而不为",与人为善是公民应当具备的基本道德修养。友善是爱心的外化,一个充满爱的世界,才是美好的世界。赠人玫瑰,手有余香,一个人友善待人,别人就会友善待他。有的人因为一些鸡毛蒜皮的小事,就恶语相向,甚至大打出手;有的人"事不关己,高高挂起",对别人的困难漠不关心;有的人在网络上一言不合,就大爆粗口,这都是不友善的表现。

友善,说起来容易,做起来难。一个人很容易对家人、朋友、同事友善,但很难做到对陌生人也同样友善。古人说"老吾老以及人之老,幼吾幼以及人之幼""四海之内皆兄弟也""推己及人",广具爱心,才是友善的理想境界。一个人偶尔对人热心容易,难的是永远做一个热心人,这既需要善良的天性,也要靠自觉的修养。按照生态文明的要求,我们不仅要友善地对待人类,还应当友善地对待动物和自然界。那些虐狗虐猫的人,糟蹋自然的人,就不能说是一个友善的人。

③提问:看了视频之后,你对友善有了哪些新的理解?

预设:刚开始发言时,学生一般都会围绕自己和身边人的关系来谈友善,而视频可以帮助学生认识到友善不仅仅存在于我们和亲人、朋友之间,也存在于陌生人之间,甚至存在于人与动物、人与自然之间,这才是友善对于和谐社会的真正含义。

主持人:相信"友善"这个词对大家来说并不陌生,那么接下来就请大家以小组为单位讨论一下,举例说说什么是友善吧!

(各小组开始讨论)

主持人:请各小组派一位代表来跟大家分享一下你们的讨论结果。

学生1:我们觉得友善就是善待他人的一种态度和做法,例如,我们学习小组内经常分享学习方法和学习资料,这就是同学间的友善。

学生2:从社会主义核心价值观的角度来看,友善是对公民维系良好人际关系和社会关系的一种基本道德规范。我们觉得友善应该从对身边最亲近的人开始,也就是我们的家人,例如,一句温馨的问候、一个意外的惊喜,都是增进家人之间情感交流、提升家庭成员幸福感、共同推动家庭环境改善的动力。

学生3:友善就是对身边人的友好,释放出善意。在我生活的小区,每天都需要坐电梯,有时遇到别人东西很多,站在电梯按钮边的人都会问一句"几楼? 我帮你按。"电梯进出的人很多时,也会有人主动按住开门键,等待其他人先进出,大家也会对他说一声"谢谢"。这些都只是生活中微小的举动,却增进了邻里之间的感情,让我们感受到生活在这个小区的和谐。我想这就是我们感受到的友善。

学生4:友善是一种待人接物的态度,是一种豁达和善良的心态。我们十分愿意和友善的人打交道,这样会让人感觉很舒服,自己如果变得更加友善,也会拉近我们与别人之间的距离。上周末放学的时候,我拿了较多行李回家。在公交车上,当附近座位上的一个人下车的时候,本来旁边的一位阿姨可以直接坐下,但是她却友善地对我说了一句:"你拿的东西多,你坐吧!"虽然最后我还是没有坐这个座位,但是这一句话,却让人感到很温暖。所以我们觉得对陌生人的友善是难能可贵的。

主持人:感谢各位同学的分享!很高兴大家不仅对友善有着自己的诠释和解读,更能够通过分享身边的事例让大家一起来感知友善。的确,友善不仅存在于我们和身边的亲人、朋友之间,也存在于陌生人之间。接下来,让我们通过一个短视频,再来看看"友善"这个词有没有更深更广的含义吧。

(3)播放视频:《跨越物种的拥抱:人与动物之间的和谐相处》。

主持人:看了这个视频之后,大家有更多的想法要分享吗?

学生5:之前我们的讨论主要集中在谈人与人之间的友善,原来友善还能拓展到人与动物、人与自然之间,友善和生态文明、可持续发展等热门话题都有着密切联系。确实,人与人之间需要友善,人与自然之间也需要友善,一个关系到我们生活的人文环境,一个关系到我们生活的自然环境,善待他人以构建和谐的人际关系,善待自然以形成和谐的自然生态。从这个角度来看,友善不仅可以说是一种美德,甚至可以说是对公民的一种基本要求了。

主持人:的确,友善是构建和谐人际关系和社会关系的道德纽带,更是维护健康良好社会秩序的伦理基础。

下面,让我们一起进入下一个环节——案例分析。

(4)案例分析。

①案例展示。

先请大家一起来观看下面这个视频:

播放视频:友善主题微电影——《天使一样的老人》

②学生分组讨论。

●看到这个案例,你的感受如何?

●通过这个视频案例,你觉得我们在以后的学习生活中如何用实际行动来践行友善的核心价值观呢?

预设:尽量让各组学生畅所欲言,如果学生的发言不够全面,可以由主持人或老师通过小结来补充。

③主持人小结。

刚刚大家谈得都很不错。友善,善是根本,是本质,而友是行动,是表现。如果我们能将"友善"二字贯彻落实到我们的生活中,就能杜绝此类事件的发生。可是,有些事总是说起来容易做起来难,让我们来看如果遇到下面的情况,你将如何处理?(展示幻灯片PPT)

(5)学会行动。请学生说一说生活中要怎样将"友善"一词落实到行动中。

主持人:能将心比心地换位思考,就是将友善外化为行动的第一步。相信通过刚才的一些视频和案例,大家对友善已经有了更深的认识,也感受到了友善的力量和作用,进一步体会了友善在生活中的重要性,接下来我想请大家谈一谈,怎么将"友善"落实到我们的日常行为中呢?或者说怎样将自己的友善传递给他人呢?

学生1:我觉得首先要培养自己积极阳光的心态,自己内心美好了,心存友善,才能温暖他人,把友善传递出去。

学生2：平时要尽量礼貌待人、宽容待人，说话的时候注意自己的语言，遇到纠纷时保持冷静，不要动辄就睚眦必报或者拳脚相向，要学会给自己留几秒钟冷静，理性地分析，该坚持的坚持，该宽容的宽容，该道歉的道歉，该担责的主动担责。

学生3：要做到友善，换位思考很重要，其实也就是我们平时说的"理解万岁"，人与人之间要互相理解，信任是人与人之间交往的基础。如果我们都能互相宽容、理解，站在别人的角度思考，自然对别人就友善了。

学生4：我认为做一个友善的人，要懂得给予。送人玫瑰，手留余香。懂得给予，而不只是索取回报，会让那份友善温暖他人，也温暖自己。

学生5：我觉得友善没有那么复杂，其实就是多点微笑呗！微笑是最好的交流语言，不要总以一张冷冰冰的脸示人，拒人千里之外，一个微笑，一声问候，别人就能感受到你的友善。比如进出校门时对待保安大叔，在宿舍对待宿管阿姨，在食堂对待食堂工作人员，在楼道里看到保洁阿姨……笑一下，问候一声是很容易的事，这样也可以让我们的校园充满人情味。

学生6：对，还有对我们身边的同学和老师，同学间互相帮助，对老师要尊敬有礼貌，其实这是小学阶段我们就知道的，比如见到老师要问好，只是反而到了大学有点不好意思开口了。

学生7：还有对陌生人的友善，看到别人有困难，上前去尽自己的一分力，多些小善举。或者积极参加一些志愿活动、义工活动，既能锻炼自己，又帮助了别人。

学生8：像最开始说的，友善还存在于人与动物、人与自然之间，我觉得能善待动物，比如善待流浪猫、流浪狗，或者坚持低碳生活，也是另一种形式的友善。

……

主持人：感觉大家还有很多想说的，不过因为时间关系，我们就交流到这里吧。刚刚大家已经谈了很多，不过我想补充一点，对朋友友善，对陌生人友善，对动物友善，对自然友善，都是非常值得肯定的，但不要忘了自己亲爱的家人。我们往往习惯把自己的微笑送给他人，却把冷漠的话语留给了最关心自己的家人，尤其是爱我们的父母。不如就从这个周末开始吧，给他们一个体贴的微笑，一句温馨的问候，一个意外的惊喜，这些都是增进我们和家人交流的契机。

5. 活动小结

罗曼·罗兰说，善良不是一种学问，而是一种行动。只有善待他人，才能让自己更好地融入集体，获得友谊、信任、谅解和支持；只有善待社会，才能让自己在人生的道路上越走越稳，越走越远，踏入充满机遇的明天；只有善待自然，才能让人类真正地善待自己，实现可持续发展，保持生生不息。希望大家以后都能守望自己心中的友善，让它在我们的生活中生根发芽！

参考文献

[1]中共中央马克思恩格斯列宁斯大林著作编译局．马克思恩格斯选集(第二卷)[M]．北京：人民出版社,1995.

[2]中共中央马克思恩格斯列宁斯大林著作编译局．马克思恩格斯全集(第三卷)[M]．北京：人民出版社,1960.

[3]中共中央马克思恩格斯列宁斯大林著作编译局．马克思恩格斯全集(第二十卷)[M]．北京：人民出版社,1971.

[4]中共中央马克思恩格斯列宁斯大林著作编译局．马克思恩格斯全集(第一卷)[M]．北京：人民出版社,1995.

[5]中共中央马克思恩格斯列宁斯大林著作编译局．列宁全集(第三十八卷)[M]．北京：人民出版社,1986.

[6]中共中央马克思恩格斯列宁斯大林著作编译局．列宁全集(第二卷)[M]．北京：人民出版社,1984.

[7]中共中央文献研究室．毛泽东文集[M]．北京：人民出版社,1991.

[8]中共中央文献研究室．毛泽东文集(第二卷)[M]．北京：人民出版社,1999.

[9]邓小平．邓小平文选(第三卷)[M]．北京：人民出版社,1993.

[10]江泽民．江泽民文选[M]．北京：人民出版社,2006.

[11]胡锦涛．胡锦涛文选[M]．北京：人民出版社,2016.

[12]习近平．习近平谈治国理政[M]．北京：外文出版社,2014.

[13]习近平．习近平谈治国理政(第二卷)[M]．北京：外文出版社,2017.

[14]金海峰．核心价值观十二讲[M]．吉林：吉林人民出版社,2014.

[15]余达淮．社会主义核心价值观通俗读本[M]．江苏：江苏凤凰文艺出版社,2018.

[16]袁久红．社会主义核心价值观研究丛书·自由篇[M]．南京：江苏人民出版社,2015.

[17]黄明理．社会主义核心价值观研究丛书·友善篇[M]．南京：江苏人民出版社,2015.

[18]马国祥．培育和践行社会主义核心价值观[M]．成都：西南交通大学出版社,2016.

［19］社会主义核心价值观大学生读本编写组．社会主义核心价值观大学生读本（2版）［M］．南京：南京大学出版社，2018.

［20］尹祖荣，徐汝成，刘文阁．社会主义核心价值观班会课校本教材［M］．广州：华南理工大学出版社，2018.

［21］黄明理，顾建红．论"友善"核心价值观之内涵、特征及基本要求［J］．社会主义核心价值观研究，2017（2）：64-71.

［22］夏晓虹，李轶璇，孙大永．积极培育和践行友善价值观［J］．中国高等教育，2015（8）：17-19.

［23］周润，张斌，黄巧仙．网络谣言对高校网络思想政治教育工作的挑战及对策研究——从重庆交大学生"针刺"谣言事件说起［J］．湖北第二师范学院学报，2013，30（1）：50-52.

［24］白蒙蒙．马克思自由观对大学生网络自由观的启示［J］．法治与社会，2019（11）：234-235.

［25］吴忠民．公正新论［J］．中国社会科学，2000（4）：50-58.

［26］李伟斌．社会主义核心价值观视阈中的公正释义［J］．科学社会主义，2015（3）：77-83.

［27］郝涛．浅析习近平公正观的现实关照与理论内涵［J］．福建省社会主义学院学报，2018（4）：31-37.

［28］叶承芳．社会主义核心价值观内容解读之"法治"［J］．思想政治教育研究，2015（1）：52-54.